U0839772

中国组织（企业）文化优秀成果案例集

中国文化管理学会　编著

國家圖書館出版社

图书在版编目（CIP）数据

中国组织（企业）文化优秀成果案例集 / 中国文化管理学会编著 .—北京：国家图书馆出版社，2011.5

ISBN 978-7-5013-4600-4

Ⅰ . ①中…　Ⅱ . ①中…　Ⅲ . ①企业文化 – 案例 – 中国

Ⅳ . ① F279.23

中国版本图书馆 CIP 数据核字（2011）第 063378 号

责任编辑　殷梦霞　邓咏秋

书　　名　中国组织（企业）文化优秀成果案例集

著　　者　中国文化管理学会　编著

出　　版　国家图书馆出版社（100034 北京市西城区文津街 7 号）

发　　行　（010）66139745，66175620，66126153

66174391（传真），66126156（门市部）

E-mail　btsfxb@nlc.gov.cn（邮购）

Website　www.nlcpress.com（投稿）

经　　销　新华书店

印　　刷　北京华艺斋古籍印务有限责任公司

开　　本　710 × 1000 毫米　1/16

字　　数　220 千字

印　　张　15.75

版　　次　2011 年 5 月第 1 版　2011 年 5 月第 1 次印刷

书　　号　ISBN　978-7-5013-4600-4

定　　价　39.80 元

目 录

前 言

“十一五”以来，随着经济建设又好又快地发展，文化建设，包括组织企业文化建设也取得了不错的成效。进入新世纪、新阶段，全国各级组织、广大企业通过文化建设培训了骨干，锻炼了队伍，树立了先进，推广了经验；加强了研讨，扩大了影响；提升了组织（企业）形象，促进了组织（企业）发展，受到党政的重视和员工的好评。组织（企业）文化建设产生并呈现出由低到高、由小到大、由软到硬、由少到多、由点到面的变化和发展。

展望“十二五”，文化的地位和作用越来越突出，提交全民族文明素质，加快文化体制改革，提高文化创新，促进文化大发展、大繁荣的任务更加繁重。这些既给组织（企业）文化建设提出了挑战，又带来了机遇，组织（企业）文化建设迎来了迎头赶上、加快发展的重要机遇期。

中国文化管理学会组织文化测评基地通过学习研讨，联系实践感受，清醒认识到：制定《2011–2015 年中国组织（企业）文化建设指导意见》是当务之急，其主要背景有三：

第一，党和国家有要求。党的十七大不仅提出了“国家文化软实力”的新论断，而且发出了“更加自觉、更加主动地推动文化的大发展大繁荣”的新要求。温家宝总理在 2010 年《政府工作报告》中部署了八项任务，其中第六项任务强调国家发展民族振兴，不仅需要强大的经济力量，更需要强大的文化力量。文化是一个民族的“精神和灵魂，是一个民族真正有力量的决定性因素，可以影响一个国家发展的进程，改变一个民族的命运。”因此要高度重视“文化建设”。这一点为加强“十二五”组织（企业）文化建设指明了方向。

第二，组织（企业）有需求。当下组织（企业）文化建设存在和遇到的主要问题有三：一是强不上去。一些企业尤其是一些企业的主要负责人对文化建设不同程度地存在忽视、低视和偏视问题，尚未把组织（企业）文化当作全面性战略性长期性的大事来抓，也没有提到重要位置、提上重要议事日程；二是深不进去。不少单位在组织（企业）文化建设中做了大量的工作，也取得了一点进展，但现在碰到的困难不少，而解决问题的办法不多，缺乏新思路、新途径以及新的举措和方法；三是走不出去。一些组织和企业在文化建设中偏重体内循环，既不走出去请进来，也不在行业内和国内进行学习研讨开展文化交流，有的组织和企业虽然在国外开拓了业务，但文化交流却没跟上去。以上三个问题，使许多有志于文化建设的企业、干部和职工感到困惑和迷茫，甚至产生了畏难情绪。大家既期待加强领导，组织起来，迎难而上，有新突破，又希望在理论与实践的结合中，提供标杆案例，可供参考、借鉴和仿效。

第三，我们有追求。中国文化管理学会组织文化测评基地成立以来，本着“做服务，做业绩，做诚信”的宗旨，在培训工作中遵循授课“有专长，有新意，能管用”的要求，在调研工作中遵循“帮根本，帮提升，帮发展”的原则，在进行文化测评中突出“做文化建设的助推器，做推广典型的新平台，做心想事成的贴心人”的目标，取得了积极进展，得到了新接触的广大组织、企业和干部以及员工的认可。为了感恩社会，为了回报广大组织和企业，为了促进组织企业文化建设，进而推动全国文化大发展、大繁荣，我们自觉主动地承担了制定《2011–2015 年中国组织（企业）文化建设指导意见》的工作。

总之，党和国家的要求指明了方向，组织企业的需求给予了动力，我们的追求加重了责任，为党和国家分忧，为组织企业解难，为文化事业尽职尽责，是我们制定、推出《2011–2015 年中国组织企业（文化）建设指导意见》的初衷和目的。

郑启清

2011 年 2 月 18 日

2011–2015 年中国组织企业文化建设指导意见

中国文化管理学会组织文化测评基地颁布
(2010 年 10 月 14 日于中央电视台·梅地亚中心)

“十二五”时期，是实现全面建设小康社会奋斗目标的关键时期，是我国文化体制改革和文化大发展大繁荣的关键时期，也是组织（企业）文化加快发展、迎头赶上的重要机遇期。为了深入贯彻党的十七大精神，适应国家“十二五”发展需要，促进社会主义文化大发展大繁荣，更好地为组织（企业）现代化建设提供强大精神动力和文化支撑，特对组织（企业）文化建设工作提出以下意见。

一、深化认识，增强推进组织（企业）文化建设的责任感、紧迫感

1．组织（企业）文化是组织（企业）的精神和灵魂

组织，尤其是企业，既是制造产品与服务的机构，更是有理想、有信念、有追求的生命体，文化是生命体的精神和灵魂。它深刻影响组织（企业）发展的进程，能够改变组织（企业）的命运。

2．组织（企业）文化是组织（企业）的无形力量

组织（企业）文化对内具有凝聚力，对外具有影响力，共同凝成组织（企业）的创造力、核心竞争力。文化是组织（企业）真正有力量的决定性因素，组织（企业）的发展与振兴，既需要强大的经济力量，更需要强大的文化力量。

3．组织（企业）文化是组织（企业）特有的宝贵资源

组织（企业）的核心价值观、企业精神、企业理念、企业形象、企业品牌等，其价值是不可估量的，其中企业品牌是不断增值的。当今时代，文化的经济功能明显增强，经济的文化含量不断提高，文化在组织（企业）综合实力竞争中的地位和作用越来越突出。组织（企业）文化发挥着培育精神、鼓舞士气、引领行为、塑造形象的重要作用，使组织（企业）充满生机和活力。因此，全国各级组织、广大企业必须提高认识，认清形势，克服对文化建设忽视、低视、偏视的现象，排除迷茫、困惑和畏难情绪，采取积极举措，培育特色鲜明、内容丰富、与时俱进的组织（企业）文化，促进组织（企业）文化大发展大繁荣。

二、理顺思路，明确组织（企业）文化建设的指导思想、基本原则和总体要求

1．指导思想

坚持以邓小平理论和“三个代表”重要思想为指导，深入贯彻科学发展观，全面落实党的十七大和十七届五中全会精神，按照中央提出的宣传思想文化战线要“高举旗帜，围绕大局，服务人民，改革创新”的总体要求，坚持“二为”方向和“双百”方针，坚持“三贴近”，唱响主旋律，以学习实践社会主义核心价值体系为主线，在巩固成果、提高水平、强化功能、增强实效上下功夫，进一步提高广大员工整体素质和行业文明程度，为组织（企业）现代化建设营造强大的文化力量和良好的文化环境。

2．基本原则

坚持以人为本，尊重员工文化主体地位的原则；坚持科学发展，文化建设为经济建设服务的原则；坚持改革创新，始终把社会效益放在首位、社会效益与经济效益相统一的原则；坚持统筹协调，弘扬主旋律与提倡多样化、当前与长远、立足本土与面向世界、促进繁荣与加强管理相结合的原则。

3．总体要求

在组织（企业）文化发展方向上，围绕建设社会主义核心价值体系，积

极发展具有先进性、科学性、广泛性，惠及广大员工和人民群众的组织（企业）文化；在文化发展目的上，坚持以人为本，努力提高人的精神境界和科学文化素质，满足广大员工和人民群众的精神文化需求；在文化发展战略上，提升组织（企业）文化软实力，提高员工思想道德素质与敬业精神，促进组织（企业）全面与可持续发展，更好地服务国民经济和社会发展；在文化发展路径上，立足组织（企业），面向社会，走向世界。

三、围绕主线，构建一主多优的组织（企业）文化

1. 建好文化体系

社会主义核心价值体系是社会主义意识形态的本质体现，是社会主义文化的核心部分，是全党全国各族人民团结奋斗的共同思想基础。它包括马克思主义指导思想、中国特色社会主义共同理想、以爱国主义为核心的民族精神和以改革创新精神为核心的时代精神、社会主义荣辱观等基本内容。各级组织、广大企业要以社会主义核心价值体系作为组织（企业）文化建设的指针、灵魂和主线，千锤百炼地锻造本组织、本企业的核心价值观、企业精神、企业伦理道德、企业形象，并通过组织（企业）核心价值观、组织（企业）精神决定组织（企业）文化的方向、本质、层次，通过组织（企业）伦理道德引导制约成员的言行，通过组织（企业）形象体现组织（企业）的整体风格和品位。

2. 建好识别系统

要在建立组织（企业）文化体系的基础上，分别建立理念识别系统、视觉识别系统、制度识别系统、行为识别系统，并且通过理念识别系统帮助员工将组织（企业）文化内化于心，将视觉识别系统外化于形，将制度识别系统固化于制，将行为识别系统动化于行，进而靠文化的力量把员工的理念和行为潜移默化地引向一个共同的目标。

3. 建好一主多优的组织（企业）文化

各级组织、广大企业要大力建设体现时代特征、行业特色、企业特点的主体文化、主导文化和主流文化，同时要根据组织（企业）发展的需要、员

工的需求，积极建设多样性文化。

第一，安全文化。安全是组织（企业）的永恒主题，确保安全是组织（企业）最重要最核心的工作。安全文化是组织（企业）安全管理状态、管理过程和管理结果的总和。通过安全文化建设，要把安全组织、安全方针、安全目标、安全理念、安全制度、安全操作规范变成干部员工的自觉意识和安全行为。

第二，诚信文化。诚信文化是组织（企业）文化建设的根基。诚信文化的根本价值在于能够凝聚利益相关者按照一定的道德和规范开展合作。市场经济是信用经济，社会主义市场经济是诚信经济。通过诚信文化建设，促使组织（企业）文化建设的根基更加牢固，信用、信誉更加真实、可靠。

第三，经营管理文化。经营管理文化是以企业经营发展为主要内容的管理理念和方式，体现在经营机制、组织结构、管理规章等制度文化上。通过经营管理文化建设，要树立以人为本的经营管理理念，不断增强员工的主人翁责任感，尽主人责，干主人活，让文化为经营管理注入灵魂，形成共同的意志和行为。

第四，质量文化。质量是组织（企业）赖以生存的基石。质量文化是组织（企业）的有机组成部分，是组织（企业）质量策划、质量方针、质量目标、质量理念和质量过程控制的总和。通过质量文化建设，要确保质量第一理念的确立，并自觉体现在质量方针、质量目标、质量策划的制度和落实上。

第五，服务文化。服务文化是以服务宗旨为核心内容的服务理念、服务方针、服务目标、服务组织、服务流程、服务准则等。通过服务文化建设，要以提高人民群众满意度、提升社会认同感为目标，更新服务理念，提升服务技能，规范服务行为，改善服务设施，打造服务品牌，体现服务特色，展示服务艺术，不断强化和扩大组织（企业）服务文化的感染力、影响力和辐射力。

第六，品牌文化。狭义的品牌是个技术层面的概念，广义的品牌已经成为一种新的营销模式。品牌管理是对组织（企业）内部与外部的一切利益关系、情感关系和社会关系的管理。品牌文化是组织（企业）最有价值的无形资产。通过品牌文化建设，要帮助组织（企业）的主要领导以及广大员工自觉地打造品牌，爱护品牌，推广品牌。

第七，和谐文化。和谐文化是指组织（企业）以和谐思想为核心的价值标准、行为规范、道德观念的总和。通过和谐文化建设，要进一步建立健全和谐文化管理体系，促进人与人、人与企业、人与自然的和谐共存与和谐发展，为构建社会主义和谐社会作出积极贡献。

第八,廉洁文化。廉洁文化是廉洁的理论和行为方式及其相互关系的总和，是关于廉洁的知识、理念、制度及与之相对应的生活方式、行为规范的概括。廉洁文化具有丰富内涵，即公正不贪，清白无污。通过廉洁文化建设，要建立教育、制度、监督并重的惩治和预防腐败的体系，利用各种有效的形式和手段不断加强廉洁思想教育，形成思廉、保廉、促廉的文化氛围。

第九，执行文化。执行文化要求组织（企业）每个成员尤其是各级管理者围绕组织（企业）共同愿景、岗位职责，不折不挠、高效快捷地完成自己承担的工作任务。通过执行文化建设，切实促进组织（企业）执行力管理水平的提高，进而增强组织（企业）的执行能力。

第十，绿色文化。绿色文化是指人类与环境的和谐共进，使人类实现可持续发展的文化，它包括持续农业、林业和一切不以牺牲环境为代价的绿色产业、生态工程、绿色企业，也包括有绿色象征意义的生态意识、生态哲学、环境美学、生态艺术、生态旅游以及绿色运动等诸多方面。建设绿色文化既是组织（企业）的需要、社会的需要、国家的需要，又是民族的追求、人类的追求、世界的追求。通过绿色文化建设，要增强绿色意识，营造绿色文明，开拓绿色经营，实现绿色发展，为建设能源节约型和环境友好型社会作出积极贡献。

第十一，创新文化。创新文化是指尊重个性、张扬特长、激励探索、提倡冒尖、鼓励合作、宽容失败。自主创新是组织（企业）进步的灵魂和发展的不竭动力。只有创新才能取得突破，赢得领先，获得尊严。通过创新文化建设，要树立创新理念，激发创新精神，营造创新环境，推广创新先进，努力建设创新型企业，提升创新能力。

4．建好特色行业文化

第一,加强集团文化建设。集团文化具有战略性、主导性、整合性和包容性，给各成员单位文化建设提供指导规范和发展空间。要着眼战略、把握本质、遵循规律、彰显个性，实现集团文化本质的统一和所属企业文化的个性发展。

第二，加强行业文化建设。行业文化是以本行业历史文化为基础，以未来发展战略为依据，以解决行业最现实问题为导向的共性文化。要规范企业行为，加强行业自律，不断增强行业公信力、凝聚力、竞争力，更有力地参与国际竞争。

第三，加强中小企业文化建设。中小企业是促进经济社会又好又快发展的重要力量，是繁荣城乡经济、增加财政收入、扩大社会就业、优化经济结构不可替代的组成部分。通过中小企业文化建设，进一步提高自身素质、提高基础管理水平、提高创新发展能力，实现健康快速发展。

四、突出重点，坚持用组织（企业）文化服务员工、提高员工

1. 尊重员工的文化权利

文化权利是员工的基本权利之一。它的彰显与实现既是社会走向文明的必然过程,也是社会进步的基本动力。员工的文化权利和公民的文化权利一样，一般包括四个方面：一是享受文化成果的权利，二是参与文化活动的权利，三是开展文化创造的权利，四是文化成果受到保护的权利。尊重、保护和实现员工的文化权利既是社会文明与发展的标志，也是社会主义先进文化的题中之意，更是全面落实科学发展观的内在要求。在推进组织（企业）文化建设中要坚持以人为本，视员工为文化建设的主人、主体、主力军，把文化建设的出发点和落脚点始终放在尊重人、关心人、帮助人、培养人和提高人上。

2. 不断满足员工的精神文化需求

广大员工不断提高的文化生活、文化消费、文化需求，是社会经济发展的必然趋势，是人们物质文化生活不断改善的必然选择，只有把它作为组织（企业）文化建设的动力、潜力，构建组织（企业）文化才有新起点、新追求。各级组织、广大企业在推进组织（企业）文化建设中，要想员工之所想，急员工之所急，帮员工之所需，采取多种形式，运用多种途径，开辟多种项目，组织丰富多彩、喜闻乐见的文化教育和活动，让广大员工有学的看的做的，有说的听的唱的，有写的画的乐的，寓文于教化、感化和娱乐之中。要采取定期培训、现场观摩、案例分析等形式，帮助员工增加知识储备，提高对各

层次文化消费产品的鉴赏水平，提高分辨文化产品精华与糟粕的能力。要帮助员工正确认识和对待文化消费，引导并鼓励合理的文化消费。

3．充分发挥员工文化建设的积极性、创造性

第一，人人热爱。通过宣传舆论，帮助广大员工认识到文化与组织（企业）紧密相连，文化与员工息息相关，引导员工对组织（企业）文化产生兴趣、情趣和乐趣。

第二，人人参与。通过各种形式和活动帮助员工对组织（企业）文化增添新鲜感、时代感和责任感，强化“企业兴衰，人人有责；企业文化，人人负责”的意识，从而自愿地投入到文化建设中来。

第三，人人作为。通过开展“我为组织（企业）文化建设献一计、进一言、做一事活动”，激励广大员工一言一行展示组织（企业）文化，一举一动有利组织（企业）进步，一点一滴为组织（企业）增砖添瓦，建功立业。

第四，人人讲评。通过研讨会、座谈会、表彰会，发动员工畅谈组织（企业）文化建设的心得体会、收获打算、合理化建议等，进一步增强文化建设的针对性、科学性和实践性。

第五，人人受益。通过多种形式和途径，让员工实现自身文化权益，共享组织（企业）文化建设成果。

4．促进员工全面发展

坚持以人为本，促进人的全面发展，既是科学发展观的核心实质要求，也是构建社会主义和谐社会的内在要求和根本检验尺度。加强文化建设，既是促进人的全面发展的重要内容、重要途径，又是实现人的全面发展的重要支撑、重要保障。推进组织（企业）文化建设必须以实现员工全面发展为根本目的，一切为了员工，一切依靠员工，一切服务员工，千方百计帮助员工改变个人的生理与心理结构，提升主体能力，优化思维方式、行为方式和活动方式。要积极引导员工树立正确的世界观、人生观和价值观，不断提高思想道德素质、科学文化素质和心理素质。要主动帮助员工在文化建设中自我教育、自我养成、自我提升，争做有理想、有道德、有智能、有品位的好员工。要清醒地看到员工的全面发展与组织（企业）的全面进步是逐步提高、永无止境的过程。因此，既要促进员工的全面发展，又要通过促进员工的全面发展将组织（企业）的和谐发展推向更高层次，努力实现二者的互动共进。

五、搭建平台，积极营造文化建设的良好环境和氛围

1．加大经费保障

加大经费保障是组织（企业）文化建设的重要条件，也是衡量平台建设情况和考量文化建设成果的重要内容。要经过集体讨论，将组织（企业）文化建设经费列入年度预算。要确保重大文化建设项目和专项资金的投入，确保日常文化工作费用的列支。

2．用好社会公益性文化体育设施

本着“不为我所有，但为我所用”的精神，运用社会公益性文化、体育场馆、文化景点、教育基地等，就地就近组织员工开展文化教育和文化体育活动，不断激发员工参加文化活动的情趣，陶冶员工情操，提高文化建设的吸引力、影响力。

3．借助高新技术

抓紧学习并大胆运用高新技术，特别是数字技术、网络技术发展的最新成果，积极建造组织（企业）的文化传播体系，改善文化传播的设施、途径、方式和方法，切实增强组织（企业）文化传播力和文化感染力。

4．管好用好文化阵地和文化场馆

有条件的组织（企业）特别是国有大中型企业，要继续抓好文化阵地建设，不断提高文化活动质量。要深入开展“扫黄打非”专项行动，净化和规范文化市场。要加强企业文化宫、俱乐部、文化活动中心的建设和管理，加强功能齐全、实用性强的员工文化活动场所建设，增强员工文化活动的亲和力、凝聚力。

六、创新举措，不断提高组织企业（文化）建设的质量和水平

1．主动借势造势

借势造势是推进组织（企业）文化建设的前提条件。借势就是借中国改革

开放、中华民族伟大复兴的气势，党和国家推进文化体制改革的有利形势；造势就是抓住机遇，乘势而上，形成加快组织（企业）文化建设的良好环境和氛围。

第一，借助文化政策。学好党和国家的文化政策，弄清组织（企业）文化建设的方向和原则；用好文化政策，促进组织（企业）文化建设的健康发展；落实文化政策，保护、实现和发展好广大员工的文化权益。

第二，借助文化市场。组织骨干研究、引导员工参与并用好演出市场、娱乐市场、音像市场、网络文化市场、电影市场和艺术品市场，不断满足员工的文化需求，提高文化生活质量。

第三，借助文化资源。用全新的观念认真审视和开发利用包括历史资源、民俗资源、知识资源和信息资源在内的文化资源，努力提高员工的文化能力。

第四，借助文化现象。冷静观察、区别对待社会上发生的各种文化现象，积极支持健康向上的文化现象，坚决抵制庸俗、低俗、媚俗的“三俗”之风，切实提高员工的鉴赏能力和文化品位。

第五，借助文化产品。充分认识文化产品的意义和作用，精神文化产品虽然不能满足人们温饱和衣食住行的需求，但是，它们能够深刻影响人们的思想、观念、道德、情绪和行为。例如党和国家建国以来倡导的大庆精神、雷锋精神、“两弹一星”精神、“九八”抗洪精神、汶川抗震救灾精神、载人航天精神等等，不仅影响了广大组织（企业），而且教育激励了广大人民群众。因此，要引导员工正确看待文化产品，有目的、有步骤地选好、用好文化产品，并且注意提高员工运用、享受精神文化产品的素养和能力。

第六，借助国内外的重大事件、重要节日和重要活动。例如国际奥运会、世博会等的文化影响力，又如中国春节、国庆节等的文化感染力，再如党的十七大、国家“两会”的文化号召力等等，只要与组织（企业）文化建设联得快，联得紧，就能借外因促内因，变外力为推力，进而形成声势，造出气势，把组织（企业）文化建设推向深入。

2．精心设计规划

精心设计、制订规划是推进组织（企业）文化建设的总体构想和实施方案，也是文化建设的指南针和路线图。设计和规划的精心程度，直接关系到组织（企业）文化建设的进度、力度、厚度和深度。主要领导要亲自动手，组织专门班子下大工夫，花大气力把文化建设的蓝图设计好，把规划制定好。

第一，要精心调研。广泛征求员工意见，收集详细资料，取得可靠数据。

第二，要精心研讨。注意吸收超前见识、前沿成果和杰出智慧，形成集体智慧的结晶。

第三，要精心提炼。在把组织（企业）文化建设放到党和国家大局中把握时，要充分考虑四个要素，即党和国家要求文化建设抓什么，组织（企业）希望文化建设干什么，员工群众期待文化建设办什么，组织（企业）文化建设能够做什么。只有把四个要素综合协调起来考虑，才能拿出切合实际、切实可行的规划来。

第四，要精心制定。注意强调目标、任务和要求，突出重点、关键和举措，使其富有前瞻性、科学性、导向性、规范性、针对性和可操作性。

第五，要精心颁布实施。既要广泛宣传发动，统一思想认识，逐步入耳入脑，又要通过制定年度计划、分段安排、分级负责、分类指导，保障组织（企业）文化建设规划的贯彻实施，进而有组织、有目标、有计划、有步骤地把规划落到实处，取得成效。

3．鼎立构建理念

理念是组织（企业）的灵魂和生命线，是推进组织（企业）文化建设的共同思想基础和精神纽带。构建理念要以自身的历史文化为基础，以组织（企业）发展中的现实问题为导向，以组织（企业）未来发展战略为依据，通过揭示问题、研讨问题，达成共识，增强对组织（企业）发展模式、发展理念、发展目标、发展方式的认同。构建组织（企业）文化理念要抓好九个环节：

第一，依靠并发动广大员工设计提出理念。

第二，在优选员工提出理念的基础上加进组织（企业）主管希望的价值观。

第三，广泛征求员工意见，让员工深入参与。

第四，听取专家意见，凝练升华文化理念。

第五，印制成册，大张旗鼓地推广文化理念。

第六，深入贯彻落实，在施行中充实完善。

第七，让文化理念为企业经营管理服务。

第八，通过落实文化理念，赢得顾客和用户的认同。

第九，不断完善，物化到每一个经营管理细节，落实到每一个员工的行为上。

4．积极推广先进

培养、总结、宣传先进典型是推进组织（企业）文化建设的重要步骤。在开展组织（企业）文化建设中必须重视这个抓手，取得这个话语权。先进典型既包括先进单位、先进集体，也包括先进个人，既包含先进事迹，也包括先进经验。先进文化典型是方向，它体现了党和国家先进文化的要求，昭示着建设先进文化的前进方向和发展道路；先进文化是旗帜，它反映了员工的根本利益、愿望和要求，是精神力量、道德力量、心理动力的综合提升，形成了组织（企业）的精神和灵魂。先进典型是动力，榜样的力量是无穷的。在推进组织（企业）文化建设中要热情培养，主动帮助先进文化典型；要及时总结，大力推广先进文化典型；要从严要求，不断完善先进文化典型；要倍加爱护，与时俱进提升先进文化典型。中国文化管理学会组织文化测评基地总结推出的组织（企业）文化建设示范基地，有效地发挥了先进文化典型的示范、带动作用。

5．夯实基层基础

夯实基层和基础是推进组织（企业）文化建设的着力点和着重点。组织（企业）文化建设犹如盖大楼，打好基础、夯实根基尤其重要。“万丈高楼平地起，平地下面靠地基”，“基础不牢，地动山摇”。在推进组织（企业）文化建设中必须把夯实基层和基础作为第一要务。

第一，用真诚的心对待基层。在落实“三贴近”的基础上，做到心系基层，情系基层。

第二，用欣赏的眼光看待基层。实践出真知、群众是英雄，只要用欣赏的眼光看待基层，就会感到基层不是没有美，而是缺少发现。

第三，用灵敏的耳朵倾听基层。通过听真话，听不同意见，听群众的呼声与疾苦，听出员工真正需要的文化。

第四，用勤快的双腿深入基层。通过身入与心入，带着任务去和长期联系，寻找和总结出本土文化的特色和特点。

第五，用勤劳的双手帮助基层。要脚踏实地帮助基层克服困难、创建文化，让组织（企业）文化下基层，进班组，上岗位，到家庭，入人心。

第六，用智慧的头脑提升基层。通过去伪存真，去粗取精，由表及里，由此及彼地把基层文化建设事迹和经验提炼出来，推广出去，实现协调、平衡、持续地发展。

6．引用外脑外力

引用外脑外力是推进组织（企业）文化建设的望远镜和助推器。一些组织和企业由于条件、环境和时空的局限，文化建设的力量往往不够，因此，把外脑外力作为一种资源、向导和推手，定期不定期地借助和引用，有利于组织（企业）文化建设扩大视野，上升境界，攻克难点，走出困惑，提高质量和水平，增强品位和效应。在引用外脑外力时，要看其是否合法合规，依法办事，执文为民。要看其是否拥有既有理论、又有实践经验，既有理论研究成果、又有指导实践成效的人才。要看其是否真心服务，能否解决实践问题，作出实际业绩，尤其要看事后的跟踪服务，是否受到基层和员工的欢迎。

7．扩大文化交流

开展文化交流是推进组织（企业）文化建设的添加剂和催化剂。文化交流是文化固有的属性，不同文化的交流促进着社会的发展。要认清扩大文化交流的重要意义，尤其要增强对外文化交流的责任感和使命感。要积极开展组织（企业）单位内部的文化交流、上下文化交流、横向文化交流和行业文化交流，走出去，请进来，互相学习，取长补短，分享经验，共同提高。要树立“把握方向、服务大局，以我为主、择精取优，扩大影响、促进友谊，中国元素、国际表达”的新理念，充分掌握受众的思维方式、特点、接受习惯、语言特征，有针对性地选择适宜的交流和传播方式，不断提高包括组织（企业）文化在内的中华文化传播的有效性、实效性。要有目的、有组织、有步骤地扩大对外文化交流，通过坚持两条腿走路，寻找共同精神价值，推出“感性形象”，提倡“和而不同”，拓展传播渠道，培育外向型文化单位等，不断发展组织（企业）文化的交流与合作，为增强企业的核心竞争力和国家的综合实力作出积极贡献。

8．善用多种载体

善用载体是推进组织（企业）文化建设的重要组成部分。

第一，以生产经营和管理活动为载体。要将文化建设融入并寓于企业生产经营和各项管理活动之中，通过组织员工参与民主管理，引导员工遵纪守法，敬业奉献，养成良好行为习惯，形成和谐的企业氛围。

第二，以群众性精神文明创建活动和文体活动为载体。通过开展创建文明单位，创建学习型组织，争做知识型员工，开展知识普及、岗位练兵、劳动竞赛等活动，增强员工的科技本领和归属感；通过组织丰富多彩、群众喜闻乐见、健康向上的业余文体活动，陶冶员工情操，提高员工文化素质。

第三，以品牌为载体。品牌是文化的载体，是企业文化的标志。企业未来的竞争是品牌的竞争，更是品牌所代表的文化的竞争。要通过产品、品牌将企业文化传播到消费者和全社会，努力将企业文化效应转化为市场效应和经济效益。

第四，以企业文化资源为载体。要编写好厂史、厂志、大事记，抓好厂史教育，帮助员工尤其是新员工了解历史，传承光荣传统和优良作风。

第五，以平面媒体和网络为载体。要充分利用和发挥组织（企业）报刊、电视、网络等媒体的作用，积极拓宽组织（企业）文化建设的渠道，扩大组织（企业）文化的有效覆盖面，增强组织（企业）文化影响力。

9．加强文化测评

加强文化测评是推进组织（企业）文化建设的检修所、加油站。当前，不少组织和企业感到文化建设深不下去，不知从何切入。对此，最奏效的办法就是开展文化测评。通过文化测评，肯定成绩，总结经验，再接再厉，振奋士气；通过文化测评，点拨亮点，找出特色，推出品牌，明确方向；通过文化测评，理出问题，分析原因，制定措施，有针对性地补齐补强，协调推进；通过文化测评，推荐先进，树立典型，表彰作出贡献的先进集体和个人，进一步提高文化建设的质量和水平；通过文化测评，加强文化认同，取得文化共识，进一步发动和引导员工把组织（企业）文化建设推向新阶段。

2009 年 6 月，中国文化管理学会组织文化测评基地颁布的《中国组织文化管理体系测评标准 1.0》，是经过有理论专长和有实践经验的专家讨论通过的，由上级认定的全国唯一的文化测评标准。各级组织、广大企业依据此标准，在自查自测基础上，经专家测评、评审，可以命名表彰“中国组织（企业）文化建设示范基地”和“中国组织（企业）文化建设突出贡献人物”等，进一步增强文化影响力，提高组织（企业）知名度。

10．坚持文化积累

坚持文化积累是促进组织（企业）文化建设的转折点和提升点。文化积累是指对旧文化的保存和新文化增长的连绵不断的发展过程。组织（企业）文化不是某一时刻一下产生的，而是组织（企业）在长期发展实践中连续传播、不断积累的产物。组织（企业）文化的正向积累是健康的优良传统的文化自我完善的过程，反方向积累是病态文化不断恶化、衰亡的过程，必须坚持组织（企业）文化的正向积累。要探索文化积累的方式，组织（企业）在成长过程中合理吸纳与改造外来文化，从而完全融合成自己独特的文化传统。要在积累中发展，在积累中突破，把组织（企业）文化建设的经历，总结成经验，把经验提升为经典，进而厚积薄发，有新作为。

11．注重文化创新

注重文化创新是推进组织（企业）文化建设的必然要求和内在动力，更是一个组织（企业）永葆生命力和富有凝聚力的重要特征。要把文化创新作为组织（企业）文化建设的突破点，通过文化创新促进组织（企业）的文化发展和繁荣，推动社会的发展和进步。要在文化创新中抓好结合点，一方面把坚持文化传统与体现时代精神结合起来，注意在继承组织（企业）文化传统中注入时代精神；另一方面把不同文化之间的交流、借鉴与融合结合起来，博采众长，学习吸收优秀文化成果、取长补短，推出融汇各种文化特质的新文化。要特别推崇文化创意和文化创意产业。文化创意指的是通过创新思维形成的金点子、好主意。文化创意产业是指依靠创意人的智慧、技能和天赋，借助于高科技对文化资源进行创造与提升，通过知识产权的开发与运用，产生出高附加值产品，具有创造财富和就业潜力的产业。当今社会，组织（企业）文化建设应当特别关注文化创意和文化创意产业，力争实现新突破，开拓新领域，创建新业绩。

七、加强领导，努力开创组织（企业）文化建设新局面

1．建立主要负责人是文化建设第一责任人的制度

在组织（企业）里，经济建设、政治建设、文化建设同等重要，主要负

责人既是经济建设、政治建设的第一责任人，负首要责任，也是文化建设的第一责任人，负第一责任。主要负责人应把文化建设作为一种责任、一种目标、一种境界、一种追求，宣传、引导、团结班子成员，不断增强文化内涵、文化气度、文化影响力和感召力。要带头增强意识，高度重视；带头思考，提炼理念；带头设计，统筹推进；带头落实，率先垂范；带头督促，总结提高；带头追求，创优争先。

2．建立齐抓共建、齐抓共管的长效机制

组织（企业）文化建设是个系统工程，必须建立系统推进、协调运作的长效工作机制。国有大中型企业各级党组织要承担文化建设组织领导、规划协调、指导督促的责任。要在企业经济政治文化一体化推进领导小组架构下，建立组织（企业）文化建设协调会机制，成立专门工作机构，配备得力工作人员，形成党委牵头，行政主抓，工会、共青团积极配合，宣传、人事教育部门、文化文艺等相关单位和团体主动工作的格局。要明确分工，各负其责，责任到人，并从各自的工作角度，发挥优势，整合资源，形成合力，协调推进。

3．建设一支宏大的文化骨干队伍

第一，要充分认识骨干的作用。骨干、骨干，主心骨、带头干。文化骨干是文化建设的策划者、组织者、推进者和督促检查者。组织（企业）文化骨干的多少和能力的强弱直接影响和决定着组织（企业）文化建设的执行力、战斗力、创造力和成功率。骨干精，则文化兴；骨干强，则文化建设旺。

第二，要放眼选拔各种类型的文化骨干。既要选拔才艺型的，即有一项或多项专长的骨干；又要选拔教练型的，即不仅自己精通某项专长，而且能示范、能指导、能说出门道令人信服的骨干；还要选拔研究型的，即具备较高文化知识、钻研理论、勇于创新、撰写论文、指导实践的骨干；也要选拔保障型的，即顾全大局、埋头苦干、耐心做好后勤保障工作的骨干；更要选拔组织型的，即有资历、有威望、善于宣传发动、指挥调动、适宜担任领队和组织工作的骨干。

第三，要大力提升骨干能力。要采取在职学习、脱产培训、实践锻炼、岗位成才、送出去培养等多种形式，培养一大批高中级组织（企业）文化建设人才。要不断提高文化骨干的学习提升能力、设计策划能力、宣传说服能力，组织推动能力和检测评估能力。

第四，要放手使用和历练骨干。要通过从群众中来、到群众中去，从实践中来、到实践中去，从国外引进中来、到国内建设中去，从总结反思中来、到良性循环中去，从创新中来、到再创新中去，把文化骨干锤炼成关键时刻顶得上去、帮得上忙、管得上用的组织（企业）文化建设的新型人才。

第五，要真情关怀、热情支持文化骨干的工作和创作活动。要及时解决好文化骨干的工作待遇、专业技术职务评聘等实际问题，切实保护、不断激发他们的热情、智慧和创造力。

4．大力倡导和鼓励文化自觉、文化自强

文化自觉，主要指组织（企业）在文化上的觉悟和觉醒，包括对文化在组织（企业）历史进步中地位作用的深刻认识，对文化发展规律的正确把握，对发展文化历史责任的主动担当。文化自觉是一种内在的精神力量，是对文明进步的强烈向往和不懈追求，是推动文化繁荣发展的思想基础和先决条件。各级组织、广大企业必须高度重视、大力进行文化自觉的养成和锤炼。要把文化自觉作为目标、责任和境界，按照胡锦涛总书记提出的“自觉投身”、“自觉响应”、“更加自觉更加主动”的要求，自觉坚定地搞好组织（企业）文化建设。要特别注重领导和员工个人的文化自觉，将其体现在对民族文化的历史、现状和未来的深切关怀和科学把握之中，体现在对自身文化品位、文化价值的追求实践之中，体现在对社会文化建设、文化发展的关切和贡献之中。文化自强就是走自己文化发展的道路，建设中国特色社会主义的文化强国。要大力提升组织（企业）文化的自觉、自强意识，在切实增强组织（企业）文化转型能力、提升能力和与外来文化相处能力的基础上，不断塑造组织（企业）文化海纳百川、追求卓越、大气谦和的新形象，为组织（企业）文化面向全国、走向世界，为全国文化大发展、大繁荣作出新贡献。

中国全聚德（集团）股份有限公司企业文化案例

企业简介

中国全聚德（集团）股份有限公司（简称“全聚德”）是中华著名餐饮老字号企业。全聚德创建于1864年（清朝同治三年），迄今已有146年的历史，百余年来以炉火纯青的挂炉烤鸭技艺，赢得了“中华第一吃”、“天下第一楼”的美誉。改革开放后，全聚德抓住发展机遇，于1993年组建集团，以品牌战略为导向，坚持传承与创新，运用现代企业管理理念，实施由传统老字号向现代品牌公司转型的文化管理，走出了一条规模化、规范化、标准化、连锁化经营的发展道路，为全聚德插上了腾飞的翅膀。经过17年的发展，全聚德由一家传统老字号企业成长为古老与新生的京城餐饮文化的重要代表，从过去的烤鸭单店品牌扩展到餐饮行业品牌，现已形成汇聚“全聚德”、“仿膳”、“丰泽园”、“四川饭店”四个京城老字号品牌，拥有80余家成员企业的餐饮联合舰队，成为国内首家餐饮业上市公司。截至2009年，营业额突破12亿元，资产总量突破10亿元，全聚德品牌无形资产价值为110.19亿元（2007年评估）。同时，树立起了质量上乘、品位卓越、文化内涵深厚的驰名民族品牌形象，在海内外享有盛誉：“全聚德”品牌被国家工商总局认定为我国第一例服务类中国驰名商标；全聚德挂炉烤鸭技艺被批准为国家级非物质文化遗产项目；被亚洲品牌盛典组委会评为“亚洲品牌500强”；成为中国餐饮业500强正餐之首；还先后被中央文明办、国务院纠风办、全国总工会、国家质量监督检验检疫总局等单位和部门授予“全国创建文明行业示范点”、“全国五一劳动奖状”、“全国企业文化建设功勋单位”、“中国十大文化品牌”、“中国最具竞争力的大企业集团”、“改革开放30年全国企业文化杰出品牌”及“国际质量金星奖、白金奖和钻石奖”等四百余项荣誉和奖励。

餐饮老字号向现代品牌公司转型的文化管理

中国全聚德（集团）股份有限公司

一、餐饮老字号向现代品牌公司转型的文化管理背景

1993年，全聚德以和平门店、前门店、王府井店三家企业为核心企业，组建全聚德集团，从体制上解决了全聚德品牌的归属性和统一性，同时也结束了全聚德品牌企业一家一店各自为政的经营模式，开始走上现代企业集团化经营之路。自集团成立之初，全聚德就充分认识到，要在现有较高发展平台上继续提升，实现健康、协调、可持续的快速发展，解决企业发展过程中存在的各种问题和矛盾，实现从传统餐饮老字号向现代品牌公司的成功转型，必须激发文化的力量。集团成立以来的17年间，全聚德始终坚定不移地实行文化管理，以文化促发展。文化管理的迫切性与必要性体现在：

（一）是保持民族品牌文化原创性的需要

老字号企业在中式餐饮市场中是特殊的群体，在上百年的经营实践中，以独特的生意经和兴业秘诀支撑着它们的生存发展，其品牌深入人心。而在经济全球化和体制市场化的新形势下，许多老字号企业已经风光不再，举步维艰，在整个餐饮市场的占有率不高。国有老字号企业如何适应身处新经济环境下的生存法则，转型升级，焕发生机是一项重大的课题。

全聚德作为百年老字号餐饮企业，其品牌历史积淀形成的文化内涵体现出的独创性、传承性，正是众多新兴品牌所无法比拟的，是老字号的核心竞争力所在。因此，需要挖掘和保持全聚德原创性的文化底蕴、技艺传承和经营秘诀，将其历史与文化价值转化为市场价值。

（二）是餐饮集团成立后提升整体管理水平的需要

建立与国际知名品牌餐饮集团相适应的企业文化，是全聚德集团公司改

革发展重大战略措施之一。作为一个在国际、国内驰名，而且在市场上有较大影响力的品牌餐饮集团企业，全聚德肩负着发挥集团优势、形成品牌整体合力，使企业不断发展壮大的历史使命，同时也面临着严峻的内外部环境。在外部环境方面，改革开放以来，餐饮市场进入完全市场竞争，仅北京一地经营烤鸭的餐馆多达6 000余家，国内同行业同质化竞争日趋白热化，同时东西方餐饮也在进行激烈的市扬比拼。在激烈竞争的同时，全聚德还面临着自身扩张与消费文化相互碰撞的四大矛盾：一是规模生产的现代化与向往东方美食化的矛盾；二是烹调技术的标准化与美食品味个性化的矛盾；三是连锁经营的集团化与品牌管理一体化的矛盾；四是综合服务的套路化与消费群体粉丝化的矛盾。在内部环境方面，集团公司从成立到不断发展壮大的17年间，在不同发展阶段也面临着各种各样的问题和矛盾：一是产权结构发生数次重大变化，价值理念需要不断调整，使之与不断更新的产权机制相符合，而国企老字号的传统观念转变为符合现代企业制度要求的先进理念存在很大困难；二是在快速发展中显现出集团公司所属新老企业之间整体发展存在着不平衡的矛盾、企业发展速度与质量效益之间存在着不协调的矛盾、集团的发展速度与人力资源储备之间存在不配套的矛盾等；三是进入到集团化运营的新阶段后，在合作模式多元化的新形势下，出现了由于管理模式不统一而导致的诸多矛盾和问题。解决上述问题和矛盾，要以文化为统领，统一思想认识，统一规范管理行为，提升集团整体管理水平，增强核心竞争力，在市场竞争中立于不败之地。

（三）是以全聚德为主的多品牌文化协同发展的需要

2005年仿膳、丰泽园、四川饭店等多品牌企业进入全聚德集团后，全聚德集团由单一品牌发展成为多品牌联合餐饮舰队，多品牌老字号对新品牌企业的整合，首先是文化的整合。全聚德在百余年历史过程中已形成了优秀的、强势的、品牌特色鲜明的企业文化，新进入的各老字号品牌也各自拥有其独具特色和历史积淀的企业文化，迫切需要集团公司整合、重铸能够包容多品牌特色的企业文化。只有在分析和研究多品牌共性与个性、融合性与差异性的基础上，进一步总结提升全聚德集团的文化内涵和仿膳、丰泽园、四川饭店三个品牌的文化理念，实现多品牌文化在不同背景下的融合，最终形成以全聚德品牌为主导的、多品牌共同发展的企业文化体系，创建和谐统一的文化环境，才能进一步提升品牌形象，在市场上树立美誉度更高的企业形象，创造更加有利于企业深化发展的内外部环境。

二、餐饮老字号向现代品牌公司转型的文化管理内涵和主要做法

全聚德为适应由传统老字号到现代品牌公司集团化经营的转变，由单店经营走上规模化、规范化、标准化、连锁化经营的发展道路，不断提升品牌价值，打造“中国第一餐饮，世界一流美食，国际知名品牌”的一流餐饮集团，以注重传承与创新，突出民族性，体现特色性，狠抓群众性，追求实效性为原则，通过挖掘提炼百年历史形成的核心文化，总结提升改革发展进程中的成功经验，结合企业未来发展目标要求，建立起科学完善的企业文化管理体系；在实践中以企业文化为统领，适应现代企业制度的要求，围绕企业品牌发展战略，综合运用制度管理手段、市场营销手段和现代化技术手段，坚持与时俱进，实现有效文化管理，以文化管理推动全聚德品牌提升。主要做法有：

（一）提炼传统全聚德文化，构建与时俱进的企业文化体系

构建一个系统的、科学的和有生命力的企业文化管理体系，是企业文化管理的最基本要求和基本目标。全聚德经过 17 年来的不断总结、修改、完善，先后制定了《全聚德企业文化理念识别手册》、《全聚德企业文化行为识别手册》、《全聚德企业文化视觉识别手册》，建立起比较科学完整的企业文化体系。

企业文化理念体系是企业文化的核心和统领，在总结 146 年品牌文化精髓的基础上，深入分析全聚德历史发展的各个阶段的管理特色，提炼出独特的全聚德品牌核心文化，创建了由核心价值观、企业愿景、企业使命、企业目标、企业精神、企业作风、品牌理念、人才理念、经营方针以及管理方针十个部分组成的全聚德企业文化理念体系，体系完整，内容相关，结构相连，互为条件，缺一不可，是严密统一的整体。

1．明确企业核心价值观，构建新时期的企业文化

在对全聚德传统文化进行深入总结的基础上，全聚德将周恩来总理的精辟阐释——“全而无缺，聚而不散，仁德至上”确立为核心价值观，这既是对全聚德历史和现实的总结和提炼，更是对未来发展的期望和要求，在新的历史时期赋予了更加丰富的内涵。

全而无缺，指全心全意、精诚所至，全面周到无缺憾。坚持用科学发展观和现代经营管理理念统领全局，积极稳妥地全面开拓国内外市场；全力保证食品安全、营养卫生和环境安全；潜心追求菜品的独特风味，做到特色风味全、菜点品种全；努力打造全新、全方位、全过程的服务，使消费者感到宾至如归，全而无憾。

聚而不散，指内强素质，外树形象，广纳人才，凝聚人心；调动积极因素，聚合社会资源；聚集八方食客，盛待四海宾朋，实现聚人、聚心、聚财、聚客、聚力、聚名的良性运转，形成海纳百川的强大凝聚力和向心力。

仁德至上，指仁者爱人，德者诚信。这是全聚德人处理对内对外关系的基本准则，展示了全聚德集团向世人永远敞开的挚诚博大的爱心。倡导和弘扬诚实做人、务实做事的个人品德，爱岗敬业、乐于奉献的职业道德，诚信经营、以人为本的崇高商德，和谐共处、互敬互爱的家庭美德，服务社会、善负责任的社会公德，是构建和谐社会、建设和谐企业的核心内容，是全聚德人坚定不移的服务理念和矢志不移的永久追求。

核心价值观是全聚德集团共同遵守的精神信条和价值准则，指导企业愿景、企业使命、企业目标、企业精神、企业作风、品牌理念、人才理念、经营方针以及管理方针的形成和巩固。

2．明确企业目标原则，营造积极进取的文化氛围

企业愿景：“中国第一餐饮，世界一流美食，国际知名品牌”，展示了全聚德作为中国餐饮业的龙头企业，力争上游、追求极致的决心和信心。

企业使命：“弘扬中华饮食文化，奉献人类健康美食”，体现出全聚德人肩负的历史责任和社会责任，要以弘扬饮食文化为义不容辞的神圣职责，以提升大众生活质量，奉献人类健康特色美食作为对社会公众的郑重承诺。

企业目标：“构建和谐企业，创建学习型组织，打造餐饮联合舰队”，设定了企业未来的发展坐标，确定了企业长期发展的方向、奋斗目标和工作任务。

企业精神："想事干事干成事，创业创新创一流"，激发员工始终以创业的热情思谋发展，以创新的方式推动进步，以创一流的业绩成就辉煌事业，表达了企业崇尚干事文化，倡导创新精神的价值导向。

企业作风：发扬"脚踏实地，求真务实，知难而进，雷厉风行，团结协作，追求卓越"，这是各品牌企业在长期的历史发展中自觉形成的行事风格和成事之道。

企业愿景、企业使命、企业目标、企业精神、企业作风构筑了全聚德企业追求卓越、勇挑重担、干事创新的文化氛围。

3．明确具体工作方针，把握实现目标的过程方法

人才理念："百年基业，以人为本，德才兼备，以德为先"。坚持以人为本的理念，以员工为本，以顾客为本，以股东为本。致力于培养一支思想坚定、作风过硬、业务精良、素质高超的人才队伍，以实现科技兴企，人才强企的战略构想。

经营方针："发挥品牌优势，坚持诚信为本，贯彻精品战略，实现持续发展"。经营方针是企业决策、经营和服务活动所信奉的市场化准则，是实现企业经营目标的基本途径。

管理方针："健康餐饮，精品美食；顾客至上，精诚服务；信息畅通，精确快速；遵守法规，精准执行；环保降耗，精简节约；科学管理，精益求精"。管理方针是企业实现科学管理的指导思想，是规范运营的最基本要求，以"六精"为主要内容，以ISO认证为手段，建立起规范化、标准化的现代企业管理体系。

品牌理念：全聚德各品牌间只有建立起相互兼容，相互配合，既有统一理念统率，又不失各自文化特点的企业文化理念体系，才能营造出"车同轨、书同文、人同心"的浓厚氛围，创建全聚德集团的和谐统一。

人才理念、经营方针、管理方针、品牌理念构成了达到企业终极目标的途径和方法。

（二）根据集团化发展和现代企业制度要求，加强制度文化管理

全聚德以《全聚德文化体系》为指导，结合全聚德现代企业经营管理实际，

全面建立健全各项规章制度，支撑企业核心价值观的落实，确保企业的各项经营管理工作和品牌战略的实现。

1．建章建制，搭建制度文化管理平台

一是编制《内部控制管理手册》，建立起集团公司严谨规范的内控体系，对集团公司管理流程进行细致梳理，包括规划与计划、市场开发、工程营建、运营管理、市场营销、人力资源管理、技术研发、法律事务、食品加工、配送、企业管理、财务管理、内控内审等 14 项关键业务流程，61 个二级流程，160 多个末级流程，涵盖了企业经营管理的各个层级、各个方面和各项业务环节。

二是建立一整套标准化管理机制，按照 ISO 体系认证标准，建立起质量 / 食品安全 / 环境三合一的管理体系，包括《管理手册》、《程序文件》和《作业指导书》共 100 册，覆盖为顾客提供服务的全过程，以其完备的体系构架、详尽的文件内容、细致规范的操作细则、严谨量化的验证措施向顾客提供更加完备的具有质量、食品安全、环境保证和全方位管理能力的重要依据。

三是结合实际，提高重点工作的执行力。如按照连锁经营要求，编制《市场开发手册》、《项目营建手册》和《筹开运营手册》，规范新开企业运营全过程管理；为强化人才培养，制定了《人才发展五年规划》，提升人力资源管理水平；为强化总部管理，完善司务会制度，建立集团总部月度重点工作督办程序等。

四是专门成立管理制度修订小组，将公司现行规章制度进行全面梳理、修订，编制完成《中国全聚德（集团）股份有限公司制度汇编》，共收集整理各类规章制度 208 个，形成了一整套支持企业文化体系落地的长效机制。

2．细化落实，制度文化融入实践

全聚德的各类管理规章制度体现在企业的日常经营实践中，各企业在认真学习体系文件、规章制度的基础上，在运营实践中把制度标准、工作程序和操作流程逐一细化落实，并结合企业实际主动创新，进行特色管理，促使企业管理水平不断提高，发展动力不断增强。经过数年来的运营实践，在质量方针的引领下，集团公司各相关岗位人员主动自觉地提高专业素质，理解专业术语，掌握专业管理手段，运用到操作流程方面，体现出科学量化的特点。

比如王府井店中心厨房在成本控制上的精细化、量化管理不断出新招，测算出精细到克的原材料出成率核算方法，中心厨房提供的每千克原材料，冷菜、热菜等厨房必须出品相应份数的成品菜肴，由餐饮信息系统控制；在很多企业，就连不识字的刷碗工人都能够准确清晰地说出消毒液的量化配比方法和数据，体现出在传统质量标准外能够用更加专业的量化标准来全面判断产品质量，推进质量乃至企业全面管理的科学化进程。

（三）结合消费者等外部环境变化，加强物质文化管理

结合消费者需求，以顾客为关注焦点，加强物质文化管理，从营销、菜品、服务、管理等方面全方位地提升宾客满意度。

1. 以文化营销吸引消费者

全聚德结合品牌形象特点，不断推出创意表现形式，以文化营销满足消费者对品牌的认知：1999 年在全聚德建店 135 周年庆典活动中推出的全聚德第一亿只烤鸭出炉仪式，引起了社会轰动效应；2005 年，全聚德还与国际航空公司联手推出“全聚德烤鸭飞上蓝天”营销活动，收到了很好的效果；2006 年，集团公司参加了在台北举办的“京味文化之旅——北京全聚德鸭膳大赏”活动，在台湾引起了轰动；2007 年，前门店由于前门大街改造工程而停业，精心策划了前门店火种保存仪式，2008 年重张开业时炉火重燃，两次营销活动前后响应，境内外媒体对此事进行了热情报道，取得了轰动效应，据不完全统计，此次活动新闻媒体、网络媒体相继报道近 150 篇次；2008 年，全力服务北京奥运会，弘扬中华饮食文化，全聚德烤鸭成为运动员餐厅的明星食品。世界各大媒体对全聚德提供的精美菜品和优质服务进行了广泛报道，据不完全统计，不含网络媒体，海内外各种报纸刊登全聚德的新闻报道达 200 余篇，全聚德烤鸭被誉为中国在北京奥运会上的第 52 块人气金牌。有力的文化创意营销活动不断提升全聚德品牌价值，赢得了消费者的关注，在同行业内有着无可比拟的竞争力。

2. 以创新技术满足消费者

在菜品研发方面，成立了专门的标准化工作小组，组织工程技术人员和厨师长进行攻关，分析测试了几万个数据，分两批完成了全聚德特色菜品的

量化定标工作；建立创新菜研发制度，开发出以“全鸭席”、“鸭四吃”为代表的将鸭肉与山珍海味相结合、集川鲁粤淮为一席的数百种创新菜肴，极大地丰富了“全聚德”菜品的内涵。为迎接2008年北京奥运会，首次在全集团范围推出了奥运菜单，奥运菜单共有60道特色菜点，适合国内外不同消费群体的需求，在传承“全鸭席”的基础上融入了时尚元素，突出了营养健康的全聚德特色，经营养专家审定，受到高度评价，得到了消费者的欢迎。

在食品安全日益受到消费者重视的形势下，全聚德以为奥运供应烤鸭为契机，经过科研攻关，成功地为鸭坯编制识别身份的电子码标签，实现从小鸭破壳到上餐桌的全程追溯。全聚德特别制作了烤鸭身份证，顾客食用的每只烤鸭都带有“身份证”，既有全聚德历史的展示，又有烤鸭追溯的信息，将文化与科学完美地融合，给消费者一份珍贵的纪念。

3．以细节管理服务消费者

在服务实践中，总结并推广了前门店的“三转服务”和和平门店的“十个一”工作法，即：“服务员围着客人转、厨师围着服务员转、后勤围着一线转”和“说好第一句话，倒好第一杯茶，上好第一条热毛巾，倒好第一杯酒，布好第一道菜，卷好第一卷烤鸭，坚持好一个站姿，用好一只托盘，备好一辆撤台车，送走最后一位客人”。这种以顾客为中心的细致入微式服务，拉近了企业与顾客的距离，深受顾客好评。在各企业日常运营中，提高服务水平和菜品质量是常抓不懈，不断创新提高的过程，有的企业主动延长营业时间，满足顾客就餐需求；有的企业要求零点餐厅出品必须达到菜单照片标准，提高菜品的精细化程度，使更多的顾客获得更高的满意度。

为了解顾客感受，全聚德专门建立了综合检查、宾客满意度调查、电话回访和秘密顾客检查等制度，从管理层、顾客、第三方各个层面全面评价，经过科学测评，全聚德顾客用餐满意率达到97%以上。

（四）多品牌特色互补经营，彰显和谐文化管理

文化管理的“和谐”理念信念和价值取向，是促进企业凝聚的推动力量。全聚德集团旗下的子公司品牌企业，在各自日益成长成熟的过程中都形成了独具本企业特色的文化特点，全聚德强调在同一块“全聚德”金匾下，各企

业可以充分发挥百年历史底蕴和名人集聚的文化特点，做到“和而不同”。

1．建立以全聚德为主品牌和多品牌融合经营体系

多品牌融入全聚德以后，不仅为品牌的发展提供了更加宽阔的空间，也为全聚德文化建设增添了更加丰富的内容和多彩的动力源泉。在集团公司文化体系中，在统一核心价值观引领下，各品牌分别确定了各自的品牌理念。全聚德品牌理念：诚信德天下，全聚至永远；仿膳品牌理念：悉心堂前，倾心堂后，清宫御膳，餐饮明珠；丰泽园品牌理念：丰饶鲁菜，泽润宾朋；四川饭店品牌理念：一菜一格，百肴百味，经典川菜，名冠京华。多品牌理念各具特色，和谐统一，得到员工的广泛认可。与各品牌理念相应编写了《全聚德记》、《仿膳记》、《丰泽园记》、《四川饭店记》，分别以文言文记载了各品牌的历史和特色，各品牌非常珍视，组织员工背诵，当数百员工将数百字的古文齐声背诵时，堪称一绝，震撼人心。

2．全聚德品牌文化精彩纷呈

在统一核心价值观引领下，在坚持中式正餐精品战略的指导下，全聚德几大店都创立了属于自己的各具特色的文化形象：以“老店文化”为主题，创办了反映前门店百年历史的“老铺”餐厅；以“名人文化”为主题，反映和平门店名人效应的“名人苑”餐厅；以“王府文化”为主题，反映达官贵人饮食风范的王府井店“萃锦园”餐厅；以“体育文化”为主题，反映奥运文化的奥运村店体育主题餐厅等，呈现出各自企业独特的风貌，都深受消费者欢迎。总之，各企业都具有中式、正餐、精品的共同定位特征，使全聚德集团各企业的共性与个性、融合性与差异性得到了和谐统一。

3．多品牌确定特色文化定位

全聚德结合各品牌特色，确定其各自不同的文化定位：“仿膳”定位于高档宫廷中餐餐饮，围绕“唱响满汉全席，打造餐饮明珠”的企业发展目标，打造京城高档商务和婚宴、寿宴等特色宫廷餐饮服务企业。“丰泽园”定位于中高档鲁菜精品，围绕“中国鲁菜第一家”的企业发展目标，打造以海参宴为主的中高档鲁菜精品名店。“四川饭店”围绕“京城正宗精品川菜”的发展目标，打造“王府中的川菜，川菜中的经典”品牌形象。每一个品牌企业都有不同的核心产品和产品类群，各具特色，满足不同顾客的饮食消费需求。

集团公司对于多品牌企业的发展倾注了大量心血，全力帮助多品牌企业走出经营困境，调动各类资源，切实为多品牌企业提供帮助，在广告投入、营销宣传、文化推广的投入方面向多品牌企业倾斜，指导仿膳完成了婚寿宴礼仪的确定；即将以丰泽园的历史为题材拍摄影视剧；在繁华市区为四川饭店重新选址，开设新店等。经过几年来的磨合，多品牌企业日益融入全聚德集团，认同全聚德的核心价值观和理念。

（五）提升管理团队素质能力，坚持人本文化管理

全聚德的百年史也是贤人、能人、智人、勤人辈出的历史。坚持以人为本的理念，奉行“共建企业，共谋发展”，全面提升人才素质，打造出一支特别能战斗的队伍，增强员工的主人翁意识和社会责任感。

1．建立充满活力的用人机制

集团成立17年来，先后进行了五次劳动、人事、分配三项制度的改革，实行了全员劳动合同制，制定了“企业用工自主，员工进出自由，择优考核录用，双向动态签约”的新型劳动用工制度。对管理人员坚持通过竞聘上岗，实行“双向选择、任期聘任、业绩考核、能上能下”的管理人员任用制度。与劳动和人事制度改革配套，实行“三工并存、年度考核、岗位浮动、薪随岗变”的岗位薪酬制度，同时，企业高级管理人员和高级技术人员执行年薪制度，拉开分配档次。以“共建企业，共谋发展”创造出了充满活力的用人机制。

2．分层分类做好人才队伍建设工作

全聚德始终坚持建设学习型企业，教导员工树立“终身学习、全员学习和全过程学习”的理念，通过健全制度、丰富载体，激励员工学习的积极性，强化员工学习培训的力度，创造“学习工作化、工作学习化”的氛围。按照集团公司人才理念的要求，分层分类做好员工队伍建设。一是进一步加强高管人员队伍建设，通过理论中心组学习、理论学习研讨会等形式，提高高管人员素质，使高管人员不断提高驾驭企业的能力和领导企业科学发展的水平；二是进一步加强后备人才队伍建设，建立中青年人才库信息系统，探索形成人才队伍统一领导、分级管理、有效调控的管理体系和符合本企业特点的人才分级分类管理体制，近年来经过几次竞聘，一批后备人才已经走上了领导

岗位，在更高的平台上发挥才干；三是进一步加强员工队伍建设，重点抓好岗位培训，建设一支文化素质高，敬业精神强，具有先进理念，拥有较强操作技能的员工队伍，多次在国际、国内餐饮业界竞赛活动中获得殊荣，显示了全聚德集团雄厚的技术实力。

3．以“全聚德之最”为载体的激励机制

集团公司开展了“全聚德之最——经济技术创新最佳成果”劳动竞赛活动。这是以经济效益为中心，涵盖企业各方面工作的综合性竞赛活动：比效益、比管理、比服务、比技术、比改革创新、比安全稳定、比信息、比企业文化和精神文明建设，设立35个集体奖项、18个个人奖项，获奖者将获得奖金、工资升级、签署无固定期劳动合同及旅游等多层次奖励，坚持“两个文明”一齐抓，全方位调动员工参与的积极性和工作热情，教育员工爱岗敬业，让他们迸发出积极向上的工作热情。通过开展劳动竞赛活动，在集团上下形成了一种学知识、练技术、创高效的良好风气，一批优秀人才脱颖而出，涌现了大批技术能手和服务标兵，锻炼出一支过硬的员工队伍。

（六）拓宽文化宣传与形式，实现文化落地

企业文化管理关键在于把思想观念形态的东西，转化为员工的创造性的管理行为或服务行为。为此，制定了五个方面的落地措施。

1．细雨化的宣传贯彻措施统一对文化管理的思想认识

全聚德狠抓对企业文化重要性的认识，将企业文化提升到战略的高度，通过企业文化的创新和建设，增强企业凝聚力，提高企业竞争力，发展企业文化力，实现企业文化与全聚德品牌战略的和谐统一。《企业文化体系》确立后，全聚德领导亲自宣讲和解读企业文化理念的核心内涵，组织企业文化宣传贯彻。以宣传贯彻促认同，使员工透彻领悟企业文化的内涵，将文化理念内化于心，真正用理念指导行动，用思想约束行为，实现“知行合一”。在思想认识上从单纯的经验管理向科学管理过渡，进而向文化管理攀升，进入全新的、更高层次的管理模式。

2．制度化的组织措施落实文化建设的扎实开展

集团公司党委和各级领导班子，把企业文化作为核心竞争力的重要内容，

高度重视，带头倡导，在组织上，专门成立了品牌与企业文化建设委员会，做到工作有人管，事情有人抓，思想到位，工作到位，落实到位。在制度上先后制定印发了《中国全聚德集团企业文化理念识别手册》、《关于加强和推进企业文化建设的意见》、《企业文化建设实施方案》，明确方法、要求、工作进度。建立企业文化建设联席会议制度，每季度召开一次，定期研究分析企业文化建设的重大问题，互通情况，交流经验。

3．专业化的培训措施加强对品牌文化的深度理解

为做好企业文化培训，全聚德编制了《企业文化理念体系》宣讲教材、制作了音像教材等，专门培训建立了文化内训师队伍，在企业内全面开展宣讲，新员工上岗前第一课必须是企业文化培训课，之后再培训其他内容。以《全聚德集团报》、集团OA网为载体，搭建起企业文化理念学习宣传贯彻的平台，提供了相互学习、交流信息、推广经验、共同提高的窗口。同时，全聚德集团还通过座谈会、主题演讲、知识答题、征文、员工书法、绘画、摄影、歌曲、品牌传记、纪念活动等生动活泼、群众喜闻乐见的形式，寓教于乐，不断把宣贯工作引向深入，使员工明确加强企业文化建设的重要意义，了解企业文化的基本知识，提高学习贯彻的自觉性，达到入眼、入耳、入脑、入心，提高广大员工对企业文化理念的认同率。

为保证培训效果，建立和健全学习考核机制。将企业文化纳入“全聚德之最”劳动竞赛活动之中，设立“企业文化建设最有成效的企业”综合评比项目和单项评比项目。通过设立领导重视、组织健全、氛围浓厚、特色突出、任务明确、措施有力、结合紧密、效果明显等八个方面的评价标准，通过检查落实，访问员工等方式对企业文化建设情况进行评估，做到学习成果与企业奖惩，与员工的绩效考核评价、员工使用相结合。

4．技能化的实践措施促进文化观念与岗位应用紧密结合

广泛持续地传播企业文化理念，创造强势文化，把企业文化的一系列理念融合于企业的生产经营管理和员工的思想行动中。高管人员首先做到学以致用，用有所成，着眼于解决企业改革发展中的实际问题，把学习的体会和成果转化为谋划发展的思路、促进工作的措施、领导全局的本领，对鼓舞和启发全体高管人员积极应对2009年经济危机起到了很好的作用，大家开拓思路，全力以赴，带领企业在危机之年仍然实现了“双增双超”的优秀业绩。各企业主动地把文化理念与经营管理工作紧密结合，有的企业开展了学习一门有益的新知识、掌握一门工作的新技能、刷新一项岗位的新纪录、推出一项节能的新措施、改革一项生产的新工艺、搞出一个产品的新发明、攻克一项技术的新难题、探索一种管理的新模式的“八个一”创新活动等，进一步提高了全员的综合素质和整体水平。

5. 创意化的推广措施提升品牌形象的广泛认知

文化管理的主要任务是挖掘、提炼和保护全聚德的非物质文化遗产，需要创意性地推出各类文化产品，并通过利用各种内外部传播途径，赢得广大员工和消费者的认同和忠诚。全聚德充分发扬历史传承优势，在文化产品的挖掘上不遗余力，先后编印出版了《全聚德今昔》、《全聚德的故事》、《品味全聚德》、《媒体话说全聚德》、《话说全聚德珍闻趣事》等书籍，出版了《全聚德与国际友人》、《全聚德名菜名点集锦》、《全聚德中国烹饪大师名师作品集锦》等精美书籍画册。全聚德还在餐饮行业首创了展览馆，将全聚德的历史和现实有机地结合起来，不仅展示了全聚德百余年风云变迁的发展历程，更传承与弘扬了中华民族源远流长、博大精深的餐饮文化。展览馆不仅是全聚德员工的教育培训基地，还先后成为宣武区和北京市“爱国主义教育基地”，吸引社会各界人士近 2 万人，更加广泛地传播了企业的品牌影响力。全聚德创意文化活动的丰富多彩，吸引了员工的积极参与，继电影和话剧《天下第一楼》之后，全聚德的员工又自编自导自演了这一经典剧目，体现出全聚德人对企业文化的热爱。

三、餐饮老字号向现代品牌公司转型的文化管理效果

（一）在继承传统文化的基础上形成了新的文化体系

经过 17 年来坚持不懈、与时俱进的文化体系建设，全聚德继承传统文化，适应现代企业需要，结合企业发展实际，初步形成了包括核心价值观、企业愿景、企业使命、企业目标、企业精神、企业作风、品牌理念、人才理念、经营方针以及管理方针十个部分组成的全聚德新的企业文化体系。目前，“全

而无缺，聚而不散，仁德至上”的核心价值观开始被员工所认同和接受，文化体系十大部分员工们都能够脱口而出，思想观念、价值理念不断更新，适应新的形势，潜移默化地成为引领企业科学和谐、持续发展的文化自觉和行为习惯，在“中国第一餐饮，世界一流美食，国际知名品牌”共同愿景下积极进取。新的文化体系日益体现出对企业健康发展的强大推动力，全聚德集团成立后的17年，2009年实现的营业收入是1993年的19倍，利润总额是1993年的16倍。同时，实现了2006–2008年总资产达到10亿元、主营业务总收入10亿元以上、利润总额达到1亿元以上的“10101”三年规划的宏伟目标。

（二）为企业转型提供了文化保障

全聚德由传统老字号餐饮企业转变为现代品牌公司，是企业的长期发展方向和奋斗目标，在企业文化的引领下，全聚德的发展思路更加清晰，发展战略得到有效实施。全聚德在2009–2013年五年发展规划中提出，要成为在全国餐饮业中位居前列、主业突出、特色鲜明、品牌配套、产业结构合理、核心竞争力明显、具有相当经济实力和品牌影响力的大型餐饮集团。在企业文化的推动下，集团公司已基本形成了以直营企业发展为核心，以连锁企业发展占市场，以生产基地作依托，以物流配送为保障的产业结构框架。目前，集团公司所拥有的81家海内外直营和特许企业的网点设置，正在逐步实现集团公司设想的在国内十大经济区设立直营企业旗舰店并辐射周边市场的格局，开始呈现出有序平稳发展的态势。同时，“全聚德仿膳食品有限责任公司”和“全聚德三元金星食品有限责任公司”的建立，全面保障了连锁企业的半成品统一加工和市场销售的物流配送供应，初步形成了集团公司的品牌企业连锁化，品牌产品产业化的产业链布局。同时，集团公司在京核心企业建设成效显著，和平门店年收入已超过2亿元，成为北京市餐饮销售额最高的单店；前门店、王府井店年营业收入业已超过亿元。同时，王府井店、奥运村店即将扩大经营面积，成为新的经济增长点。

（三）提升了企业持续发展能力和市场竞争能力

企业文化管理促进了企业软实力的提高，17年的积累，全聚德已全力打造出一支思想素质高、业务技术强、纪律作风好的员工队伍，以高级管理人员为代表的企业经营管理团队和以高级厨师和服务技师为代表的专业技术团队成为集团公司人才队伍的两大支柱。全聚德烹饪技能人才中，拥有高级技师（国家职业资格一级）211 名，技师（国家职业资格二级）160 名，高级厨师（国家职业资格三级）319 名；在服务人员中拥有高级技师（国家职业资格一级）52 名，技师（国家职业资格二级）31 名，高级服务人员 304 名（国家职业资格三级）。在全国餐饮行业的独立餐饮集团中，全聚德高级技术人才拥有量名列第一，为企业的未来发展积蓄了强劲的动力。全聚德品牌的无形资产价值同步提升，全聚德品牌无形资产价值也由 1994 年的 2.69 亿元增长到 2007 年的 110.19 亿元，增长了 41 倍。2008 年出色的北京奥运会服务使全聚德的品牌声誉达到了新的高峰，品牌价值和社会认知程度进一步提高。2010 年在北京品牌影响力评选活动中，由广大市民进行投票选举，荣获北京城市名片奖，品牌价值的提升也进一步增强了全聚德的市场竞争能力。

（四）增强了员工的凝聚力和战斗力

共同的文化理念促进了员工的凝聚力和战斗力，在全聚德集团内形成了“车同轨、书同文、人同心”的良好氛围。各企业不约而同地把毛主席的嘱托——“全聚德要永远保存下去！”镌刻下来，作为最醒目的标识；在确定集团歌时，多品牌企业一致表示，愿意把原全聚德专用的《一炉百年的火》当成自己的歌，每一个员工都已经发自内心地认同“我们都是全聚德人”。

全聚德员工积极参与各类社会活动，体现出了强烈的社会责任感。2008 年担任了北京奥运会的服务供应；2010 年，全聚德又作为北京唯一一家餐饮企业代表入驻上海世博会，扩大了品牌的影响力和美誉度。多年来，全聚德人心系群众，回报社会，援助希望小学、慰问国旗班战士、援助四川汶川“5·12”特大地震，抗击南方雨雪冰冻灾害、援助西南地区抗旱、援助青海玉树地震等活动中，集团公司各成员企业和广大员工先后为地震灾区累计捐款捐助达 500 万元，并派出爱心车队将救灾物资平安送到重灾区，参加“北京餐饮赈灾救援团”，被中华全国总工会授予“抗震救灾重建家园——工人先锋号”荣誉称号，肩负起国企员工和上市公众公司强烈的社会责任，体现出了企业的强大凝聚力。

【专家点评】

文化建设要抓重点、特点和亮点

中国全聚德（集团）股份有限公司在文化建设中党政重视，领导带头，骨干先行，职工齐心，创造了骄人的业绩，摸索了可贵的经验，其中有三点尤其值得学习和推广。

其一，文化建设和管理要抓重点。全聚德把国有老字号企业如何适应新经济环境下生存法则，转型升级，焕发生机作为重要任务、重大课题，通过加强人本文化、制度文化、物质文化、和谐文化等的建设和管理，有效地激发和增强了文化的凝聚力、影响力和创新力，为全聚德的企业管理注入了灵魂，插上了腾飞的翅膀。

其二，文化建设和管理要抓特点。全聚德以“中华第一吃”、“天下第一楼”为目标，以品牌战略为导向，以品牌文化为动力，坚持传承与创新，运用现代管理理念，实施由传统老字号向现代品牌公司转型的文化建设和管理，走上了规范化、规模化、标准化、连锁化的经营发展之路，形成了“古老”与“新生”共长，“人品”与“精品”齐进的生动局面。经过十七年的发展，全聚德从过去的烤鸭单店品牌拓展到餐饮行业品牌，现已形成“全聚德”、“仿膳”、“丰泽园”、“四川饭店”四个京城老字号品牌，拥有80余家成员企业“餐饮联合舰队”，成为国内首家餐饮上市公司。

其三，文化建设和管理要抓亮点。全聚德在文化建设中，十分注意挖掘和保持原创性的文化底蕴、技艺传承和经营秘诀，将其历史与文化价值转化为市场价值。经过十几年的不断总结、修改、完善，先后制定了《全聚德企业文化理念识别手册》、《全聚德企业文化行为识别手册》、《全聚德企业文化视觉识别手册》，基本形成了比较科学完成整的企业文化体系和识别系统。共同的文化体系、文化理念，既奠定了企业员工的共同思想基础，又促成了企业“车同轨、书同文、人同心”的良好氛围。广大员工都愿意把原全聚德专用的《一炉百年的火》当成自己的歌，每一个员工都发自内心的认同“我们都是全聚德人”。

点评专家：中国文化管理学会组织文化测评基地理事长、研究员

中国文化管理学会组织文化测评基地专家委员会主任委员　　郑启清

大屯煤电集团有限责任公司企业文化案例

企业简介

大屯煤电集团有限责任公司（以下称“大屯公司”）是一个综合经营煤炭生产、坑口发电、铁路运输、铝冶炼及加工的国有大型工业企业，形成了“煤、电、铝、运”综合经营的产业新格局。

大屯公司位于苏鲁交界的江苏省沛县境内，地跨两省二市三县，矿区总面积245平方公里，职工2.7万人。现有煤炭工业储量11.88亿吨，可采储量5.5亿吨，煤炭主要品种为1/3焦煤、气煤和肥煤。有四对煤炭生产矿井，核定生产能力910万吨/年；有四座选煤厂，原煤洗选能力750万吨/年；有火力发电厂、矸石热电厂各1座，总装机容量499MW；有电解铝厂1座，生产能力10万吨/年；有铝板带箔铝加工厂1座，加工能力5万吨/年；有高精度铝板带厂1座，加工能力10万吨/年（项目一期2009年开工建设）；有自营铁路171公里，运输能力1 200万吨/年；有拓特机械制造厂1座，制修能力1万吨/年；还有汽运分公司、物业管理分公司、中心医院、高级技校等单位。

大屯公司于1970年经国务院批准，由上海市开发建设，1983年划为原煤炭部直属企业，1997年改制为国有独资有限责任公司，1998年划归中国中煤能源集团有限公司（原为中国煤炭工业进出口集团公司）管理，1997年大屯煤电（集团）公司揭牌，1999年以大屯煤电集团公司为主发起人发起设立上海大屯能源股份有限公司，2001年8月上海能源1.1亿股A股股票在上海证交所发行上市，2003年改制为多元投资主体的有限责任公司，2006年1月上海能源完成股权分置改革，2006年5月中国中煤能源集团有限公司将持有的上海能源62.43%股权投入到中煤股份公司，上海能源成为中煤股份公司的控股子公司。到2009年底，总资产98.23亿元。

大屯公司从1986年起连年跻身中国500家最大工业企业；1999年获得中

华全国总工会“全国五一劳动奖状”；连续保持全国产值利税最佳企业、“AAA”资信企业、煤炭科技进步十佳企业；企业技术中心被认定为国家级技术中心；先后荣获全国模范职工之家、国家首批重合同守信用企业、全国煤炭工业优秀企业、全国质量效益型先进企业、全国煤炭系统改革先进单位、全国煤炭质量信得过单位、煤炭行业科技进步十佳企业、国资委厂务公开先进单位、江苏省管理先进企业、江苏省优秀企业、江苏省思想政治工作优秀企业、江苏省文明单位、文明单位标兵等荣誉称号。

国有企业廉洁文化建设的根本任务和主要内容初探

梁　云

国有企业廉洁文化是社会主义文化的范畴，在推进社会主义文化大发展大繁荣的进程中，承担着十分重要的任务。我们要从国有企业所肩负的政治、经济和社会责任、从巩固党的执政地位和执政基础的战略高度来认识国有企业廉洁文化建设的极端重要性，要以高度的政治责任感，聚精会神、严肃认真地抓企业廉洁文化建设各项任务的落实，真正抓出成效来。

一、国有企业廉洁文化建设的根本任务

这个问题至关重要。只有弄清楚企业廉洁文化要干什么，最终要解决什么问题，才能明确出发点、找准着力点，才有可能抓出成效。否则，有可能是事倍功半，也可能是瞎忙乎，甚至是适得其反。综合考察分析，国有企业廉洁文化建设的根本任务是：

1．建立制文一体的防御系统

企业廉洁文化是企业文化的一个分支。企业文化建设是对企业整体而言的，而企业廉洁文化建设是对整个企业中的廉洁建设而言的。文化与制度相比，其最大特点是柔性，其作用类似于“中草药”，润物无声、潜移默化、深

水静流。国有企业廉洁建设，既要靠制度，更要靠文化，制度、文化“两条腿”缺一不可，必须是制度、文化相结合、相融合和一体化。一般来说，如若缺少了制度，可以在短期内建立完善起来，甚至加一、两个班就可以把一项或若干项制度设计出来，可以收到立竿见影的效果，而缺少了文化，则不是一天两天就能补上课的，必须要有一个过程，甚至是一个漫长的过程。国有企业推进廉洁文化建设是从文化的层面和视觉对中央关于建立健全教育、制度、监督并重的惩治和预防腐败体系实施纲要的解读和诠释，是在国有企业贯彻落实《实施纲要》综合的、重要的、具体的、有效的措施，有助于形成制度防腐与文化防腐相结合的防御系统，最终实现制度文化化、文化制度化和制度、文化（制文）一体化。

2. 增强防腐拒变的思想意识

思想意识支配行动，有什么样的思想意识就有与之相匹配的行动。思想意识是“总阀门”，一旦先进文化在人们头脑中失去了主导地位，其世界观、人生观、价值观和权力观、地位观、利益观必然发生扭曲，出问题是早晚的事、必然的事，大量的案例可以佐证。企业廉洁文化建设管的是人们思想意识这个“总阀门”、“方向盘”。通过各种有效形式、载体对各级经营管理者进行教育、引导、熏陶、规范、历练、灌输，从而让先进的文化在各级经营管理者的头脑中占据支配地位，有助于各级经营管理者树立正确的世界观、人生观、价值观和权力观、地位观、利益观，筑牢思想道德防线，增强防腐拒变的思想意识，勤政廉洁，自觉做到不愿腐、不去腐。

3. 形成崇廉尚廉的社会氛围

国有企业廉洁建设不仅是各级经营管理者的事，而是全体员工共同的事，不仅是国有企业自身的事，而且和整个社会是紧紧联系在一起的，国有企业廉洁建设不仅受整个社会风气的影响，而且也在影响着整个社会的风气。因此有理由说，廉洁建设是一项社会系统工程，由此也就决定了国有企业廉洁文化建设是一项广泛的群众性活动。通过廉洁文化进机关、进车间、进班组、进项目、进工地、进课堂、进考核、进社区、进家庭，广泛宣传廉洁建设的知识，以小型多样、寓教于乐的活动，把企业员工、家庭成员和社会大众吸引进来，在参与中接受教育、陶冶情操、提升素质，有助于全社会崇廉尚廉氛围的形成。

4．提供企业发展的政治保障

国有企业安全、生产、经营和改革、发展、稳定的任务十分繁重。企业廉洁文化建设的推进和广泛开展，有助于提升企业各级经营管理者思想政治素质、管理能力，增强战斗力、影响力和凝聚力，有助于疏通企业员工思想、融洽管理者与员工的关系、保持员工队伍的稳定，有助于营造风清气正、人心思干、安居乐业、其乐融融的人文环境，从而形成推动企业发展的强大合力，实现企业安全发展、科学发展。

5．塑造国有企业的责任形象

企业是一个经济组织，但国有企业尤其是中央企业又是一种特殊的经济组织，除一般企业所肩负的经济责任以外，还肩负着十分重要的政治责任和社会责任。从表象来看，企业廉洁文化建设是一项政治活动，但实质上政治和经济是紧紧联系在一起的，历来也是不可分的。企业廉洁文化建设的开展，助推了企业发展；企业发展了，效益好了；效益好了，企业稳定了；企业稳定了，员工的干劲足了；员工的干劲足了，企业发展就更快了。这一过程，就把国有企业的经济责任、政治责任和社会责任真正落到了实处，国有企业的责任形象自然就树立起来了。

二、国有企业廉洁文化建设的主要内容

国有企业廉洁文化有着丰富的内涵和鲜明的特征。推进企业廉洁文化建设必须明确其主要内容，才能够把握关键点、找准结合点，做到纲举目张。廉洁文化建设重在建设，建设什么？怎样建设？在当前和今后一段时间，应努力抓好理念、制度、载体、主题和理论“五大建设”。

（一）企业廉洁文化理念建设

理念是一面旗帜，具有昭示和引领的作用。企业廉洁理念是企业廉洁文化的灵魂，企业廉洁文化理念建设是廉洁文化建设的重点工程，必须给予高度的重视。

1．理解企业廉洁文化理念的内涵作用

廉洁文化理念是思想观念、道德情操观念及价值取向的总和。先进的廉

洁文化理念是党员干部世界观、人生观和价值观的综合反映，集中体现了党员干部崇高的精神境界、务实高效的工作作风和廉洁自律的良好形象。先进的廉洁文化理念对于引导党员干部树立正确的世界观、人生观、价值观和权力观、地位观、利益观，明辨是非曲直、荣辱得失，规范其做人做事、廉洁从业具有指导和引导的作用。

2．明确企业廉洁文化理念体系的构成

廉洁文化理念体系，一般由核心理念和若干个子理念构成。核心理念在理念体系中处于核心地位和支配地位，子理念是核心理念派生出来的或是核心理念的展开，是为核心理念服务的。如上海一家能源企业就确立了“一个核心理念”和“四个子理念”。这就是以“冰清玉洁、热心为民”为企业廉洁文化的核心理念，其寓意是每一个党员干部像冰一样清澈透明、像玉一样洁净无暇，品德高尚，行为光明磊落，对事业、对工作、对他人热心，权为民所用、情为民所系、利为民所谋。这一核心理念，由“在岗一分钟、干好六十秒”的勤政理念、“两袖清风、一身正气”的廉洁理念、“责任比能力更重要”的责任理念、“热心热情对待职工、全心全意服务员工”的服务理念等理念作支撑。他们运用各种媒体和阵地对企业廉洁文化理念体系开展了广泛深入的宣传贯彻，每一个党员干部职工不仅掌握了理念体系的内容，而且理解了理念体系的内涵，更重要的是能够把理念的内涵要求体现在具体的行动上。当然，企业廉洁文化理念的建设、条目的多少，没有统一的模式，要因企制宜，只要适应本企业的实际、满足实际需要就行。

3．企业廉洁文化理念体系内容的要求

企业廉洁文化理念体系，表面上是几句话、几个词或几个字，但实质上不是、也不应该是几个词汇简单的组合或叠加（当然，也不排除）。一般要体现“五性”：一是政治性，国有企业的廉洁文化理念体系，要体现马克思主义、中国特色社会主义理论和科学发展观的指导，要体现中国特色社会主义的共同理想；二是思想性，国有企业的廉洁文化体系，要体现以爱国主义为核心的民族精神，要体现历史文化的底蕴和内涵；三是时代性，要体现以改革创新为核心的时代精神，要体现21世纪的国有企业的精神风貌；四是创新性，要体现行业的特性，要体现企业的个性；五是实践性，要体现企业历史的传承，要体现实际的操作和转化。当然，企业廉洁文化体系要真正符合这“五性”是一件比较困难的事情，但应该从这“五性”上去思考和定位，至少可以努力去做到。

4．企业廉洁文化理念体系建设的方法

企业廉洁文化理念体系建设是一个必要的、重要的过程，要正确对待、高度重视。一是要上下结合，切忌领导包办，坚持走从下到上、从上到下的群众路线，集思广益，千万不能关起门来，由个别人、少数人编廉洁文化理念；二是要突出个性，切忌照抄照搬，企业廉洁文化理念的建设一定要结合本企业的实际，有本企业的个性特点，别的企业的廉洁文化理念可以学习、借鉴，可以结合本企业的实际进行融合创造；三是要准确阐释，切忌简单从事，要用准确的语言、群众听得懂的语言或群众语言，对廉洁文化理念体系的思想内涵进行阐释；四要广泛宣传贯彻，切忌束之高阁，理念形成到变成为干部职工的自觉行动还有一段距离，要利用多种形式进行反复宣传贯彻，并体现到企业制度设计和企业管理之中，贯穿到各类媒体的传播之中，渗透到廉洁文化产品的创作生产之中，融入企业员工的日常生活之中，从而使廉洁文化理念内化为人们的价值观念，外化为人们的自觉行动。

（二）企业廉洁文化制度建设

制度，是要求大家共同遵守的，按一定程序办事的规程。制度要求规范、体现规律，带有根本性、全局性、稳定性和长期性。国有企业要遵守国家的法律、法规、条例、准则、办法、规定，依据党的路线、方针、政策的要求，设计、制定和逐步完善并形成符合市场经济运行需要、反映企业价值观、得到企业全员认可的覆盖企业经营管理、规范党员干部和员工行为的一整套制度体系。

1．建立制度，要确保可行性

企业廉洁制度可以从不同的层面、不同的角度去考察划分。但是，无论建立哪种类型的制度，首要考虑的是制度的可行性。在这里，姑且把与企业廉洁文化相关的制度界定为“8 种类型”：一是建立责任类制度，这类制度包括企业党政工团各类组织、不同层级组织基本职责、领导干部工作职责、安全生产责任制 、党风责任制等相关制度；二是建立教育类制度，这类制度包括领导干部参加党校培训制度、党政主要领导上党课制度、党委中心组学习制度和学习研讨交流制度等相关制度；三是建立禁止类制度，这类制度包括国有企业领导人员贯彻执行廉洁从业若干规定实施意见、国有企业领导人员“七不准”实施意见和企业经营工作“十条禁令”等相关制度；四是建立自律类制度，这类制度包括国有企业领导干部廉洁自律公约、廉洁宣誓制度、廉洁承诺制度、联系点制度、调查研究制度、班子成员谈心制度以及领导干部确定勤政廉政座右铭等相关制度；五是建立程序类制度，这类制度包括职工代表大会条例、党员代表大会条例、行政工作条例、党政议事规则、集体决策制度、领导班子成员分工制度、财务联签制度等相关制度；六是建立控制类制度，这类制度包括业务招待费用、领导干部职务消费向职代会报告制度、礼品礼金上缴制度、领导干部个人收入申报制度、领导干部重大事项报告制度、招投标管理制度等相关制度；七是建立监督类制度，这类制度包括厂务公开制度、党务公开制度、民主评议领导干部制度、民主生活会制度、领导干部述职述廉制度、廉洁谈话制度、谈话诫勉制度、企业内部审计制度、企业效能监察制度及党内、舆论、员工监督等相关制度；八是建立处罚类制度，这类制度包括执行党员纪律处分条例、企业员工手册、引咎辞职等相关制度。

2．落实制度，要增强执行力

制定制度和落实制度是两回事。在很大程度上，我们目前缺少的不是制度，而是缺少抓落实的认真精神，不是僵化地执行制度，而是简化地执行制度。提高制度执行力是当务之急，要花大气力努力让执行力成为一种文化。不妨把ISO9000质量标准引入企业廉洁文化建设领域，编制企业廉洁文化建设《质量手册》、《程序文件》、《管理作业文件》和《作业记录》体系文件。目前，运用ISO9000国际质量标准体系管理精神文明建设系统的工作，有不少成功的范例。如江西铜业集团用于管理党建工作，获得了全国首家认证；徐州矿务集团旗山煤矿用于管理厂务公开，获得了认证；中煤大屯集团龙东煤矿用于管理政工系统的工作，获得全国优秀研究成果一等奖。考察如上所述成功企业的做法，ISO9000国际质量标准体系的引入能够有效解决企业廉洁文化建设中每一项工作的“6W1H”问题。“6W1H”即who（谁来做）、where（在哪里做）、what（做什么）、when（什么时候做）、why（为什么做）、whom（为谁做）、

how（怎么做）。因为按照ISO9000国际质量标准体系编制的企业廉洁文化建设体系文件，逐一规定和回答了每一项工作的“6W1H”的问题，只要按照程序文件的程序、要求去操作执行就可以了。这样一来，既增强了制度的执行力，又增强了工作的效率和质量。当然，这一切也都是建立在认真基础之上的。

3．修正制度，要体现适宜性

制定制度要持谨慎的态度，不可草率出台。而制度一旦形成，就要维护制度的严肃性，保持其相对的稳定性。但是，随着形势的发展和实践的丰富，要根据制度执行过程中暴露的问题，进行修正、完善、整合，甚至废止。

（三）企业廉洁文化载体建设

理念的灌输、制度的体现、活动的开展要有一定的载体，要让无形的理念外化为看得见、摸得着、感受得到的物质的、具体的、实在的东西，其目的是营造企业廉洁文化建设良好的氛围，使人们在不经意间受到教育、感染和提升，起到润物细无声的效果。

1．企业廉洁文化载体建设的创意要求

企业廉洁文化载体既要体现廉洁文化的理念，又要符合本企业的实际需求，还要具有较强的可操作性。在企业廉洁文化载体创意时要兼顾以下“八点”：一是要虚实结合，既宣传贯彻观念形态的内容，又注重解决生产经营过程中的实际问题；二是要动静有度，不仅要有固定的展现形式，而且要有反映动态的渠道，给人以鲜活的信息；三是要时空融合，时时、处处、事事使大家能够看得见、听得到或感受得到廉洁文化的气息；四是要图文并茂，吸引眼球、帮助理解、加深记忆；五是要声情交融，以拉近与受众的距离，产生共鸣，增强感染力和说服力；六是要大小并举，根据时间、地点、人员情况，开展灵活多样、生动活泼的活动；七是要上下联动，重心下移，走向基层，走向广场社区，让不同层次的员工和家属参与进来；八是要内外呼应，企业集团内部、企业之间或与当地的政法部门开展交流研讨活动，还可以与爱国主义教育基地联手开展教育培训活动。

2．企业廉洁文化载体建设的体现形式

按照《实施纲要》关于“反腐倡廉教育要面向全社会，把思想教育、纪律教育与社会公德、职业道德、家庭美德教育和法制教育结合起来。大力加强廉政文化建设，积极推动廉政文化进社区、家庭、学校、企业和农村”的要求，结合企业实际，初步创意设计了“十二种载体”。

载体之一：环境熏陶。在办公区、厂区(车间)、社区悬挂企业廉洁文化标识、标语、旗子，安装廉洁文化公益广告、灯箱，安装电子显示屏滚动宣传企业廉洁文化理念体系等，在办公楼走廊、会议室、饭厅、休息室、候车亭等处悬挂企业廉洁文化理念体系、格言、警句牌匾，设计印制企业廉洁文化挂历、台历、廉洁日志和勤廉座右铭桌牌等。

载体之二：媒体宣传贯彻。广播开办企业廉洁文化专栏，电视开办企业廉洁文化视窗，报纸、杂志可开辟企业廉洁文化论坛（或创办专门刊物），企业内部局域网可开辟企业廉洁文化网页，可印制企业廉洁文化知识读本、手册或折页、画册、招贴画等。

载体之三：培训教育。企业廉洁文化教育要做到“四纳入”，即纳入各级党委中心组学习计划，纳入党员干部培训计划，纳入员工培训计划，纳入各级经营管理者的绩效考核评价。

载体之四：宣誓承诺。每年年初或适当的时间，采取一定的仪式，组织党员干部进行廉洁宣誓：遵守宪法、法律和党章，忠于党、忠于国家和人民，勤奋工作，勤政廉洁，自觉接受群众的监督，当好公仆；在每年“七一”前夕，组织新党员进行入党宣誓，组织全体党员重温入党誓词；领导干部按照岗位职责和廉洁建设的要求，通过媒体向企业全体员工公开作出庄严承诺：要做哪些事，不做哪些事，欢迎全体员工给予监督。

载体之五：形象塑造。在领导干部中，开展以“勤政、为民、正派、廉洁、创新”为主要内容的塑形活动。勤政，就是要求领导干部把心思放在工作上，勤奋努力，尽职尽责，高标准、高质量地做好本职工作；为民，就是要求领导干部心中装着员工，多为员工着想，把自己手中的权力用在工作上、用在为员工服务上；正派，就是要求领导干部说话、办事、解决问题、处理工作，出以公心，坚持原则，刚正不阿，表里如一，言行一致；廉洁，就是要求领导干部加强党性锻炼，自觉用党风、廉洁建设的标准、条规规范自己的言行，公私分明，不贪不占；创新，就是要求领导干部把上级的指示精神和自己掌握的先进理论、方法用以指导工作实践，结合实际进行创新创造。领导干部通过长期的修炼，做到平时能看得出、工作叫得响、形象立得住，有很强的感染力、号召力和亲和力。

载体之六：开辟基地。依托历史文化和当地资源，开辟红色、白色、黑色、绿色“四色”教育基地。组织党员干部到烈士纪念馆接受革命传统教育，到西柏坡开展艰苦奋斗教育，到韶山、井冈山开展红色教育，进一步坚定党员干部的理想信念，牢固树立正确的世界观、人生观、价值观和权力观、地位观、利益观，筑牢拒腐防变的思想道德防线，自觉做到“不愿腐”；组织领导干部参观烈士陵园、纪念碑，向革命烈士敬献花篮花圈，重温入党誓词，学习先烈的革命追求和献身精神，让自己的灵魂受到洗礼，自觉做到“不能腐”；组织领导干部和人、财、物部门人员到监狱参观、观看反腐倡廉成果展，用反面教材进行警示教育，做到防微杜渐，自觉做到“不敢腐”；组织领导干部到企业扶贫帮困结对子的农村体验生活，走进农村，接近农民，亲近黄土地，拥抱大自然，在与农民零距离、与大自然的亲密接触中陶冶情操，自觉做到“不去腐”。

载体之七：活动吸引。学廉洁文，可编印《廉文荐读》等学习资料，推荐选登上级有关廉洁建设的文件、文稿、格言警句、励志名言等；读廉洁书，不定期向党员干部职工推荐图书，开展读书心得交流或读书成果共享会；在图书馆开辟廉洁建设书籍专区、专架；唱廉洁歌，组织教唱廉洁歌曲，举办大型的演唱会，适当安排有廉洁教育意义的歌曲；四是讲廉洁事，组织廉洁文化演讲比赛，举办廉洁故事会；五是看廉洁戏，邀请文艺团体，演出有廉洁教育意义的戏曲或片段；六是观廉洁片，组织观看有典型教育意义的影视片和专题片，开展影视评，撰写观后感；七是听廉洁课，邀请上级纪检、政法系统和高等院校的专家讲课；八是设廉洁室，有条件的企业可以设立廉洁文化建设活动室；九是发廉洁信，定期或不定期发出信件、信息；十是寄廉洁卡，在重要的节日，寄有廉洁内容的贺卡。

载体之八：内省修炼。党员干部严于律己，一日三省，经常扪心自问：我尽职尽责了吗？我廉洁了吗？我的言行举止得当吗？等等。不间断地、经常性地坚持内省修炼，自我纠偏。也可以把每月或每周的固定的一天作为党员干部“廉洁自省日”。领导干部民主生活会上的自我批评也是一种内省修炼的有效形式。

载体之九：亲情感染。通过签订《夫妻廉洁公约》、开展争当"廉内助"活动、开展"小手拉大手"活动、召开"家庭廉洁民主生活会"等，让廉洁文化进社区、家庭、学校。

载体之十：榜样激励。组成先进模范人物事迹报告团，在企业内部巡回做事迹报告；组织评选勤廉双优的领导干部，予以表彰奖励。

载体十一：作品教化。充分挖掘历史文化宝库和当地、企业的历史资源，创作廉洁小说、小品文、歌曲、漫画等；征集廉洁文化故事、格言、警句；举办廉洁文化书法、篆刻、漫画和电脑画展等。

载体十二：警示教育。选取一些违法违纪典型案例进行剖析，组织党员干部学习讨论；召开警示教育大会，让违纪违法人员现身说法；召开本企业违纪违法案件通报会，分析发生案件的原因，指出应当接受的教训；定期组织党员干部到监狱参观。

3．企业廉洁文化载体建设的创新发展

企业廉洁文化建设是一件新生事物，人们受认识和理解的局限，一开始在廉洁文化载体的创意上不可能考虑很全面、很完善，要随着形势的发展和实践的深化，不断加以完善、丰富和发展。

（四）企业廉洁文化理论建设

理论指导实践，实践检验理论，理论必须和实践紧密结合，才能产生新的奇迹，两者须臾不可分离。国有企业廉洁文化建设是一项重要的实践活动，必须接受科学理论（马克思主义基本理论、廉政建设理论、企业文化管理理论）的指导，才能形成具有国有企业特色和本企业特点的成果理论。

1．基本理论

廉洁文化是文化建设的重要组成部分，文化建设是社会主义性质的文化，企业是社会主义性质的企业。因此，企业廉洁文化建设就必须始终坚持以马克思主义基本理论为指导，必须始终坚持以毛泽东思想为指导，必须始终坚持以邓小平理论为指导，必须始终坚持以"三个代表"重要思想为指导，必须始终坚持以科学发展观为指导，必须始终坚持以中国特色社会主义理论为指导，必须始终坚持以党的路线、方针、政策为指导，这是不容置疑的。

2．廉政理论

企业廉洁文化建设要接受廉政理论的指导，要吸收世界范围内廉政理论的营养成分，要吸收我国历史上廉政思想的营养成分，要吸收不同企业的廉政经验的营养成分，要始终坚持洋为中用、古为今用、它为我用、促我发展的原则。

3．管理理论

企业廉洁文化建设说到底是文化建设，是企业文化建设的一个分支，如同企业安全文化、质量文化、管理文化、班组文化等一样。因此，企业廉洁文化建设必须接受企业文化管理理论的指导，遵循企业文化运行的一般规律，并突出企业廉洁文化的内涵和特征。

4．成果理论

国内外各行业，普遍对廉洁建设高度重视，总的形势对加强廉洁建设比较有利。近年来，按照中央要求，国有企业普遍开展了廉洁文化建设，在实践中积累了一定的经验，为进一步把企业廉洁文化建设引向深入和创造成果奠定了基础，但发展还不平衡，大多数的国有企业还处于刚刚起步阶段，当前面临的任务还十分艰巨，还有许多工作要做、可做。一是要组织培训，包括对廉洁理论、廉洁文化基本知识、建设的方法步骤、测量评价和优秀案例的学习等；二是要研讨交流，在一定的时期就企业廉洁文化建设中遇到的问题，组织专家学者和从事实际工作的同志进行研讨交流，释疑解惑，为企业廉洁文化建设扫清障碍；三是要培养典型，国有企业的情况千差万别，行业不同，条件各异，在企业廉洁文化建设上不能搞一刀切、齐步走，要分地区、分行业、分层次抓好试点工作，适当的时候在先进单位召开推介会或观摩会；四是要提炼升华，要高度重视企业廉洁文化建设的理论研究工作，领导机关、高等院校、研究机构和企业联合组成课题组，对全国国有企业廉洁文化建设全面考察、分析、论证，把成形的做法上升到理论层面，加以固定，力争早出成果、出高层次的成果，以更好地指导国有企业廉洁文化建设的实践。

（五）企业廉洁文化主题建设

“主题”宣传教育活动、“主题”活动场馆（所）是企业廉洁文化建设的重要组成部分，也是广泛吸引大众参与最直接、最有效、最便捷的途径，应根据实际、量力而行、稳妥推进。

1．开展主题教育

在一定的时间段，根据企业廉洁建设中的突出问题、苗头性问题和倾向性问题，在调研分析的基础上，选准主题，有计划、分层次、按步骤地开展主题教育活动。如中央在领导干部中开展的“三讲”教育、在全体党员中开展的“先进性”教育活动、实践“科学发展观”教育活动，中央纪委监察部在全国纪检监察系统开展的“做党的忠诚卫士、当群众的贴心人”主题实践活动以及有的地区、企业开展的“细算清廉七笔账”等主题活动，都是比较好的主题活动，可资借鉴。一般来说，国有企业开展主题教育活动要坚持必须的原则，不宜常搞，每年可开展一次主题教育，每次主题教育活动时间1–3个月为宜，最长不要超过3个月，每次主题教育要认真策划，要重视过程控制，要确保教育质量，切忌走过场。

2．进行主题宣传

根据实际情况，在行业内、集团公司范围内，集中一段时间、集中媒体的力量，围绕一个主题，宣传一个集体、个人，或宣传一批集体或个人。如“五一”前后，围绕“工人伟大，劳动光荣”的主题，集中宣传一批产业工人；如把每年的一个月份，确定为廉洁文化主题宣传月；如今年我国开展的改革开放三十周年纪念活动，也是一次主题宣传活动。

3．设立主题展馆

不少国有企业都建有展览室、展览馆，可以在原有的基础上，增加企业廉洁文化建设的资源，整合成干部职工和学生廉洁文化教育基地（如山东胜利油田等企业），也可以在展览室、展览馆中，设立企业廉洁文化展览的区域。当然，要根据实际情况而定，如条件不允许，也可暂缓。

4．举办主题歌会

定期或不定期举办包含企业廉洁文化有关歌曲在内的主题歌会，把必唱歌曲和自选歌曲结合起来。如中纪委等联合举办的“唱响正气歌”廉政歌咏晚会等；如中煤集团大屯公司龙东煤矿以“颂歌向党唱”为主题的歌咏比赛，已经坚持了18年。

5. 举行主题演讲

根据实际需要，确定主题，组织人员进行创作训练，在企业内巡回演讲，或刻制成光盘，供大家学习。

6. 组织主题创作

一定时期，在一定的范围内，组织开展与企业廉洁建设有关的主题书法、篆刻、绘画、小品、短信、格言、警句、故事征集、展览活动。如上海能源发电厂组织书法爱好者给全厂党员干部书写有廉洁内容的春联。

7. 建造主题公园

根据条件和实际，对公园进行改造，增加廉洁文化的元素，比如石刻、碑林、雕塑、文化墙、文化长廊等。如浙江宁波的清风园等。

8. 开辟主题广场

因地制宜，把社区的休闲广场稍作改造，增加一些生活小品，使之具有廉洁教育的功能。

企业廉洁文化建设是一个大课题、新课题。如何加深理解和认识、如何推进和深化，有许多值得探讨的地方。笔者愿意更多地学习大家的经验、分享大家的成果，也愿意为国有企业廉洁文化的发展做一些实际工作、贡献一份力量。

【专家点评】

廉洁文化建设必须增强自觉性、针对性、科学性

《国有企业廉洁文化建设的根本任务和主要内容初探》一文，主题突出，目标明确，内容丰厚，条理清晰。既有理论阐述，又有经验之谈。既有上级精神，又有实力论证。全文围绕为什么建设、建设什么和怎样建设企业廉洁文化，揭示并强调了加强企业廉洁文化建设必须曾强自觉性、针对性和科学性。

第一，加强企业廉洁文化建设必须增强自觉性。企业廉洁文化是廉洁理论和行为方式及其相互关系的总和，是关于廉洁的知识、理念、制度及与之相对应的生活方式、行为规范的概括。加强企业廉洁文化建设，有利于建立

制文一体的防御系统，有利于增强防腐拒变的思想意识，有利于形成崇廉尚廉带的社会氛围，有利于提供企业发展的政治保障，有利于塑造国有企业的责任形象。企业广大干部职工只有克服“反腐倡廉与企业关系不大”、“不能上面生病让下面吃药”等思想情绪，才能进一步增强反腐倡廉的意识，自觉做到不愿腐，不去腐。

第二，加强企业廉洁文化建设必须增强针对性。企业廉洁文化具有丰富的内涵和鲜明的特征，在当前和今后一段时间里，推进企业廉洁文化建设应努力抓好理念、制度、载体、理论和主题“五大建设”。其中，企业廉洁文化理念建设要注重提炼“一个核心理念”和“四个子理念”，制度建设要建立坚持“八类制度”，载体建设要统筹兼顾“八项内容”，理论建设要大力强化“四项内涵”，主题建设要集中针对突出问题、苗头性问题和倾向性问题等“三个问题”。这样做就能有目标、有任务、有计划、有步骤地进行企业廉洁文化建设，就能建立教育、制度、监督并重的惩治和预防腐败的体系，形成思廉、保廉、促廉的文化氛围。

第三，加强企业廉洁文化建设必须增强科学性。企业廉洁文化建设是一项系统工程，其政治性、政策性、全局性、群众性、长期性都很强，因此，必须增强规范性、制度性和科学性。在廉洁文化理念体系建设中，要体现政治性、思想性、时代性；在廉洁文化制度建设中，要确保可行性、适宜性和有效性；在廉洁文化载体建设中，要突出“十二种载体”的目的性、操作性和实践性；在廉洁文化理论建设中，要注重创新性、指导性和实践性；在廉洁文化主题建设中，要强化全局性、先进性和导向性。要运用多种渠道，采取多种形式，把企业廉洁文化体现到企业规划与制度设计及企业管理之中，贯穿到各类媒体的传播之中，融入企业干部职工的日常生活之中，从而使廉洁文化内化为大家的价值观念，外化为大家的自觉行动。

感谢梁云同志多年的探索和升华。

点评专家：中国文化管理学会组织文化测评基地理事长、研究员

中国文化管理学会组织文化测评基地专家委员会主任委员　　郑启清

中国电子信息产业集团有限公司企业文化案例

企业简介

中国电子信息产业集团有限公司（简称“中国电子”）成立于1989年，是中央直接管理的国有独资特大型企业，是国内从事电子信息产业研发、制造、销售和服务的最大的综合性国有集团公司，旗下云集了众多中国知名的IT企业，有39家全资及控参股企业，拥有16家控股上市公司。主导产业分布在集成电路与关键元器件、软件与服务、高新电子、专用整机及核心零部件、新型平板显示、现代商贸与园区服务等国家战略性、基础性电子信息产业领域，核心业务关系国家信息安全和国民经济发展命脉。

中国电子在长三角、珠三角、京津唐、泛北部湾等地区拥有大规模产业制造基地，并拥有覆盖全国数百个城市的市场网络。与众多国际知名大公司建立了全方位、多层次的战略合作伙伴关系，业务遍及全球100多个国家和地区。员工总数近10万人。截至2010年10月，资产总额超过1 100亿元人民币，销售收入达1 300亿元人民币。

中国电子建有完整的科技研发创新体系，自上而下设立了国家技术工程中心——软件、国际工程、高新电子、新能源动力电池、深圳五大专业/区域研究院——企业技术中心三个层级的研发机构，拥有6个国家认定的技术中心，4个国家级工程研究中心，27个省、市级技术中心，1家海外研发机构和6家博士后工作站。

中国电子围绕产业链推动上下游配套协作，提升关键核心环节和整体综合竞争力，众多产品和业务处于国内一流、国际领先水平。在专用整机及核心零部件领域，是全球领先的计算机核心零部件制造商，盘基片供应世界第一，占全球OEM市场20%份额；计算机电源国内第一，占35%市场份额。在新型平板显示领域，是全球领先的LCD产品综合制造商和供应商，液晶显示器制造服务全球第一，占34%的市场份额，液晶电视制造全球第三。在集成电路与关键元器件领域，是国内综合实力最强的集成电路研发、设计、制造、整体解决方案供应商，具备国内位居前列的芯片设计和制造能力。在软件与服务领域，是国内领先的独立软件提供者，基础软件及高端行业应用与解决方案供应商。在现代商贸与园区服务领域，是国内一流的生产性服务提供者，机电产品国际招标中标额居全国第一。

中国电子立足于多年来在信息产业领域的雄厚积累，发挥在国家信息技术产业领域优势地位，面向国家重点行业需求并融合产业发展最新前沿技术，满足国家信息系统安全需求，承接了财政、金融、税务、海关、工商、审计、烟草、新闻宣传等领域的国家级重大信息化工程，覆盖国防信息化、政府信息化、企业信息化建设的重点领域。2009年，中国电子确立新型平板显示为新的发展重点，倾集团之力打造了南京液晶谷“六代线”TFT-LCD面板生产线项目，并以此为牵引，打通了上游器件、驱动IC、材料，下游显示器、电视机，以及其他显示终端的整个产业链条。作者聂玉春为中国电子党组成员、副总经理。

建设伟大的企业　需要一流的文化

聂玉春

中国电子自这届班子上任后，非常重视企业文化建设工作。经过几年的不懈努力，通过不断推进集团公司和所属企业“一主多元、相融共进”的企业文化建设，使集团公司影响力、凝聚力、向心力得到有效提升。企业文化建设在提升企业软实力，促进企业持续发展方面取得了阶段性成果。主要表现在，一是已经逐步形成被集团公司广大干部职工认可的、被社会接受的中国电子企业文化理念体系；二是把企业文化建设纳入企业发展战略规划，根据国务院国资委《关于推进中央企业企业文化建设的指导意见》精神，制定了《中国电子企业文化实施纲要》。纲要明确指出集团公司企业文化建设的总体要求、现实意义、基本原则、重点工作、实施步骤和工作要求。纲要的印发更加体现了中国电子大力推进企业文化建设的决心和信心。

一、深刻认识加强中国电子企业文化建设的重要意义

企业文化是企业的灵魂和精神支柱，是打造企业核心竞争力的战略举措。谁拥有文化优势，谁就拥有竞争优势、效益优势和发展优势。伟大的企业必须拥有一流的企业文化。因此，我们要充分认识新形势下加强企业文化建设的重要性和紧迫性，加快推进企业文化建设的步伐。一是要从实现集团公司早日进入世界500强的发展目标的要求出发，从致力于打造和500强企业匹配的企业文化管理能力的高度，去充分认识加强企业文化建设的重要性；二是从提高企业核心竞争力和软实力，培育和发展具有国际竞争力的大公司大集团的内在要求，认识加强企业文化建设的紧迫性；三是从致力于推动企业科学发展能力，改善提高企业管理水平，增强集团公司企业文化融合能力的角度，认识加强企业文化建设的必要性；四是要从建设高素质职工队伍、促进人的全面发展的迫切需要出发，认识加强企业文化建设的重要性。

二、中国电子企业文化建设现状

近年来，中国电子认真贯彻“三个代表”重要思想、科学发展观和党的十七大精神，紧紧围绕企业的中心工作，应对经济全球化和激烈的市场竞争，在培育企业精神、提炼经营理念、推动制度创新、塑造企业形象、提高员工素质等方面做了积极的探索，取得了明显成效。经过大家的共同努力，我们已初步形成了中国电子企业文化理念体系，通过《中国电子企业文化建设实施纲要》明确了近三年企业文化建设重点工作。本文着重对中国电子企业文化理念体系中的企业使命、企业愿景以及核心价值观进行诠释。

1．中国电子的企业使命是“致力于将先进适用的电子信息技术和产品服务社会；提供员工实现职业梦想的平台”

使命是中国电子存在的根本目的，体现了中国电子最根本的价值。在使命的描述中，我们强调了中国电子存在的社会价值，电子信息关系到国家的

前途和命运，是全球竞争的核心领域。作为国家队，作为电子信息产业龙头企业，面对全球电子信息产业的激烈竞争，我们必须不断引领电子信息产业的发展，要为国家和社会提供先进适用的产品和服务，不断为满足社会多样化的信息需求提供先进的产品、技术和解决方案，维护市场的繁荣和有序竞争。同时，我们还强调了以人为中心的管理思想，我们认为，一个成功的领导不仅是自己成功，还要领导自己身边的人成功；那么，一个成功的企业，不仅是追求利润做到最大化，同时还要为社会培养人才，关心员工，为员工成长成才营造好的氛围。让员工与中国电子共同发展，为员工创造发展空间，提高员工的工作和生活质量。放眼望去，世界500强的企业基本都有一个共性，那就是尊重员工，为员工发展创造机会和平台。

2．中国电子的企业愿景是“成为中国电子信息产业核心技术和产品及服务的重要提供者、全球电子信息产业的重要影响者；成为值得信赖、受人尊重的高科技国际化公司”

企业愿景是未来我们要成为什么样子以及在未来的市场位置。我们面临的是全球经济一体化的市场氛围，我们所处的是高度竞争、日新月异的高科技电子信息行业。中国电子要成为国内电子信息产业领域技术领先，拥有核心竞争能力的卓越企业；要成为国际上电子信息产业领域内有重要影响力的跨国企业；更要成为一家伟大的国际公司，要有相当大的规模，有持续的利润增长，要做到对行业有所贡献，对技术发展有所贡献，对社会有所贡献。我们强调的是“伟大”，而不是优秀，我记得在2005年6月，惠普公司全球总裁马克·赫德在参加中国惠普成立20周年庆典大会提出了惠普从“优秀”迈向“伟大”的发展宏图，他说，“优秀的公司会降低成本，优秀的公司会增长营业额，但一家伟大的公司会同时做好这两件事。我们将在提升营业额的同时降低成本，在每一个市场中最大化我们的机遇”。我们的伟大在于我们不仅要成为全球500强企业，有较大规模和利润，而且要对行业技术发展有贡献，成为中国电子信息产业核心技术和产品及服务的重要提供者、全球电子信息产业的重要影响者，成为著名的、国际化的、高科技公司；同时我们要对社会乃至整个人类的进步有重要贡献，要成为值得信赖、受人尊重的公司。

3．中国电子的企业价值观是“诚信，业绩，创新，责任”

我们倡导的核心价值观，是企业在长期发展中形成和遵循的最基本信念和行为准则。它告诉员工这些基本理念对我们最重要，只有我们坚持这么做，才能够真正实现我们的企业愿景和目标，成为受人尊重的、值得信赖的高科技跨国伟大的公司。起码在过去的20年和现在这个时期，我们必须要坚持践行这八个通俗易懂的字，但真正做到其实不容易。

诚信：诚信是中华民族的传统美德，正所谓：人无诚信不立，家无诚信不和，业无诚信不兴，国无诚信不宁。没有信誉，难成大器。“百年老店”无不是诚信楷模。市场经济是交换经济，交换的基础是双方信任；市场经济也是货币经济，没有信用，货币就无法流动。所以，诚信是市场经济秩序的道德基础和灵魂。信用作为一种经济行为，也有成本和收益之分。如果讲信用的收益远远大于成本，只有讲信用才能实现利润最大化。在现代社会作为一个公众公司，作为品牌企业，只有讲诚信才能生存，才能实现利益最大化。当企业在信用上出现问题时，必定就会有利润损失。

诚信是一种与别人交往的通行证，是取得个人信誉的保证书。很多企业和企业家也都非常重视诚信。比如和记黄埔集团总裁李嘉诚说过：信誉、诚实也是生命，有时比自己的生命还重要。一个人良好的信誉，是走向成功的不可缺少的前提条件。美国伯克希尔·撒哈韦公司总裁巴菲特说过，选择最简单的持续竞争优势企业，其最明显特征是具有巨大的经济商誉。要赢得好声誉需要20年，而要毁掉它，5分钟足矣。

作为中央企业，我们必须讲诚信。因为从某种角度上讲，我们的言行代表了国家。对于中国电子而言，依法诚信经营更是中国电子的立身之本、成功之基。我们对合作伙伴、对客户、对股东、对社会要讲诚信。公司领导自身要具有诚信的品德，把诚信列入企业管理的重要内容，实施诚信发展战略；同时，我们要求员工对企业要忠诚，也要对合作伙伴、对客户、对股东、对社会讲诚信。

中国电子在培育诚信文化理念的过程中，首先采取在日常工作中加强诚信教育，塑造企业良好形象。诚信教育与日常经营管理工作相结合，把讲诚信贯穿于企业经营的全过程。夯实公司发展的思想道德基础，诚实做人、诚信做事，在集团公司形成重信誉、守信用的良好风尚。其次，通过多种方式宣传诚信，营造人人讲诚信的氛围；通过不断加强企业领导干部政治思想学习，充分发挥党员干部在诚信建设中的带头示范作用，要求员工在实际工作中要以诚动人，以信服人，建立诚信档案等多种方式鼓励、引导广大干部员工讲诚信。加强诚信教育，建设诚信机制，提升诚信形象，打造诚信文化，用诚信铸就中国电子企业品牌和产品品牌。

业绩：业绩是硬道理，业绩决定企业存亡。企业的长期经营业绩是企业在市场竞争中是否占有优势的一个量化指标，也是企业是否具有竞争力的一个外在表现。中国电子在生产经营和各项工作中倡导：结果第一，理由第二；功劳第一，苦劳第二。

首先，企业必须有业绩。企业亏损时间一长就会把亏损转嫁给社会（包括银行、客户、合作伙伴），企业员工就要失业。因此企业不盈利就是在危害社会，是最大的不道德，更谈不上对社会和职工履行责任。其次，在用人上，我们对企业的管理和考核倡导是以业绩为导向的。正如足球场上以是否进球来比输赢。老不进球的队员应该调整下场，老完不成指标和任务的班子和主要领导者也可以调整下来，换成那些想干事，能干事，干成事的干部。三是在奖惩上，也是业绩导向。我们讲“强激励、硬约束”，就是按照考核标准，该奖则奖，该罚则罚，奖罚都要到位。四是对员工个人，我们也坚持以业绩为导向，激励每个人都不断追求卓越。用业绩来区分员工成就、证明能力、发现人才。

创新：创新是民族进步的灵魂，是国家兴旺发达的不竭动力，是企业做强做大做优的唯一道路，是中国电子不断进步和持续发展的源泉。

从世界500强企业发展的历史可以看到，那些能够名列前茅的国际大公司都有敢于创新的特征，它们不怕否定自我，不断更新自我，不断锐意改革创新，将企业推向新的高峰。因为强大的核心竞争力是企业生存和发展的保证，而创新是保持核心竞争力始终处于优势地位的保证。

优秀的企业都重视创新文化，重视提升体制机制创新力、技术创新力、管理创新力。以创新为动力，开拓进取、永不懈怠，在不断挑战和超越中创造辉煌。新形势、新挑战、新机遇要求中国电子人打造新观念、新战略、新机制、新技术、新方法、新服务、新文化。企业间的竞争犹如越野赛跑，一个企业要想在长期的竞争过程中立于不败之地，必须要创新。

责任：责任决定成败，责任缔造未来。倡导责任第一，利润第二。坚守责任，是一种职业品德，更是一种职业契约。无论管理者，还是普通员工，工作承载责任，成功源自尽责，对社会和他人负责，也是在对自己负责。责任心比能力更为重要。几乎每一个优秀企业都非常强调责任的力量。这里讲的责任包括企业的责任，也包括企业管理者和员工的责任。作为中央企业，我们更强调的是企业和所有干部员工的社会责任。我们讲的社会责任，是广义的社会责任，是将经济责任与政治责任进行统一的社会责任。

中国电子自觉履行社会责任，具有八个方面的内涵：一、依法经营、诚实守信是中央企业必须履行的最基本社会责任，我们在经营活动中要严格遵守国家法律法规和有关方针政策，做市场经济的健康力量，自觉维护市场积极秩序。二、要不断提高持续盈利能力。保持良好的经营状况和持续盈利能力，是企业生存和发展的基础，也是企业履行社会责任的根本保证。三、要切实提高产品质量和服务水平。努力为社会提供优质安全健康的产品和服务，为消费者创造更大的价值，这是企业经营成功的基本要求，也是企业形象的最直接体现。四、要加强资源节约和环境保护。这是落实科学发展观、实现人与自然和谐发展的必然要求，实现企业与社会、环境协调可持续发展，形成低投入、低消耗、低排放和高效率的节约型发展方式，也是履行社会责任的重要内容。五、推进自主创新和技术进步。加大研究开发投入，有重点、有步骤地构筑知识产权优势，在电子信息领域的关键技术和重要产品方面形成一批自主知识产权和知名品牌。我们多承担一些国家重大项目工程、提高自主品牌产品研发能力，就是在承担社会责任。六、要保障生产安全。七、要维护职工合法权益，改善职工劳动条件和福利待遇，加强职工素质教育培训，促进职工队伍发展，创建和谐企业。八、要积极参与社会公益事业。比如汶川地震、抗旱救灾、抗洪救灾，我们积极组织捐款工作；我们一直以来积极承担援疆扶贫工作；为奥运会提供志愿者服务等。

我们深刻认识到，履行社会责任意义重大。一是有利于提高企业的美誉度和社会认同，其产品和服务渴望获得更大市场份额，提升企业竞争力，为企业带来长期利益。国内外大量的实证分析、研究，大量数据表明：强调并实践社会责任往往带来良好的经济效果，那种认为履行社会责任将加大企业成本的认识是片面的、短视的。二是有利于构建和谐企业、和谐社会。企业依法经营、照章纳税、积极参与社会公益事业，可以促进社会公平公正；保障职工合法权益，安全生产、理顺分配关系，有利于企业内部和谐。三是有利于推动企业科学发展，保护资源、环境，提高发展质量和效益。四是有利于参与国际合作与竞争，规范履行社会责任，有利于在更高层次、更大范围参与合作，赢得更大的国际市场。

无论管理者还是普通员工，坚守责任，是一种职业品质，成功源自尽责，责任心是每一位职场人士的第一素质。无论职位高低，能力大小，工作就意味着责任，每个人都要为自己的工作负责。有责任心的人，会积极、认真、严谨地对待工作的每一个细节。不会轻率疏忽，力求达到最好。不同的工作态度决定着投入工作的精力大小和工作的方式方法，也决定着工作效果的好坏。常有这样一类人，他们聪明，能力强，但工作平平，甚至常出纰漏，原因是缺乏责任感。相反，有一类人并无过人之处，却具有良好信誉，取得很大成功，原因是他们对人、对事、对工作有强烈的责任感。所以说，责任心是职场的杀手锏，是做好工作的第一要素，比任何能力都重要。

我们的管理者必须勇于承担责任。任何一名睿智的管理者，都必须学会勇于承担责任。一方面，承担责任，这是每个管理者应尽的权利和义务，责无旁贷；另一方面，勇于承担责任，学会批评和自我批评，有助于增强管理者的人格魅力，提升员工对管理者、对团队的信任和向心力；同时也便于管理者清醒地认识到自己的缺陷和不足，提高管理者的综合素质，帮助团队更好地向前发展。

我们的员工必须要有责任感。世界经济论坛认为，作为企业公民的社会责任包括四个方面：一是好的公司治理和道德标准；二是对人的责任；三是对环境的责任；四是对社会发展的广义贡献。作为企业的员工，就要有责任，责任可以理解为出色地工作，是忘我的坚守，是人性的升华。同时还要对社会、对企业、对家庭承担责任。当然，责任也是相互的，企业也要对员工负责。员工是企业的核心要素，企业首先要树立对“第一资源”、最具活力的要素——员工的责任感，要以员工为本，对员工负责。一方面，通过不断改善员工的工作条件，为其事业发展和聪明才智的发挥创造条件，提供宽广的舞台，使得每位员工的潜力在企业内得到最大限度的发挥。另一方面，要关心员工的工作生活。按时足额付给工资，搞好多种形式培训，改善员工工作环境，对员工困难予以及时援助，对优秀员工给予必要的奖励。还要对员工的家庭负责，让员工没有后顾之忧。对员工负责的企业，才有可能使员工对企业有“企业兴衰、匹夫有责”的使命感，才能最大限度地把人心凝聚在一起，把情绪调整到一块，才能使员工的积极性、主动性和创造性竞相迸发，为企业的发展自觉出力流汗、献计谋策。

三、加快建设一流的中国电子企业文化

在世界经济一体化的今天，经济与文化的结合日益紧密，企业之间的竞争实质是文化力的竞争，拥有先进文化，才能赢得竞争。因此，我们要成为一家伟大的企业，必须有一流的文化作为有力支撑。然而，企业文化建设是企业长期的带有战略性的任务。虽然无形，但是它比有形更有力量；虽然它不是水，但它柔性具有渗透力，刚性具有穿透力；虽然它的生命不够长，但是它可以让我们集团公司的生命长青。我们的目标是，致力于建设一流企业文化。

首先，明确中国电子企业文化建设的指导思想和总体目标。

中国电子加快推进企业文化建设的指导思想是：以邓小平理论和“三个代表”重要思想为指导，全面贯彻落实科学发展观，坚持以人为本，致力于集团公司的长远发展和员工的全面进步，按照现代国有企业制度的要求，建设既有行业特点，又能体现时代精神和鲜明特色的“中国电子”文化。以文化凝聚人心，以文化规范行为，以文化创造价值，提升集团公司软实力和核心竞争力，构建和谐企业，为实现集团公司“1236”发展战略营造良好的内部环境和文化氛围。

中国电子企业文化建设的总体目标是：力争用3–5年时间，使集团公司企业文化初步建立“一个体系”，树立“两个形象”，实现“三个和谐统一”。

——“一个体系”，即初步建立适应市场竞争需要、符合集团公司中长期发展战略、具有中国电子特色、“一主多元”的企业文化体系。集团公司核心

理念得到全体员工认知、认可、认同，形成以集团公司为主导、所属企业为多元的企业文化整体格局，企业文化建设取得突破性进展。

——“两个形象”，即对内树立起“中国电子”集体形象，使所属企业和广大员工牢固树立集团公司集体意识，认同和践行集团公司的核心理念，增强凝聚力和向心力；对外树立起中国电子“国家队”整体形象，使“国内一流、国际知名的信息产业集团”形象和品牌得到社会的进一步认同。

——“三个和谐统一”，即（1）企业文化与企业战略和谐统一。以先进的文化理念支撑集团公司总体发展战略，以统一的形象支撑集团公司品牌战略，以规范管理支撑集团公司技术进步、管理创新和市场竞争战略，以和谐融合支撑集团公司内部改革、兼并收购战略。（2）企业发展与员工发展和谐统一。集团公司及各企业发展与员工职业生涯发展相一致；集团公司及各企业经济效益提升与员工收入福利提高相一致。（3）企业内部环境与外部环境和谐统一。对内以建设和谐企业为出发点，推进企业各项工作；对外以企业的长远发展和承担的社会义务为责任，实现企业与社会、利益相关者、环境之间的共赢。

其次，明确中国电子企业文化建设的工作要求。

一是要将企业文化建设纳入企业发展战略规划之中。企业文化建设要牢牢把握先进文化的前进方向，面向世界、面向未来、面向现代化，把企业文化建设提高到一个新的高度，一定要紧紧围绕集团公司发展战略，紧密结合各单位改革发展的实际，立足企业实际，突出企业特色，符合企业定位，使企业文化建设融入企业生产经营之中，落实到企业日常各项工作之中。在去年开展的学习实践科学发展观活动中，集团公司认真研究了发展形势，及时调整提出“1236”发展战略，即：实现一个目标要“2012 年力争进入世界 500 强”，实施“加速两个转变，即核心技术从中低端向中高端转变、产业链从中下游向中上游转变；建立三个体系即科技创新体系、人才队伍体系、市场营销体系；打造六项主业即集成电路与关键元器件、软件、高新电子、计算机及核心零部件、移动通信终端与服务、电子商贸与工程六大电子信息主业。调整后的战略对传统的管理思想和管理理念提出了严峻的挑战，需要面对进一步完善法人治理结构，深化内部改革和产业结构调整，推动运行管控体制改革等课题，迫切需要建设集团公司企业文化，以企业文化融合来促进改革、调整、重组的顺利实施。

二是企业文化建设要立足企业实际，符合企业定位。企业文化建设必须从本企业的实际出发，把共性和个性、一般和个别很好地结合起来，总结出自己的优良传统和经营风格，在企业精神提炼、经营理念概括和视觉形象设计上体现出鲜明的个性，形成富有行业特点和独具魅力的企业文化。按照系统、科学、实用的要求，要务求实效，贯彻制定切实可行的实施步骤，着力构建完善符合本企业实际的企业文化理念体系。

三是要将企业文化建设与精神文明建设相结合，纳入企业管理工作之中，建立健全年度考核的重要内容，确保企业文化得到有效的贯彻实施。

四是要加强对企业文化理论的研究，甚至我们可以设立软课题，可以争取成为国资委 2011 年的软课题。加强以我为主和借鉴他人相融合的方式，建立制度，规范管理，各单位要制定并完善企业文化建设管理制度，要形成一套完整的工作程序，实行闭环管理，做到工作制度化、规范化、程序化。

五是要积极借助外部力量，加强企业整体形象和品牌的策划，加大在外部平面媒体和网络、电视等媒介上的正面宣传力度，以形象力提高企业知名度和美誉度。加大品牌建设能力，这已经被列为今年的十大重点项目。

六是进一步规范视觉形象识别。制定中国电子视觉识别系统和应用管理规范，统一企业标识和企业名称使用规范，加强对视觉识别系统使用的管理，加强监督和指导。规范企业标志、生产环境、建筑颜色标志、产品包装以及便笺纸、PPT 等办公文档，向社会和员工展示企业外在形象。加强集团公司信息化建设和内外宣传。重视集团公司形象画册、产品宣传册和宣传片的制作和更新，加强对集团公司及各企业的宣传报道，增强归属感和整体意识。

七是要认真组织学习贯彻落实《中国电子企业文化建设实施纲要》，确保做到企业文化主题语、企业使命、企业愿景、企业价值观四个核心理念作为集团公司和各企业一致的理念，并以此体现中国电子的主体意识，成为中国电子企业行为和员工行动的准则指南。

企业文化建设是一个渐进的、不断深化的过程，要重在建设、着眼长远、统筹兼顾、分步实施。企业文化建设既是长远任务，又必须加快推进；既要防止急功近利、一蹴而就，不要只说不做，等待观望。要以创新发展的眼光，加强企业文化建设，不断深化和延伸，在发展中创新，在创新中发展，使企业文化建设真正内化于心、固化于制、外化于行，形神统一，不断增强中国电子的凝聚力和竞争力。

【专家点评】

企业文化是企业的灵魂和精神支柱

——中国电子集团企业文化建设简评

高科技企业怎样加强企业文化建设？中国电子以自己的实践令人信服地回答了这个问题。

在实现企业又好又快健康可持续发展的过程中，中国电子集团充分认识到，企业文化是企业的灵魂和精神支柱，伟大的企业必须拥有一流的企业文化。近年来，中国电子集团在培育企业精神、提炼经营理念、推动制度创新、塑造企业形象、提高员工素质等方面做了积极的探索，取得了明显成效，中国电子企业文化建设具有“高、新、实”的特点，体现在：

“高”，即立意定位高。在世界经济一体化的今天，经济与文化的结合日益紧密，企业之间的竞争实质是文化力的竞争，谁拥有文化优势，谁就拥有竞争优势、效益优势和发展优势。面对全球电子信息产业的激烈竞争，中国电子集团制定了《中国电子企业文化建设实施纲要》，明确了近三年企业文化建设重点工作，从实现中国电子早日进入国内一流、具有国际竞争力的企业集团发展目标的要求出发，致力于打造和500强企业匹配的企业文化，不断引领电子信息产业的发展，为不断满足社会多样化的信息需求提供先进的产品和技术营造良好的文化氛围和智力支撑。

“新”，即内容方法新。中国电子培育凝练出“致力于将先进适用的电子信息技术和产品服务社会；提供员工实现职业梦想的平台”的企业使命，“成为中国电子信息产业核心技术和产品及服务的重要提供者、全球电子信息产业的重要影响者；成为值得信赖、受人尊重的高科技国际化公司”的企业愿景，“诚信，业绩，创新，责任”的企业价值观，初步形成了中国电子企业文化理念体系，坚持以人为本，致力于集团公司的长远发展和员工的全面进步，按照现代国有企业制度的要求，建设既有行业特点，又能体现时代精神和鲜明特色的中国电子文化，以此体现中国电子的主体意识，成为中国电子企业行为和员工行动的共同准则。

“实”，即工作效果实。中国电子集团将企业文化建设纳入企业发展战略规划之中，确定和逐步完善了视觉识别系统和应用管理制度，统一企业标识和企业名称使用规范；将企业文化建设与精神文明建设相结合，纳入企业管理工作之中，建立健全年度考核的重要内容，确保企业文化得到有效的贯彻实施，通过不断推进“一主多元、相融共进”的企业文化建设，使中国电子文化真正内化于心、固化于制、外化于行，中国电子集团的影响力、凝聚力、向心力都得到了有效的提升。

中国电子集团党政领导班子高度重视企业文化建设，以创新发展的眼光大力推进企业文化建设，以文化凝聚人心，以文化规范行为，以文化创造价值，实现了企业文化与企业战略和谐统一，企业发展与员工发展和谐统一，企业内部环境与外部环境和谐统一，为实现集团公司发展战略目标，构建和谐企业，营造了良好的内外部环境和企业文化氛围。

点评专家：中国文化管理学会常务理事

中国文化管理学会组织文化测评基地副理事长

中国文化管理学会组织文化测评专家委员会主任、研究员　　解云天

南京市江宁区统战部组织文化案例

组织简介

中共南京市江宁区委统战部是区委主管统一战线工作的职能部门，是区委在统战工作方面的参谋和助手。区民族宗教事务局、区侨务办公室、区工商联与统战部合署办公。2002年6月3日，根据中共南京市江宁区委办公室关于印发《中共南京市江宁区委统一战线职能配置、内设机构和人员编制规定》的通知规定（江宁委办发〔2002〕36号），区委统战部核定行政编制12名、行政附属编制2名，内设办公室、侨务办公室、民族宗教科3个职能科室。2004年6月，根据区机构编制委员会《关于区委统战部增设内设机构的批复》（江宁编字〔2004〕5号）增设党外干部管理科。2004年6月，根据区机构编制委员会《关于设立南京市江宁区港澳台侨胞服务中心的批复》（江宁编字〔2004〕6号）成立江宁区港澳台侨胞服务中心，2009年1月更名为台湾同胞接待站，为全民事业单位，隶属统战部领导。

作者丁圣荣，南京江宁人，1957年1月出生，现任政协南京市江宁区副主席、区委统战部部长，副研究员、高级会计师、高级政工师、中国文化管理学会组织文化管理体系测评专家委员会顾问委员、全国政府绩效研究会理事、南京市社会科学院特约研究员。先后荣获全国“财政系统先进工作者”、全国“组织文化建设特殊贡献人物”等称号。

以“三位一体”工作法打造卓越江宁统战

丁圣荣

今年以来，我们按照市委统战部的总体部署，紧扣“标杆品牌年”确定的全年目标任务，创新实施统战文化、标准管理、绩效评价“三位一体”工作法（突出统战文化的核心引领作用，注重内化于心；突出标准管理的基础规范作用，注重固化于制；突出绩效评价的支撑保障作用，注重实化于行，将全区统战干部的个人潜能转化为岗位工作显能），将全区统战成员的个人智慧凝聚成现实发展动力，努力打造“全市率先、全省一流、全国知名”的统战工作先进区，进一步提升了统战服务科学发展和自身科学发展水平。

一、创新实施“文化统战工作法”，建立内在动力机制

我们提炼整合全区统战干部、统战成员所共有的价值观念、理想信念，建立、传播、深植江宁统战文化，发挥统战文化在“三位一体”工作法中的核心作用，注重内化于心，努力达到内外部高度和谐、个人组织共同发展的文化统战境界。一是不断丰富和挖掘基层统战内涵，提炼统战理念，把“以人为本、和谐幸福、团结凝聚、合作共赢、创新卓越”等基本价值观，作为我部开展统战工作的基本理念，融入广大统战干部、统战成员的日常工作和言行之中。二是不断拓展统战文化阵地，集体创作了统战之歌——《在统一战线的旗帜下》，在江宁广播、电视、报纸开设统战之声、统战视线、统战专栏等栏目，开通统战成员博客，《江宁统战》季刊、《统战参考》、江宁统战网站等统战文化宣传阵地的辐射效应不断扩大；创建湖熟回族老年学校，举行全区首届少数民族大团结文艺汇演；开展“感恩行动”，举办助学赠岗圆梦活动、对全区少数民族扶贫扶智捐赠和民主党派基层组织“情系民生、爱心奉献”捐赠等活动，注重走廊文化、洗手间文化建设，营造温馨和谐的氛围。

三是编印《统战基本知识读本》、《统战工作手册》，以诗歌、民谣、漫画等通俗易懂的形式，宣传统战政策，让广大社区干部、群众了解统战，认识统战。四是在行政服务大厅、医院等专门开设统战成员服务窗口，构建统战服务绿色通道。五是加大组织关怀，为全体统战干部包括退休老干部生日赠送蛋糕、鲜花，赠阅杂志，通过短信、OA 信息系统等平台，送上电子贺卡和全体统战干部的祝福；组织统战干部参加机关运动会，开展登山、拔河、跳绳等文体活动，参加机关党建知识竞赛，不断扩大统战社会影响力。

二、创新实施“标准管理工作法”，建立过程管理机制

我们坚持用制度、机制来反映文化理念，形成相对稳定的价值观导向和制度化规范，发挥标准管理在“三位一体”工作法中的基础作用，注重固化于制，努力提升统战工作规范化、高效化、科学化水平。一是进一步修订完善机关工作管理制度，从工作规范、文档管理、后勤保障等方面，修订完善 16 项统战工作制度，使机关科学管理和服务水平进一步提升，长效管理机制进一步健全。二是注重管理创新，把“GB/T19001−2008 质量管理体系、GB/T24001−2004 环境管理体系、GB/T28001−2001 职业健康安全管理体系”“三标一体”标准化管理理念、方法引入机关自身建设。邀请标准化专家进行辅导、培训，做好文件编写、内审、管理评审和第三方认证，我部成为全国首家通过“三标一体”标准化管理体系独立认证的区县级统战部。在区级机关标准化管理体系管理评审大会上，我部作为唯一的党群部门代表作大会发言。三是针对“上面千条线、下面一根针”的社区工作特点以及社区统战难开展的现状，我们积极探索社区统战新途径，在全国首家把 ISO9001 质量管理体系引入社区统战，试点社区甘泉湖社区通过认证，正式实施运行。四是狠抓宗教场所规范化管理，把“三标体系”引入宗教场所管理。标准化管理对部机关、社区统战工作站、宗教活动场所等工作岗位，在任职条件、工作要求等方面，都作了明确规定；每个程序文件和作业指导书对每一项具体工作运转流程，从目的、适用范围、工作程序、控制要点、完成时间、支持文件、相关记录等方面都作了详尽示意说明，把“为何做、何时做、何地做、由谁做、做什么、如何做”

进行了标准化、格式化的规定。标准化管理推动了统战工作由“按习惯”向“按程序”、“经验式”向“标准化”、“被动管理”向“主动预防”的转变。

三、创新实施“绩效评价工作法”，建立导向激励机制

我们坚持重激励、严考核、硬约束，建立科学的江宁统战绩效评价体系，发挥绩效评价在“三位一体”工作法中的保障作用，注重实化于行，增强执行力，确保文化落地、制度落实，提高服务科学发展、服务统战成员的能力。一是实施统战工作绩效管理，做到“责任、监控、评价”环环紧扣。责任就是通过编制全年重点工作目标质量计划书，明确目标、措施、步骤、责任和时限；监控就是建立督办机制，对列入年度、季度重点工作和重大事项，按照时限要求进行督办；绩效评价就是制订《机关人员绩效评价办法》，以职责履行、基础管理、满意度调查和科学发展为重点，对机关人员“德、能、勤、绩、廉”实行百分制评价，并增设创新奖、合理化建议奖、重点工作奖、成果奖和信息调研奖等加分指标。二是开发运用统战绩效考评软件系统，并覆盖到街道（园区），规范每月计划的申报、审批和工作绩效的审核、督办。绩效评价系统实现了计划审批、督办、评价、申诉、查询等网上办理，规范流程步骤，进行动态、实时的过程化管理，避免了人为因素，保证了绩效评价透明、公正，绩效评价效率和效果得到显著提高。我们运用系统的查询、统计、分析等功能，达到了提高效率的目的；运用系统引入工作流程和评价方案自定义的功能，适时修改评价指标体系，达到了激发创新的目的；运用系统“业绩排行榜”的功能，达到了加强自省的目的；运用系统设定绩效关系人和相互衔接的功能，达到促进协作的目的。三是根据部机关、街道、园区、民族宗教、侨务、党外干部、非公经济人士、基层商会等工作的特点和规律，由各条口牵头制定相应的管理评价体系，经过广泛征求意见和反复修订完善，制定实施了全区统战工作、民族宗教工作、非公经济代表人士、基层商会工作、侨务工作等管理评价体系，树立科学评估导向，不断提高统战工作科学化水平。

“三位一体”工作法的建立和实施，使我区统战工作步入了良性发展轨道，初步实现了以人为本、管理规范、服务高效、科学发展的和谐机关建设目标，

推动了统战部门、统战干部和统战成员的共同发展，也为铸造江宁统战符号，培育江宁统战品牌，打下深厚坚实的基础。

第一，组织绩效得到提升。今年以来，各条口、街道、园区，积极申报、组织举办具有突破性、带动性的工作15件，达到申报创新奖标准的有4件；在社区、宗教场所首创性地开展了标准化引入工作；党派党外工作也实现了历史性的突破；主动牵线搭桥，帮助开发园区引进2个超亿元的重大投资项目；加强企业文化建设，举办现场观摩会和专家辅导讲座，1家会员企业被中国文化管理学会授予“全国企业文化建设先进单位”称号；成立街道、园区商会，商会组织建设实现全覆盖；成功创办2个省级民族产业发展基地、2个民族团结小康示范村；承办全市少数民族扶贫帮困工作现场会，宣传推广我区经验做法；举办“法律进宗教活动场所”启动仪式，开展科技、健康知识、文明、环保等进教堂的活动；做好民族宗教领域“三项排查”工作，妥善处置湖熟、汤山、高尔夫国际花园等统战领域的矛盾纠纷，确保不发生一起影响全区大局的事件。

第二，干部素质得到提升。全体统战干部把统战事业视为人生发展的组成部分，工作的积极性、主动性、创造性得到充分发挥，自觉提升岗位绩效，提出合理化建议82条，申报创新奖26项，年度重点工作全部完成，促进了统战科学发展。统战干部学历创历史新高，机关干部25人，本科以上学历人员21名，占机关干部总数的84%（其中研究生5名，在读研究生1名）。工作表现好、群众认可程度较高的同志，绩效评价结果成正态分布，名次位居前列，先后有5名年度评价优秀的同志进入中层干部岗位或得到提拔使用，让想干事、多干事、干成事的同志得到成长和发展。

第三，机关形象得到提升。实施统战“三位一体”工作法，提升组织绩效和队伍素质，最终目的还是让服务对象和统战成员满意。在统战工作中处理每一件事情，我们都会关注服务对象的所思、所想、所急、所需，想方设法方便服务对象，积极变被动服务为主动服务，增强工作的预见性和超前性；通过江宁统战网站、江宁统战季刊、江宁新闻、江宁广播电视等多种形式，为服务对象提供政策咨询和信息服务；在街道、社区专门开设统战成员服务窗口，统战服务更加规范高效，提高了服务对象的满意度，在“千人评议机关”

和“人民满意机关”评比中，我部办事效率、工作质量、勤政廉政等方面的满意率都在95%以上，名列党群口前列。

【专家点评】

统战文化建设的带头人——丁圣荣

统战工作是我国党和政府的一项重要工作，它直接关系到社会的和谐与经济的发展。现任政协南京市江宁区副主席丁圣荣在这方面作出了卓越的贡献。

丁圣荣在统战工作中能作出卓越贡献的关键是他理论结合实践，创造性地提出了实施统战文化、标准管理、绩效评价“三位一体”的工作法。其中，统战文化是核心，起引领作用，注重内化于心；标准管理是基础，起规范作用，注重固化于制；绩效评价是支撑，起保证作用，注重实化于行。这样，就使统战工作实现了以人为本，科学发展，服务高效；做到了以文化人，并使文化与管理、文化与绩效紧密结合，起到了用制度规范人，用绩效激励人的目标。

现在，党和政府提出要建设廉洁性的政党与服务性的政府，要为民所想、所急、所用，丁圣荣的“三位一体”工作法对于我们提高党政机关形象、干部素质和组织绩效有很好的推动示范效应。

点评专家：中国社会科学院教授、博士生导师

中国文化管理学会组织文化测评基地专家委员会委员　　韩岫岚

中国铝业股份有限公司广西分公司企业文化案例

企业简介

中国铝业广西分公司是中国铝业股份有限公司下属成员企业，是集矿山开采和氧化铝、电解铝生产于一体的现代化大型综合性铝冶炼企业。公司前身是成立于1987年的平果铝业公司，于1991年5月开工建设。现有职工7 214人，年产氧化铝200万吨，电解铝15万吨，是中国南方最大的氧化铝生产基地。公司自建成投产以来，以“真抓、实干、严管、创一流”为企业精神，在励精图治中拼搏奋进，取得了骄人的业绩，至2009年底累计生产氧化铝1 042万吨，电解铝178万吨，实现工业总产值450亿元，上缴利税63亿多元，向国家和广西百色老区人民交了一份出色的答卷，成为中国铝业公司系统最优秀的标杆企业。

中国铝业广西分公司现任党委和行政领导班子由5人组成，分别是总经理、党委委员武建强，党委书记、副总经理刘永刚，党委副书记、纪委书记、工会主席李兵，副总经理、党委委员刘保伟，副总经理、党委委员刘晓辉。领导班子成员文化程度均在大学以上。领导班子年富力强，团结协作，带领全公司职工践行“样样争第一、全面创一流”企业理念，建设中铝一流、国内一流、国际一流企业，是作风形象好、团结合作好、经营业绩好、廉洁从业好的“四好”领导班子。

一流文化锻造一流企业

中国铝业股份有限公司广西分公司

中国铝业股份有限公司广西分公司（简称“平果铝”）是中国铝业股份有限公司的骨干成员单位，是集矿山开采和氧化铝、电解铝生产于一体的国有控股大型铝冶炼联合企业。公司一贯重视企业文化建设，在贯彻中国铝业公司企业精神理念和传承原平果铝企业文化的同时，与本企业的生产经营管理实际相结合，不断创造、培育和丰富着具有公司自身特色的企业文化，用一流的企业文化引领企业快速健康发展。

一、建立形成以“创一流”为核心价值观的精神文化体系

平果铝特色企业文化体系可以概括为“1131311”体系，具体内容是：

一个统领：以中国铝业公司的精神理念为统领。

一条准则：以“创一流”为最高准则。

三大理念：以人为本；最大限度地节约；持续改进，追求卓越。

十三项子文化：以党建文化、安全文化、成本文化、质量文化、学习文化、创新文化、道德文化、廉洁文化、诚信文化、和谐文化、娱乐文化、责任文化、班组文化为子文化建设内容。

一个形象：以中铝视觉识别系统为规范，统一企业的外观形象；

一流目标：以创建中铝一流、国内一流、世界一流为总体奋斗目标。

在中铝公司领导下，中铝广西分公司除了宣传贯彻中铝核心理念之外，继承和培育形成了以“创一流”为核心的一系列价值理念。如：

——企业精神：真抓、实干、严管、创一流！

——创优使命：样样争第一，全面创一流。

“三讲”基本要求：企业要讲效率求效益；干部要讲责任长才干；员工要讲

敬业做能手。

管理理念：以人为本；最大限度地节约；持续改进追求卓越。

“1331”安全理念：坚信“只要采取措施一切事故都是可以预防的”；强化“安全优先、安全要讲认真、安全要自主管理”三种观念；坚持全员安全承诺、全员安全上岗培训、全员危害辨识；牢记“所有作业行为都必须预先进行安全确认”。

环保理念：物我同舟，绿色永驻，清洁生产，福泽后裔。

党建企业文化作用观：党建企业文化建设出生产力。

二、“创一流”企业文化建设的实践

公司13项子文化建设构成“创一流”特色企业文化主体，具体做法和载体是：

1．**党建文化**：以“1126641”党建文化为基本工作模式，以“创先争优”、学习型党组织建设、“双培”计划（把党员培养成工作骨干，把工作骨干培养成党员）、“五型职工”建设、“党员安全稳定和谐责任区”活动、“工人先锋号”、“金牌工人”、“巾帼建功”活动、“青年文明号”系列活动等为载体，将党建工团工作融入生产经营工作，为企业创一流提供组织保障和精神支持。

2．**安全文化**。公司贯彻“1331”安全理念，实施全员安全培训、全员危害辨识、全员持证上岗，实现标准化安全，采取铁腕手段确保安全，多年来未发生大的安全事故。2003年以来连续七年荣获全国“安康杯”竞赛先进单位，2006年成为首批56家“全国职业卫生示范企业”单位，2008年荣获第五届中华宝钢环境优秀企业奖。

3．**成本文化**。公司全方位培育成本文化，“最大限度地节约”是公司成本管理的核心理念，“算得准，管得住”是公司成本管理的基本原则。多年来，坚持用好ERP等财务风险控制系统，坚持公司和厂矿两级每月进行一次经济活动分析，深入开展浪费识别与控制活动，接受并自觉适应中铝公司EVA绩效考核模式，最大限度地降本增效，连年创造盈利佳绩，成为中国铝业经营绩效最好的标杆企业。

4．**质量文化**。公司将质量放在突出的位置，制定企业质量方针，确立“管理创一流，服务创一流，确保右江牌铝系列产品的名牌地位”质量管理目标。公司建立质量管理规程，健全质量管理网络，大力推行全面、全过程质量管理，按国际规范运行ISO9002质量保证体系，实施名牌战略成效卓著。铝锭、氧化铝、氢氧化铝质量达到国际最优等级，“右江牌”氧化铝成为国内唯一全砂状氧化铝，公司产品成为广西名牌产品。

5．**学习文化**。公司建设学习型党组织，建立两级党委中心组每月学习一次制度，开展好建立公司党委中心组和二级单位党委中心组“学习室”的工作。公司每年将工资总额的2%作为培训费用，坚持抓好全公司干部员工的岗位业务培训与技术技能培训，引导员工争当学习型员工。公司鼓励员工加强岗位业务学习和参加专业文化学历考试，成立职工读书协会开展读书交流活动，为员工成长成才创造条件。公司坚持将每年11月定为员工技能月，开展一年一度的技能大赛，组织优秀选手参加中铝、有色协会、广西的技能比赛。

6．**创新文化**。公司不断开展科技创新，拥有具有自主知识产权的《桂西北堆积型铝土矿的开发应用》和《320KA大型铝电解槽开发》两大科技成果。公司持续开展管理创新，形成了中铝广西分公司生产业务管理系统（简称PBS）和预防、预测、预案“三预管理”成果。2008年，面对金融危机，公司大力推进机构改革和劳动组织变革，实施大班组、大车间、大分厂、大部室改革，管理实行扁平化，改革创新经验和做法在中国铝业公司得到推广。公司重视营销创新，把好物资供应、销售关，实现多产、多销、巧卖。

7．**道德文化**。公司从职业道德、社会公德、家庭美德三个方面开展道德文化建设。制定员工手册，规范员工道德行为，组织每一位新入厂员工签订遵守企业职业道德准则承诺书；坚持评选表彰宣传各类爱岗敬业先进典型和模范人物，开展员工感恩教育，引导员工树立感恩意识，增强爱厂如家、建功企业的自觉性。公司设立精神文明新风奖，组织开展党团员学雷锋为社区群众义务服务活动、青年志愿者“三下乡”支农服务活动，建设文明和谐铝基地；成立铝都义工联盟开展慈善公益活动；公司将每年的“8·21”确定为帮扶奉献日，采取多种形式坚持开展帮扶奉献活动；公司将周边15个村屯的19所小学作为定点支教助学对象，持续每年开展助学活动；公司办好女职工成长学校，每两年举行一届模范五好家庭评比。

8．**诚信文化**。公司多年来坚持“诚信经营，信守合同，厚待客户”原则，坚持每年召开用户座谈会，定期走访客户，进行客户满意度调查，征求客户对公司产品和服务的意见，尽可能在产品运输和费用结算等环节上为用户提供便利周到的服务，并且根据用户的建议和要求不断改进工作。一流的产品加上诚信和优质的服务，使企业广受用户好评。公司产品产销率连年100%，相继被评为广西“重合同守信用企业”、“广西用户满意企业”、“全国用户满意企业”、“全国名优产品售后服务先进单位”和“中国企业商誉最佳单位”。

9．**廉洁文化**。公司着力实施重在教育的工作机制，利用各种形式深入开展党风廉政教育。建立和完善企业预防和惩治腐败体系，强化党风廉政建设责任制，每年与各单位一把手签订党风廉政责任书。公司组织副科级以上干部全面签订廉洁承诺书，建立干部廉洁档案，每年组织实施对公司班子和中层以上领导干部廉洁从业测评工作。公司全面构建重在预防的监督体系，认真开展效能监察工作，做好监督管理，查找漏洞。提炼领导干部、一般管理干部、党员和普通职工四级廉洁从业价值理念，规范从业行为，完善廉洁从业制度，开展廉洁文化专题讨论和廉洁警句征集、廉洁文学创作，发送廉洁短信等，探索廉洁文化“进班子、进工区、进岗位、进家庭”的文化载体。

10．**和谐文化**。公司将职工利益作为和谐之本，构建全方位和谐。在生产过程中注重人与自然的和谐，通过创新用地模式，将铝土矿采矿用地由出让征收模式向临时用地模式的转变，搞好矿山复垦，使企业、政府和农民实现“三赢”。公司长期坚持开展“四好”领导班子建设，建立和谐的领导班子。有效处理劳资矛盾，建立和谐劳资关系。无偿帮扶地方经济社会发展，做好扶贫工作，与周边15个村屯的19所小学建立定点捐资助学关系，建立和谐的厂地关系。采取一系列措施建立和谐的干群关系，如：制定维护稳定工作应急预案，坚持经理厂长接待日制度，及时公正合理地处理员工正当的利益诉求；长期坚持每年元旦春节开展送温暖活动、除夕夜慰问一线岗位员工、每年组织全体员工进行体检、组织职工外出疗养等；建立困难职工帮扶基金，对困难员工家庭及时予以解困纾难。创建全国文明单位，搞好厂区环境保护，做好绿化美化工作，建设和谐生态文明小区。

11．娱乐文化。公司成立文体联，下属音乐舞蹈协会、羽毛球协会、足球协会、乒乓球协会等12个职工社团活动丰富多彩。公司支持职工文学爱好者成立的“右江源文学社”，有2名社员的诗集由作家出版社出版发行；由公司四名职工组建的业余乐队成为平果县振兴地方民族嘹歌文化所倚重的力量，“哈嘹组合”不仅登上了悉尼歌剧院的舞台，而且荣获中国第十三届青歌赛广西赛区第一名……公司每年举办大量的文化体育活动，如公司职工运动会，摄影、漫画、书法、美术展览，“建功杯”足球赛，“廉洁之声”演讲赛；健排舞、体操、游泳、篮球、羽毛球、气排球、乒乓球比赛和各类节庆日文艺晚会等，大多以“文”传神、精彩纷呈。公司将数字电影引入社区，扶持中老年女职工成立“开心365”健身队、“江滨夕阳红”乐队，营造健康的社区文化。

12．责任文化。公司重视人与环境的自然和谐，追求企业生活环境和企业生态环境的不断改善，切实担负政治责任、经济责任和社会责任。企业建厂时，环保投资高达3.96亿元，占一期工程总投资的8.92%。投产后，公司持续不断地进行环保技术改造，增添环保新设施，环保成效十分显著。几年来，公司在环保工作中不遗余力，始终做到：氧化铝生产中的含碱污水经过处理后循环使用，进行零排放；电解铝生产出现的带氟烟气捕集率和净化率分别达到98%和99%，优于国家规定的排放标准。同时，坚持不收民矿，合理开采资源，并且对矿山采空区进行大面积复垦，取得了理想效果，成为全国矿山开采和土地复垦的典范，2006年12月当选“全国矿产资源合理开发利用先进矿山企业”，2010年获得“全国绿色矿山”称号。企业还先后被评为“全国绿化先进单位”、“全国环保先进企业”；2007年以来，公司先后被广西壮族自治区命名为首批“清洁生产企业”和“绿色环保企业”。

公司坚持大力开展扶贫工作，每年拿出100万元以上资金捐助地方经济社会事业和改善周边村民生产生活。坚持开展定点扶贫支教助学文明共建活动，坚持组织开展支援遭受自然灾害的灾区人民渡过难关的捐款捐物公益活动，坚持积极支持平果县“借铝兴平”，为地方发展铝冶炼上下游产业提供力所能及的帮助。

13．班组文化。2004 年以来，公司扎实开展“创优争星”劳动竞赛和“五型”班组建设，每年评定五星级班组。从 2006 年开始，积极进行班组文化创新，以帮助基层班组树魂、明志、塑人、添力为主要目的，在各厂矿开展班组文化建设工作，积极探索通过融入文化力、优化管理力来激活企业细胞，提高班组成员素质，增强生产班组凝聚力、战斗力和执行力。班组文化创新的探索实践受到了一线班组欢迎，也受到了全国政研会专家和中国华夏基石企业文化顾问有限公司专家的称赞。基本做法是：参考运用企业文化理论中的理念识别原理和重视形象树立的思维方法，引导帮助试点班组建立形成具有本班组个性特点的精神理念小体系，并进行适度的理念形象外观展示。具体建设内容主要有三个方面：一是强化精神武装，统一班员意志，建立班组集体的个性化理念系统，确立班魂、班风、班训、班组愿景、员工安全寄语和党（团）员承诺。2009 年以来，公司不断深化和丰富班组文化建设，在各班组建立“班委会”，鼓励站队式接班方式，集体呼喊班组理念，提振班员精神。积极开展“为班组找亮点、为工友找优点、为自己找弱点”的“三找”活动，以班组演唱、班组球类比赛、班组家庭聚会等多种方式，强化班组的团队意识，增添班组活力。

得益于党建企业文化所产生的智力支持、文化支撑和精神动力，中国铝业广西分公司取得了一项又一项辉煌的业绩，公司产品质量和经营效益持续创优。从 1995 年 9 月投产到 2009 年末，公司累计生产氧化铝 1 042 万吨、电解铝 178 万吨，实现工业产值 450 多亿元，缴纳税费 63 亿元，还无偿帮扶地方经济社会事业，用于改善周边村民生产生活的扶贫资金超过 3 000 万元，带动了平果县及周边经济社会的长足发展，被誉为“带动地方经济社会发展的火车头”。平果县 2002 年起从国家级贫困县发展成为广西经济首强县和中国西部百强县。在国际金融危机的冲击下，公司逆流而上，大胆进行重组合并，改革劳动组织，减少三分之一副科级以上领导干部，企业终于化危为机，2008 年实现利润 8.85 亿元、缴纳税费 6.1 亿元；2009 年实现利润 3.05 亿元、缴纳税费 5.85 亿元；2010 年平均每月盈利超过 1 亿元。公司为此被中国铝业公司树立为改革创新和经营业绩最优秀的标杆企业。

【专家点评】

多样性文化建设造就了中国铝业标杆

中国铝业广西分公司从企业实际出发，不断创新、培育和丰富具有自身特色的企业文化，通过一流的企业文化建设引导企业生产经营的持续创优，成为中国铝业公司改革创新的标杆企业。该企业文化建设的优秀成果值得总结，其突出特点是形成以精神理念为统领的企业文化体系，包括“创一流”的最高准则、以人为本、最大限度地节约和持续改进、追求卓越的企业理念以及公司系统的十三项子文化，必将促进企业的可持续发展。此项优秀成果具有积极的现实作用和深远的战略意义。该企业的十三项子文化，是从本企业实际出发而总结出来的可贵经验。其中，学习型党组织建设为企业创一流提供组织保证和精神支持。安全文化有利于通过安全理念来实现标准化安全生产。成本文化使节约理念贯穿于企业生产经营活动的全过程。质量文化推动企业按国际规范建立全过程质量保证体系。学习文化引导员工成为学习型成员，提高业务与技术水平。创新文化使得创新理念在技术改进、营销管理、物质供应诸多方面发挥作用。道德文化建设包括职业道德、社会公德、家庭美德三个方面的内容，有助于引导员工树立感恩意识、增强爱厂如家、建功企业的自觉性。诚信文化使企业为用户提供便利周到的服务，并根据用户建议和要求不断改进工作。廉洁文化有利于规范从业行为、完善从业制度、提炼从业理念。和谐文化使企业、政府、农民实现“三赢”，有利于建立和谐的厂地关系，和谐的劳资关系，和谐的干群关系。娱乐文化使企业为营造健康的社区文化作出了贡献。责任文化追求企业生活环境与生态环境的改善，实现经济责任与社会责任的有效结合。班组文化使企业文化建设落实到最基层的班组，增强班组的凝聚力、执行力和战斗力，使企业成为员工个体、班组团体、组织整体的有机统一体。

点评专家：中国人民大学教授、博士生导师

中国文化管理学会组织文化测评基地专家委员会委员　　　　邓荣霖

包商银行
企业文化案例

企业简介

包商银行于1998年12月成立，是内蒙古自治区最早成立的股份制商业银行。自成立以来，在各级党委、政府和监管部门的大力支持下，包商银行各项业务快速发展，资产规模和经营效益连年大幅度增长。目前，全行下辖总行营业部及宁波、深圳、成都、呼和浩特、赤峰、巴彦淖尔、通辽、鄂尔多斯、锡林郭勒、呼伦贝尔11家异地分支机构和达茂旗包商惠农贷款公司及固阳、贵州毕节、四川广元、鄂温克、贵阳花溪、宁夏贺兰回商等11家村镇银行，共110个营业网点，拥有员工4 000余人。

成立以来，包商银行不断提升管理水平，促进各项业务快速发展，取得了资产规模和经营效益连续十年大幅度增长，一举成为包头市纳税大户的优良业绩。

包商银行经营管理水平的不断提高和各项业务的快速发展，极大地提高了自身的核心竞争力，得到了社会各界的一致肯定和好评，被内蒙古自治区人民政府授予“全区金融工作最佳业绩奖”和“全区金融发展突出贡献奖”；被中国银监会授予“全国小企业贷款工作先进单位”、“最佳小企业贷款创新奖”和“全国小企业金融服务先进单位”；在《银行家》综合竞争力排名中列全国城市商业银行第11位。同时荣获“全国企业党建文化试点先进单位”、“全国品牌文化建设十强单位”、“全国精神文明建设先进单位”等数百项荣誉称号。

作者李献平，男，汉族，1962年10月19日出生，北京交通大学MBA工商管理专业毕业，硕士研究生学历，中共党员，高级经济师，高级政工师，高级人力资源管理师，全国注册企业文化管理师。1981年10月参加工作，现任包商银行党委副书记、监事长。荣获“包头市十大杰出青年企业家”、“内蒙古自治区劳动模范”、“全国百名诚信企业家”、“全国企业文化优秀管理者”等称号。

提升品牌公信力 在服务中做大做强

——打造“包容乃大 商赢天下”的企业文化

李献平

包商银行于 1998 年 12 月成立，是内蒙古自治区最早成立的股份制商业银行。自成立以来，在各级党委、政府和监管部门的大力支持下，包商银行各项业务发展快速，资产规模和经营效益连年大幅度增长。目前，全行下辖呼和浩特、赤峰、巴彦淖尔、通辽、鄂尔多斯、锡林郭勒、呼伦贝尔、兴安盟和宁波、深圳、成都 11 家异地分支机构和达茂旗包商惠农贷款公司，共 89 个营业网点，拥有员工 4 101 人。

到 2010 年 9 月末，全行总资产 1 009.66 亿元，是成立初（7.12 亿元）的 142 倍；各项存款余额 747.29 亿元，是成立初（4.6 亿元）的 162 倍；各项贷款余额 323.6 亿元，五级分类不良贷款余额 1.8 亿元，不良率为 0.56%；2010 年三季度实现利润 10.62 亿元，资产利润率 1.55%，资本利润率 27.95%，拨备覆盖率达到 196.06%。监管风险评级为二级，各项经营指标跨入全国大型城商行先进行列。

成立十一年来，包商银行坚持“学习、创新、诚信、发展”的企业精神，按照“广大居民是基本客户、中小企业是核心客户、大型企业是高端客户、政府项目是重点客户”的市场定位和客户细分，通过建立“赛车机制”，推行“无障碍管理、无障碍服务、无指标考核”的“三无”管理，不断提升管理水平，促进各项业务快速发展，取得了资产规模和经营效益连续十一年大幅度增长的优良业绩，一举成为包头市纳税大户。

近年来，包商银行坚持“市场化运营，精细化管理，高效益、高效率、高质量，建设现代化国际化好银行”的工作方针，按照“一个标准、三个文明、五个方面”，即以“国际化”为标准，从“经营、管理、创新、企业文化、金融生态”

五个方面，建设包商银行的“物质文明、制度文明和精神文明”，重视并不断完善公司治理，主动学习国内外先进理念和技术，推进目标管理，设立首席官，推行事业部制，打造流程银行，创造性地开展小企业贷款工作，努力培育市场诚信和居民金融理念文化，不断完善具有自身特色的企业文化，为繁荣地方经济作出了积极贡献。《人民日报》、中央电视台、《金融时报》、香港凤凰卫视等各大媒体对包商银行小企业贷款和农村金融工作以及“建设国际化的好银行”的做法给予了充分报道和高度评价，引起了积极反响。

2007–2010年，包商银行实现了经营管理的重大突破，先后实现了11家区内外分行的顺利开业。此外，为落实银监会建设新型农村金融机构，支持“三农”政策，包商银行发起设立了内蒙古固阳包商惠农村镇银行、四川广元包商贵民村镇银行、贵州毕节发展村镇银行、呼伦贝尔鄂温克村镇银行、贵阳花溪建设村镇银行、宁夏贺兰回商村镇银行、宁城包商村镇银行、乌审旗包商村镇银行、准格尔旗包商村镇银行、大连金州联丰村镇银行、莫力达瓦包商村镇银行、长春九台龙嘉村镇银行、西乌珠穆沁包商惠丰村镇银行和北京昌平兆丰村镇银行等14家村镇银行和达茂旗包商惠农贷款公司。这些机构为地区农牧民提供了快捷、便利的金融服务和支持，对支持地方经济发展和广大居民致富，为社会主义新农村建设作出积极的贡献。

包商银行经营管理水平的不断提高和各项业务的快速发展，极大地提高了自身的核心竞争力，得到了社会各界的肯定和好评。被内蒙古自治区人民政府授予“2005年全区金融工作最佳业绩奖”和2006年、2007年“全区金融发展突出贡献奖”；被中国银监会授予“全国小企业贷款工作先进单位”和“全国小企业金融服务先进单位”；是目前获得银监会对全国城市商业银行风险评级最高的银行之一。在《银行家》综合竞争力排名中列全国大型城市商业银行第1位，并被《银行家》杂志评为“最佳小企业贷款创新奖”和“最佳小企业金融服务城市商业银行”和2009年度“最佳城市商业银行”。被《金融时报》评为“中国中小企业金融服务十佳机构”、“最佳小企业贷款银行奖”；获中国银行业协会“第二届服务中小企业及三农十佳特优产品奖”和“中国银行业协会（花旗）微型创业奖城市信贷员二等奖”，以及全国“企业党建文化试点先进单位”、全国“精神文明建设工作先进单位”等荣誉称号。

一、银行在地方经济发展中承担着特殊的历史使命

随着国有企业改革的深入，中小企业在我国国民经济中的地位和作用日益突出。根据国家工商行政管理总局的数据，在中国，中小企业对GDP的贡献超过60%，对税收的贡献超过50%，提供了近70%的进出口贸易额，创造了80%左右的城镇就业岗位，吸纳了50%以上的国有企业下岗人员、70%以上新增就业人员、70%以上农村转移劳动力；在自主创新方面，中小企业拥有66%的专利发明、74%的技术创新和82%的新产品开发。

中小企业的迅猛发展对金融支持提出了迫切的要求。但从当前情况来看，由于中小企业规模小、实力弱、信誉度不太高、透明度相对较低、资金需求规模较小、贷款经营与管理成本较高，以及在抵押担保上难以满足商业银行的要求，因此，商业银行对中小企业的贷款问题一直进展缓慢，中小企业贷款难问题已经成为制约中小企业发展的主要因素。

作为一家成长于内蒙古自治区的中小商业银行，自成立之日起，包商银行就一直十分重视对中小企业尤其是小企业的金融服务，始终坚持“服务地方、服务中小、服务民营、服务市民”的市场定位。尤其是在2006年，包商银行明确提出“不与大银行抢市场、争客户，要做国有银行的有益补充，将全行的业务发展重点转移到服务小企业上来”，确定了“中小企业是我行的核心客户”的市场定位，通过召开“中小企业金融产品推介会”，开展“金融服务进社区”等活动，在经营方面重点加强中小企业贷款工作，使包商银行从“傍大款、垒大户”的传统经营方式转变为在中小企业融资市场上的精耕细作，成功地发掘了新市场和新客户，重塑了包商银行的市场定位，顺利实现了战略转型，并实现了中小企业贷款的重大突破和包商银行的科学、可持续发展。

近几年来，包商银行微小企业贷款业务迅猛发展。2009年包商银行累计发放微小企业贷款12 646笔、30.8亿元，贷款余额19.5亿元，五级分类贷款不良率0.48%。单月放款能力达到1 300笔、2.5亿元以上，转正一年以上信贷员月平均放款能力达到12笔以上，无论是单月放款量还是信贷员单产效率均达到了世界同领域先进水平。

与此同时，包商银行已逐步建立起一支国内金融机构中规模最大的专业化从事微小企业贷款的队伍。至2010年末，包商银行专职微小企业信贷人员达到475人，并按培训、考核、持证上岗的原则选拔了130多名兼职信贷人员发放小企业贷款。

目前，包商银行的微小企业贷款已经成为享誉全国的品牌，吸引了全国金融界乃至世界微型融资领域的关注。2008年3月，由世界银行、国家开发银行、德国复兴信贷银行共同主办的“开发性金融及微贷款业务国际研讨会”在包商银行举办，来自我国周边10个国家央行及金融机构的高管人员、专家参加了研讨会。2009年5–6月，中央电视台经济频道《对话》、《经济信息联播》、《经济热点面对面》、《“如何破解中小企业融资难”国际论坛》等节目，先后报道了包商银行的小企业贷款工作，产生了较大的社会反响。

包商银行在中小企业贷款尤其是微小企业贷款方面取得的成绩，离不开德国IPC公司专家在核心技术方面的精心指导，但更重要的是包商银行基于对社会经济形势的准确判断，从根本上转变了观念，在战略上高度重视，并建立了相应的机制作保障。

一是从根本上转变观念。包商银行认为，很多小企业没有财务报表、抵押物，这是小企业的特点，而不是小企业的缺点。我们提出，改变不了别人就要改变自己。面对一些没有抵押物、没有财务报表和管理不规范的“三无”企业，我们就“三不要”，完全基于自己从权威金融机构学习得到并在实践中不断充实和完善的微小企业贷款技术进行分析和判断，最终得出结论：能不能给他贷？能给他贷多少？

二是战略上高度重视。包商银行明确提出“不与大银行抢市场、争客户，做国有银行的有益补充，将全行的业务发展重点转移到服务小企业上来”的发展战略，并确定了“中小企业是我行的核心客户”的市场定位。

三是建立相应的机制作保障。按照银监会的要求，包商银行逐步建立和完善了利率的风险定价机制、独立核算机制、高效的贷款审批机制、激励约束机制、专业化的人员培训机制、违约信息通报机制等六项机制，有力地保障了小企业贷款业务的顺利开展。

二、地方经济发展为银行提供了难得的发展机遇

金融和地方经济是相互促进、共同发展的。在服务地方经济发展的过程中，包商银行深切地感受到：支持中小企业、支持地方经济发展实际上就是支持我们自己，在服务地方经济发展的过程中，企业和银行实现了“共赢”。

近年来，内蒙古自治区经济呈现出持续快速发展的良好势头，内蒙古自治区党委、政府也非常关心和支持银行业的改革和发展，为银行业的发展营造了良好的外部环境。地方经济发展为银行发展提供了坚实的经济基础。近几年来，包商银行资产规模逐步扩大、资产质量明显提升、盈利能力和抗风险能力显著增强；主要指标持续优化，均达到或超过监管部门的要求和新巴塞尔协议的标准。

地方经济的发展不仅加大了对金融支持的需求，而且也对银行的服务意识、研发能力、产品服务种类、工作效率等提出了更高的要求。近几年来，包商银行顺应社会发展形势，积极推进事业部制改革，强化每一位员工的服务意识，深入了解各类客户的需求，不断加强研究开发能力，不断推进科技系统的升级换代，推出多种金融产品和服务，得到广大客户的认可和赞誉，市场占有率逐年提高，“小企业金融”品牌显著提升。

三、中小商业银行必须不断做大做强，进一步提升服务地方经济发展的能力和水平

在服务地方经济发展的过程中，包商银行也深切地感受到：作为一家中小商业银行，包商银行的抗风险能力、市场竞争力仍然不是很强，为客户所提供的金融产品和服务与客户的需求相比还不够丰富，服务地方经济发展的能力与地方各界的期望相比仍有待进一步提升。包商银行将坚持以服务地方经济发展为己任，采取多种措施，不断做大做强，进一步提升服务地方经济发展的能力。

一是积极开设分支机构，不断增强抗风险能力和市场竞争力。包商银行目前除在异地设有分支机构外，为落实银监会建设新型农村金融机构、支持“三农”政策，而全资设立了一家贷款公司以及发起了十四家村镇银行。这些机构为地区农牧民提供了快捷、便利的正规金融服务支持，对支持地方经济发

展和促进广大居民致富，为社会主义新农村建设作出积极的贡献。包商银行还将进一步加大在各地开设分支机构的力度，希望通过与各地的商业银行同台竞技，向各地的先进银行学习好的经验和好的技术，不断提升自身的经营管理水平和技术水平，以进一步增强抗风险能力和市场竞争力。

二是加强研究开发能力，为客户提供更丰富的金融产品。与先进银行相比，目前包商银行所提供的金融产品和服务的种类还有些偏少。包商银行将针对不同类型企业所提出的各种需求，对金融产品和金融服务进行个性化设计，以更好服务于企业的发展。

三是加强技术移植研究，积极探索多种经营模式。包商银行目前致力于通过借鉴和创新，把微小企业贷款技术移植到更广的业务领域（如小企业贷款业务）中去，以支持更多企业的发展。包商银行还积极探索各种经营模式，以迅速把包商银行的技术推广到各个分支机构，更好地为中小企业和地方经济发展服务。目前包商银行正积极尝试和探索如下几种经营模式：一是合作营销模式，即银行通过与政府部门、工商联、物流集团、产业集团及高新技术园区合作，实行集群化营销，通过降低信息成本，降低中小企业贷款的成本。二是供应链融资模式，即通过银行的大企业客户，为处在大企业上下游两端的中小企业提供服务。三是与中小企业做永久伙伴的模式，即在企业经营初期，银行提供一些无抵押的小额贷款，审批迅速，手续简单，方法灵活，给中小企业很多弹性；在企业发展中期，银行提供比较完善的融资方案，如流动资金融资、房产贷款、投资服务、现金管理等。

当前，全球经济衰退的速度已有逐渐减缓的迹象，但仍面临诸多的不确定性。包商银行将在各级政府的领导大力支持下，进一步认清形势，坚定不移地贯彻落实积极的财政政策和适度宽松的货币政策，坚定不移地服务地方经济、服务企业特别是中小企业、服务城乡居民，继续加大信贷投放力度，推动投资和消费稳步增长，为地方经济平稳较快发展贡献自己的力量。

四、主动承担社会责任，体现“人文金融”魅力

在取得良好经营业绩的同时，包商银行以公益事业为依托，参与建设和谐

社会。近年来，累计投入公益活动和捐款4 000余万元，为资助贫困学生、失学儿童、残疾、孤寡老人做了一些实事。为中小学生设立了奖优助学金，为部分农村牧民解决了数字有线电视入户、深井灌溉以及吃水难等生活、劳动问题。在汶川大地震捐款活动中更充分表现出企业文化所发挥的重大作用。

多年来，包商银行从转变服务观念，增强服务意识，完善服务设施，强化服务措施入手，在服务质量、服务手段、服务内容、服务态度、服务环境、服务品牌等方面下工夫、做文章，产生了良好的经济效益和社会效益，得到了地方政府满意、上级业务机关满意、人民群众满意的良好效果。这些成绩的取得，使我们深深地体会到，文明管理、诚信服务就是商业银行的生命之源，打造诚信文化品牌，提升企业文化品位就是包商银行的事业灵魂。

【专家点评】

建设开放创新文化　打造诚信服务银行

包头商业银行成立于1998年12月，是内蒙古自治区最早成立的股份制商业银行，是一个比较年轻的公司。相对而言，企业年轻没有包袱，有利于企业立足时代视野去建构现代企业文化。这种先进的企业文化建设激发了活力，振奋了精神，整合了思想，促进了发展，提升了管理，增强了公司的凝聚力和向心力。

通过包头商业银行的相关介绍材料我们得知，该银行成立11年来，坚持“学习、创新、诚信、发展”的企业精神，按照“广大居民是基本客户、中小企业是核心客户、大型企业是高端客户、政府项目是重点客户”的市场定位和客户细分，通过建立“赛车机制”，推行“无障碍管理、无障碍服务、无指标考核”的“三无”管理，不断提升管理水平，促进各项业务快速发展，取得了资产规模和经营效益连续11年大幅度增长的优良业绩，一举成为包头市纳税大户。从而充分显示了企业文化对于企业发展的不可替代的作用和意义。

具体说来，我感到包头商业银行的企业文化特点有以下几个方面：

特点之一，是立足于企业的现状与发展需求来实施企业文化。如针对公司员工年纪轻、学历高、思想活、观念新、上进心强、分布面广、喜爱挑战的特点。这种员工队伍的构成，决定了其文化个性更多地带有多种行业复合产物的特性，与商业银行应具备的理想文化存在一定差异。为此，包头商业银行积极实施企业文化变革战略，在总结、吸取现有文化优秀因子的基础上，全面设计符合银行发展需要的文化观念和规则系统。

特点之二，是通过企业精神和企业共同的价值观的培育，来引领企业文化的普及与认同。“学习、创新、诚信、发展”是包商银行的企业精神，银行坚持“市场化运营，精细化管理，高效益、高效率、高质量，建设现代化国际化好银行”的工作方针，坚信企业文化也是生产力，并按照“一个标准、三个文明、五个方面”，即以“国际化”为标准，从“经营、管理、创新、企业文化、金融生态”五个方面，建设包商银行的“物质文明、制度文明和精神文明”，重视并不断完善公司治理，使企业精神、经营理念等得到员工的认同，逐步形成共同的价值观，充分调动员工的积极性和创造性。

特点之三，包商银行坚持文明管理、诚信服务是银行的生命之源，打造出了诚信文化品牌。他们还通过有效的、切实可行的途径来宣传普及企业文化。如银行善于捕捉身边的闪光思想和事迹，使故事升华为理念精神，让大家熟记掌握，进而转化为行动。多年来，包商银行从转变服务观念，增强服务意识，完善服务设施，强化服务措施入手，在服务质量、服务手段、服务内容、服务态度、服务环境、服务品牌等方面下工夫、做文章，产生了良好的经济效益和社会效益。

建议有二：其一，要注意企业文化成果的积累工作，这对于一个新兴企业尤其重要。其二，注意加强对包商银行企业文化特殊性的研究，为社会提供可资借鉴的独到企业文化经验。

包头商业银行在短短的十多年时间，就培育出了较为成熟的企业文化，的确值得称道，他们的企业文化经验，对于中国新兴的成长型企业的企业文化建设无疑具有示范作用。

点评专家：清华大学教授、博导

中国文化管理学会组织文化测评基地专家委员会委员　　邹广文

中国石油长庆油田第一采油技术服务处企业文化案例

企业简介

中国石油长庆油田分公司第一采油技术服务处始建于1999年10月，地处革命圣地延安。2008年2月长庆油田重组整合后，增挂超低渗透油藏第一项目部牌子，主要从事原油生产以及服务保障安塞油田和合水油田的原油生产。先后荣获全国“企业文化建设优秀单位”、全国“创业文化建设十强单位”、陕西省“资源节约和综合利用先进企业”等荣誉称号；获得国家专利10项，集团公司QC成果一等奖2项。

在油田生产建设方面，2008年底，长庆油田第一采油技术服务处在甘肃省合水县城设立前线指挥部，与长庆油田分公司第二采油厂对口交接，顺利接管了合水油田，2009年1月1日正式运行，开始从事原油生产，成为长庆油田超低渗透油藏开发的一支重要力量。矿权面积5 796.8km^2，主要位于甘肃合水、宁县及正宁县境内，主力含油层系为长8、长6、长3和延安油层组。目前，共提交三级储量2.1亿吨。

在油田服务保障方面，主要为安塞油田和合水油田提供特车运输、地面建设、机修加工等服务。先后通过ISO9001-2000质量体系认证，取得国家安全生产许可证，获得国家建筑行业专业二级总承包资质、GB类压力管道二级施工资质、无损检测三级资质，国家货运、客运、危货许可证以及原勘探局机修业务大修资质。

按照长庆油田“发展大油田、建设大气田”的总体要求，第一采油技术服务处以科学发展观为统领，始终把合水油田的发展作为工作的重中之重。大力实施低成本战略，积极探索管理新模式，加快合水油田的开发建设，不断提高单井效益，努力构建安全稳定的和谐局面，实现企业又好又快发展，为长庆油田油气当量实现5 000万吨作出应有的贡献！

采油一处“做好每件事，成就每个人”的实践与思考

谢贵谦 贺军生 田 云 张晓莉 武 丹

企业文化，是企业综合实力的体现，是一个企业文明程度的反映，也是知识形态的生产力转化为物质形态生产力的源泉。采油一处自1999年重组以来，积淀了较为深厚的文化底蕴，但面临新的形势、新的任务、新的机遇、新的挑战，要想在激烈的竞争中取胜，把全处做大做强，实现跨越式发展，就必须要对原有的文化进行整合和创新，积极培育先进的企业文化，深入推进“文化强企”战略，树立“做好每件事，成就每个人”的理念，营造“企业有生机、领导有正气、员工有士气”的发展环境。努力用先进的企业文化推动全处的改革发展，提高全处的创新力、形象力和核心竞争力。

一、“做好每件事，成就每个人”文化理念产生的背景

1999年，中石油系统进行改革，原采油一厂经过重组，组建成立了采油一厂和采油一处,原来的一个实体变成了甲乙双方。企业脱胎换骨般的大变革，使采油一处生存与发展遇到了前所未有的困难和挑战，面对冗员多，优良资产少，设备新度系数低，干部职工思想观念陈旧、情绪低落、对企业的前途悲观失望等现实,采油一处结合勘探局党委、勘探局发出“二次创业”进军令，确立了“创新、开放、简捷、明确 、责任 、自信”的12字企业理念。不失时机地确立了“您的满意是我们永恒的追求”的服务理念和“以人为本、以文化人”的文化理念，“人才就在身边，赛马不相马”的人才观等一系列理念。制定了“市场开发战略”、“管理提升战略”、“多元化发展战略”、“科技进步与人才开发战略”四大发展战略。为了使处党委、处行政的战略决策深入人心，内化为广大干部职工的自觉行动,全处上下广泛深入地开展“求生存,图发展，闯市场，增效益”和“形势、目标、责任”主题教育活动。

随着企业的逐步发展，采油一处又确立了“文化一流，人才一流，技术一流，管理一流，效益一流”的战略发展目标，并把文化一流列为“五个一流”之首，将企业文化战略管理提上了重要议事日程，步入了整体发展轨道。2005年，深入宣传贯彻集团公司《企业文化建设纲要》。重点规范使用集团公司统一的企业标志，塑建企业外部视角形象；大力弘扬统一的企业精神，把爱国、创业、求实、奉献作为激励职工队伍的精神动力；把诚信、创新、业绩、和谐、安全的企业经营管理核心理念贯彻到每项工作中，落实到每个岗位上；教育职工奉行统一的企业宗旨，努力“奉献能源，创造和谐”，实现能源与环境和谐、企业与社会和谐、企业内部的和谐。

2008年2月，为了贯彻落实集团公司总经理蒋洁敏提出的“要把鄂尔多斯盆地建设成为我国重要的石油天然气生产基地”的重要指示精神，以发挥区域优势和整体优势，长庆石油勘探局部分业务与长庆油田公司进行了重组整合，采油一处被并入长庆油田公司。9月，长庆油田公司做出重大战略决策：再战陕甘宁，开发超低渗。采油一处作为油田公司确定的三家业务转型单位之一，组建超低渗透油藏第一项目部，挥师陇东，成为陇东油区800万吨建设大军的一支生力军。

面对角色的突变，生活环境的改变，历时使命的转变，凝聚人心成为重中之重。采油一处党委紧密围绕油田公司战略部署要求，因势利导，因地制宜，在全处范围开展企业文化理念征集活动，共征集到处文化理念45条，基层单位文化理念36条。通过层层筛选，最终选中“做好每件事，成就每个人”，并报送集团公司参加“新中国六十年最具影响力六十句石油名言”活动，不仅被集团公司列为候选格言，而且还被油田公司收录到《长庆格言》一书中。至此，“做好每件事，成就每个人”也正式成为了采油一处全员的共同文化理念。

二、“做好每件事，成就每个人”文化理念强力导入

通过对全处企业文化现状诊断和理念体系的总结提炼，形成了“做好每件事，成就每个人”文化理念，接下来就是实施推进，也就是所谓的文

化理念导入。导入的方法很多，比如领导垂范法，行为激励法，造就楷模法，利用事件法等。但是在导入前应该搞清楚“做好每件事，成就每个人”的释义内容，那就是：专注于职责内每件事的细节与正确，是员工成功的决定性因素；着眼于员工的成长与进步，是企业发展的力量之源。企业为员工搭建施展才华的舞台，而认真、负责、踏实、创新的员工会在这个舞台上绽放光彩。

对于采油一处来说，导入方法比较可行的有三种：一是利用宣传载体，多形式展开宣传攻势；二是通过举办各种形式活动，由活动体验、交流讨论，形成信念与态度；三是以认同并践行文化理念的优秀员工的献身说法，增强文化理念的直观性和感染力。

一是发挥宣传载体功效。自“做好每件事，成就每个人”成为采油一处文化理念以来，为使文化理念在全员中内化于心、固化于制、外化于行、物化于果，采油一处努力推动文化理念在生产一线落地生根。充分借助网络、报纸、宣传栏等载体，大力营造学习宣贯“做好每件事，成就每个人”文化理念氛围。借央视开播大剧《奠基者》为契机，组织全处干部员工认真收看并展开讨论、撰写心得体会文章等活动，有效激发了员工的工作热情，做到了思想同心、目标同向、工作同步，增强了主人翁的责任意识，形成了凝心聚力推进企业发展的生动局面。以提升员工思想、信念、价值为内容，通过不同的文化主题，来引领企业精神文明蓬勃发展。大力弘扬爱国主义、集体主义、社会主义思想以及大庆精神、铁人精神，加强社会公德、职业道德、家庭美德、个人品德建设，引导员工自觉履行法定义务、社会责任、家庭责任。

二是举办培训拓展内涵。通过召开座谈会，畅谈油田40年翻天覆地变化，教育广大干部员工珍惜40年来之不易的辉煌成果，珍惜采油一处11年来的骄人业绩，并在实践中不断总结攻坚克难的发展经验，进一步继承和发扬长庆人“特别能吃苦、特别能战斗、特别能奉献、特别能创造”的拼搏精神和“采一”人的光荣传统；举办“传承精神·红色赞歌”主题演讲比赛，缅怀革命先烈的丰功伟绩，展现新时代优秀共产党员和先进集体的典型事迹，进一步引导全员解放思想、振奋精神、真抓实干、攻坚克难，以崭新的精神风貌和全部的智慧力量，推动合水油田又好又快发展；开展主题宣讲活动，引导广大干部员工牢固树立机遇意识、发展意识、责任意识、人本意识，在讨论中统一思想，在宣讲中寻找差距，进一步明确自己和本单位在实现全处美好愿景中的责任和义务，推进主题实践。

三是围绕典型增强动力。以广泛宣传“感动长庆”先进典型的优秀事迹为契机，加大对集团公司劳动模范卢克芨、集团公司先进集体固城采油作业区、油田公司“感动长庆·科技尖兵”吴大康的宣传力度，为广大员工营造学有榜样、赶有目标的宣传氛围。同时，深入基层发现典型、挖掘典型、培育典型，充分利用网络、报纸、电视、宣传栏等载体，大力宣传在全处原油生产、安全环保、精神文明建设中涌现出来的先进集体和先进个人。特别是在4月份组织召开的党委会上，表彰奖励了宣传思想企业文化先进集体3个、宣传思想企业文化最佳支持者5名和优秀通讯报道员10名。

三、“做好每件事，成就每个人”文化理念的渗透及巩固

“做好每件事，成就每个人”两者是相辅相成的关系，“做好每件事”是前提，“成就每个人”是结果。换句话讲，每件事你都做不好，何谈企业会对你的信任与培养。同样，企业要想造就一个人才，他首先考虑你对企业的忠诚度和工作能力，这也是当今社会“伯乐相马”的根本所在。

如何有效地激发员工内动力，发挥好主观能动性，是“做好每件事，成就每个人”文化理念的核心。因为，人是企业的主体，更是企业的资源。只有将人本理念融入企业管理思维，依托提升机制体现能力关怀，培育素质文化形成价值导向，感染员工自我审视，感召员工追求卓越，才能不断使员工提升实力、增添动力、迸发活力，推进企业持续创新发展。

一个文化理念的产生，并不是凭空想象而来的，它是经过时间的推移，实践的检验，由全体员工认可展现出来的。特别是对于采油一处来说，“做好每件事，成就每个人”文化理念是经过“采一”人共同洗礼总结出，适合于当前合水油田高效开发，适合于凝聚全员的内动力。

为使“做好每件事，成就每个人”文化理念渗透到工作的方方面面，采

油一处通过三大战略，采取目标激励、搭建平台和政策开发的有效措施，确保了文化理念的落地生根。

确定目标激励人。员工发展与企业发展只有同频才会产生共振。在“以人力资本为本”理念引领下，采油一处瞄准企业长远发展目标，盘点企业人力资源现状，大力实施人才工程，以构建学习型组织为目标，以建设六支队伍为支点，以建立三项机制为保障，形成“全员覆盖、全面发动、全过程激励、全方位推进”的员工发展导航新格局。针对员工不同群体特点和个性需求，着力构建了以处党委中心组为阵地的领导干部教育“龙头工程”、以党员实践课堂为阵地的党员教育“重点工程”、以形势教育和主题教育为阵地的员工教育“基础工程”，先后举办了基层队长、党支部书记培训班；建立开放型、互动式科级管理人员和科级后备干部学习班；聘请国内著名培训师，精选培训课题，提升各级管理人员素质；组织40多名非油田开发工程主体专业大专以上毕业生，在西安石油大学、西南石油大学、西北大学等高校进行专业知识脱产强化培训，培养一线技术骨干；着眼“一岗精、二岗通、三岗懂”，对岗位操作员工进行职业技能轮训和重点培训，培养一专多能的岗位操作骨干。同时，大力选树不同层面的典型，激励引导员工把获取荣誉看成事业上的最大发展和成功，自觉把实现个人价值与提升企业价值有机结合，发奋追求，争创一流。副总工程师吴大康，原先只是一名普通的机械技术员，多年来坚持“在革新中创效，在岗位上成才”，先后有10多项技术革新成果在集团公司和勘探局获奖，有3项革新成果获国家专利，科研成果转化为现实生产力后为企业创效上百万元，被集团公司授予技术标兵称号，勘探局聘为技术专家，油田公司“感动长庆·科技尖兵”等荣誉称号。板桥采油作业区经理卢克茇，凭着他对企业的忠诚，凭着拼搏进取的精神，凭着忘我的工作作风，带领全区员工创造了一个又一个奇迹，使企业产值连年翻番。经营收入从2006年的2 000万元到2007年4 000万元，2008年8月份全处业务转型前实现了2 900万元，企业效益不断增长，个人收入不断增加，员工队伍积极稳定。他自己也收获了“集团公司优秀共产党员”、“陕西省劳动模范”、四次“原勘探局劳动模范”、“2008年油田公司优秀员工”等荣誉称号。此外，采油一处还激励引导干部员工关注集体目标，制定了《基层党支部“六个一”创建标准》和《“五型”班组创建标准》，以“五个争一流”的目标和多项具体标准凝聚基层干部员工。

搭建平台成就人。采油一处以“发展的企业为人才的发展提供广阔的平台，发展的人才为企业的发展创造无限的空间”的“人才观”为指导，全处各级党政工团组织齐心协力，根据企业不同时期发展需要，积极为各级各类人才和广大员工搭台子、扶梯子、掏票子，充分激发员工的创造性，让员工感受到有所作为的光荣和不断超越自我的满足，对企业产生强烈的归属感和奋发成才的进取心。采油一处坚持“扬创新之帆，走发展之路”的发展思路，近年来，根据长庆油田发展形势，先后开展了“精细管理年”、“管理提升年”和“创新发展年”主题年活动，开展十大管理创新，大力提升企业管理水平，积极探索和总结工作中的优秀管理方法，为广大员工、特别是各类人才提供了展示才华、创造业绩的广阔空间。2009 年以来，采油一处更是把加快推进合水油田大发展作为员工与企业共发展的世纪平台，充分发挥党员的先进性，争做表率当“明星”。同时，各级共青团组织在活动中开辟阵地，搭桥铺路，促进青工增强岗位技能，创造岗位效益。目前采油一处广大党员在管理上追求高水平，在技术上追求过得硬，在工作上追求高标准已蔚然成风。

制定政策开发人。实践表明，员工内在动力被激活并持续增值，最终要靠科学化、规范化、人性化的机制做保障。近年来，采油一处大力倡导一定要让对企业作出突出贡献的人有利有名有位，坚持企业机制建设与文化建设有机融合，用荣誉和待遇激励人才，用关心和尊重感召人才，为人才发展营造持久浓厚的氛围。一是让有真才实学的人“有利可图”。为充分调动广大员工的工作积极性，建立了以薪酬分配为杠杆，以“薪酬靠业绩，增收靠增产”为导向，形成人人有指标、层层负责任、奖惩凭贡献的激励约束机制，促进了科技创新能力和管理水平的不断提高，有效推进了油田开发、原油生产良性循环。二是让德才兼备的人“有位可就”。根据油田公司党委关于选拔任用领导人员的有关规定，在管理人员和专业技术人员的选拔使用上，不唯身份重业绩，不唯学历重能力，积极引入竞争机制，为员工展现自我、发展自我打开了绿色通道。2010 年，新提拔中层管理者 8 名，并对 18 名中层管理者的岗位重新进行了调整。通过公开、公平、公正的岗位竞聘，员工岗位成才的需求更加迫切，信心更加坚定，“岗位靠竞聘、薪酬凭贡献”已在全处形成共识，呈现出人人争先、奋发向上的喜人局面。

四、“做好每件事，成就每个人”文化理念的几点思考

一是要充分认识“做好每件事，成就每个人”文化理念的核心价值观。一个企业的成功固然有多方面的因素，但人的因素位居各类因素之首，离开人的辛勤努力，一切只能是“泡沫”。提升全员对文化理念的认识，首先要加强企业领导层的思想认识，因为领导层是一个企业的“中心股”，他对文化理念的认识程度高低对于所管辖的员工起着至关重要的引领作用；二是管理层必须起到承上启下的作用，发挥好职能所在的同时，帮促基层提高对“做好每件事，成就每个人”文化理念的认知能力；三是操作层的执行力必须不折不扣，严格按标准做事，立足岗位展风采。

二是要把“做好每件事，成就每个人”文化理念根植于企业文化建设当中。企业文化建设的根本目的在于培植和增强企业的核心竞争力，而决定企业核心竞争力的关键是凝结在企业文化中的价值观。创造一种凝聚人心、提升人气、鼓舞人志的核心价值观，是一个企业增强核心竞争力的根本法则。而企业文化建设的一个重要方面就是要抓好“凝聚力工程”，使员工的工作上有方向感，情感上有温暖感，事业上有成就感，管理上有参与感，心情上有舒畅感，使每一位员工都有强烈的主人翁意识。

三是企业要为员工积极创建以人为本的发展平台。随着知识化、网络化和信息化步伐的加快，文化因素对企业生产经营的渗透日益深入，员工思想的变化也在日趋加速，这就需要企业建立一套完善的企业文化体系，以高尚的精神引导员工，以严格的制度规范员工，以真诚的情感塑造员工，以长庆的文化激发员工。同时，还要积极开辟一个宽松的工作环境，创建一个公平竞争的文化氛围，制定一个合理的价值评价标准，营造一个和谐的人际空间，给每位员工提供一个施展才华的舞台，让每位员工对企业发展充满信心，对个人前途充满希望。只有这样，企业才能实现健康可持续发展，员工才能实现人生价值。

【专家点评】

可贵的文化理念：做好每件事，成就每个人

“做好每件事，成就每个人”说之易，行之则难；而将其作为一种文化理念来培育和实施就显得更加难能可贵。长庆油田公司第一采油技术服务处（以下简称“采油一处”）多年来坚持以文化为先导，通过强化企业的文化管理，将“做好每件事，成就每个人”的文化理念，有机贯穿于企业的生产经营活动之中，着力加快员工队伍建设，引导企业的科技创新，促使管理水平不断提升，取得了显著的社会效益和经济效益。

注重在战略高度上认识和理解企业文化是非常必要的。企业文化可以作为企业综合实力与水平的思想根基，在一定程度上折射出企业的经营理念和管理基础，构成知识形态的生产力转化为物质形态的生产力的力量源泉。

采油一处的管理实践给人们以深刻的启示，在市场竞争与发展的新的内外部环境之下，企业要立稳脚跟、做大做强、跨越发展，就必须从管理理念和文化建设方面积淀文化底蕴，定准战略标向。采油一处基于现实基础，锐意改革进取，对原有的文化进行整合和创新，在战略高度上确立了“创新、开放、简捷、明确 、责任 、自信”的企业理念；进而又提出了“您的满意是我们永恒的追求”的服务理念和“以人为本、以文化人”的文化理念，“人才就在身边，赛马不相马”的人才观等一系列新理念；特别是面对市场竞争制定了“市场开发战略”、“管理提升战略”、“多元化发展战略”、“科技进步与人才开发战略”等四大发展战略，并明确了“文化一流，人才一流，技术一流，管理一流，效益一流”的“五个一流”的战略发展目标，其中特别将“文化一流”列为“五个一流”之首，可见对文化建设的高度重视。采油一处将整体战略与远景规划内化为广大干部职工的自觉行动，广泛深入开展“求生存，图发展，闯市场，增效益”和“形势、目标、责任”等主题教育活动；精心培育先进的企业文化；大力推进“文化强企”，组织构建企业文化战略，在全体员工中积极倡导“做好每件事，成就每个人”，营造出“企业有生机、领导有正气、员

工有士气”的充满活力与和谐共进的发展环境，有效地提升了组织的创新力、影响力和竞争力。

采油一处深入宣传贯彻集团公司的《企业文化建设纲要》，使诚信、创新、业绩、和谐、安全的企业经营管理核心理念深入人心，见之于各个工作岗位，致力于实现能源与环境和谐、企业与社会和谐、企业内部的和谐，这是对奉献与和谐的一种更高和更新的诠释。

我们了解到，“做好每件事，成就每个人”是采油一处党委从全处广泛征集到的处文化理念45条、基层单位文化理念36条中精选出来的，其内涵是厚重而深刻的，即：专注于职责内每件事的细节与正确，是员工成功的决定性因素；着眼于员工的成长与进步，是企业发展的力量之源。企业为员工搭建施展才华的舞台，而认真、负责、踏实、创新的员工会在这个舞台上绽放光彩；以“做好每件事”为前提，以“成就每个人”为激励。“做好每件事，成就每个人”以其积极的导向和殷切的期望成为全员共同的文化取向，可谓是管理的呼唤、员工的心声；再结合运用领导垂范法、行为激励法、造就楷模法、利用事件法等有效的实施方法，使“做好每件事，成就每个人”激发出强有力的经营管理驱动力，并取得了显著的效果，形成了“全员覆盖、全面发动、全过程激励、全方位推进”的员工发展导航新格局；采油一处坚持“扬创新之帆，走发展之路”的目标方向，全体员工通力合作，把加快推进合水油田大发展作为员工与企业共发展的世纪平台，面对形势和机遇，组织开展“精细管理年”、“管理提升年”和“创新发展年”等主题年活动，一系列创新活动不断开创着经营管理的新局面，企业管理水平和经济效益不断跃上新台阶。

点评专家：首都经济贸易大学教授

中国文化管理学会组织文化测评基地专家委员会委员　　　　吴少平

上海大屯能源股份有限公司发电厂企业文化案例

企业简介

中煤集团大屯公司发电厂位于刘邦故乡江苏省沛县境内，东邻风景秀丽的微山湖，南望历史文化古城徐州。

发电厂建于1970年11月17日，目前，已成为拥有一座发电厂、一座热电分厂、一个供电分部，集发电、供电、供热、销售为一体的电力企业。8台运行的发电机组，总装机容量444兆瓦，年发电量26亿度。负责矿区及周边部分地区的转供电业务，拥有输电线路近230公里，35KV及以上变电所12座。40年来，发电量连年攀升，累计发电340亿度，为矿区构建煤电铝运绿色循环经济新发展模式和徐沛地区工农业的发展作出了应有贡献。该厂现有职工1 400多人，在聘高级职称33人、中级职称171人、初级职称218人；高级技师3人、技师62人、高级工328人、中级工352人。该厂坚持人才兴电、科技兴电发展战略，推进技术创新，所有机组均采用循环流化床锅炉洁净燃烧技术，大力推进综合利用与节能减排，积极探索企业经济效益和社会效益双赢路径，成功构建了煤矸石煤泥综合利用模式、中水复用循环模式、煤矿工业废水回收利用模式三大基础模式，成为行业绿色发展示范企业。企业先后荣获了“全国重合同守信用先进单位”、“上海市振兴中华读书自学先进单位”、“全国煤炭工业综合利用与多种经营先进企业”、“全国企业文化优秀企业”、“全国创建学习型组织先进单位”、“全国文化管理先进单位”、“电力系统企业文化建设标杆企业”等称号，通过了质量、环境、职业健康安全管理体系认证。

构建"六位一体"安全文化体系
努力打造本质安全型企业

刘 潮

上海大屯能源股份有限公司发电厂（以下简称"发电厂"）认真学习贯彻落实党的"安全第一、预防为主、综合治理"的安全方针，积极稳妥地推进企业安全文化建设，大胆探索实践、整合创造载体、总结完善改进，努力在企业安全文化理论的落地生根、开花结果、打造特色和形成本土化上下工夫，取得了较好的效果，为全国电力系统推进企业安全文化建设提供了有益的经验，为企业和谐发展提供了良好的服务。

一、"六位一体"企业安全文化体系的基本内涵

1．"理"——理论，其内涵是用理论来指导企业安全生产工作。理论，包括指导理论、安全理论和管理理论。指导理论：主要是指马克思主义经典作家对安全生产的论述，毛泽东思想、邓小平理论、"三个代表"重要思想和科学发展观，党和国家关于安全生产的重要会议、重要文献和领导同志的重要讲话以及现行的路线、方针和政策等；安全理论：主要是指世界范围内形成的安全生产理论，我国历史积淀形成的丰富的安全生产理论，不同行业、不同企业形成的各具特色的安全生产理论等；管理理论：主要是指企业文化理论。企业安全文化是企业文化管理理论与企业安全生产工作实践相结合的产物，是企业文化建设的重要组成部分。

2．"法"——法律，其内涵是用法律来治理企业安全生产工作。法律，包括国家、行业和地方通过一定程序出台的法律、法规以及具有法律效力的规程、条例、办法等。

3．"制"——制度，其内涵是用制度来管理企业安全生产工作。制度，

包括企业依照法律、法规，按照党和国家现行的路线、方针、政策的要求，结合企业安全生产工作的实际所形成的一系列关于安全生产工作的措施、办法、细则等等，这些制度在企业内部就是安全生产工作的“小立法”。

4.“德”——道德，其内涵是用道德来推动企业安全生产工作。道德，包括企业全体干部职工的思想道德、职业道德和行为规范等。

5.“情”——情感，其内涵是用情感来促进企业安全生产工作。情感，包括亲情、友情等。

6.“术”——技术，其内涵是用技术来提升企业安全生产工作。技术，包括人类创造的一切能够促进安全生产工作的科学技术和现代管理方法等。

二、“六位一体”企业安全文化体系的方法载体

我们根据企业安全文化精神层、制度层和物质层三个形态层面和“六位一体”企业安全文化体系的内涵，在整理、梳理以往安全生产实践中形成的各种方法的基础上进行整合创造，设定了一整套企业安全文化建设的系统操作方法，形成了“六位一体”企业安全文化体系的支持系统，基本满足了企业安全文化建设的实际需要。当然，也不是说“六位一体”企业安全文化体系的支持系统越庞大越好、方法越多越好，也不是说这些方法每时每刻都必须用到。

（一）以人为本，内化于心，展现了企业安全文化建设的魅力

内化于心是企业安全文化建设的观念形态文化层面，包括干部职工的安全观念、安全意识等，目的是让正确的安全发展观成为干部职工的精神支柱，让无形的安全理念在干部职工的内心深处扎根，这也是企业安全文化建设的重头戏。

——理论武装法。我们利用党校、政校、职校、党委中心组学习、班组学习、安全活动日和各种会议等形式、载体，坚持不懈地、不间断地对干部职工进行党的“安全第一、预防为主、综合治理”安全方针和安全发展观的教育，组织干部职工学习党和国家关于安全生产的法律、法规、规程、条例、办法，向干部职工及时传达上级安全会议精神以及领导人关于安全生产的重要讲话、重要批示。通过学习，提高了干部职工对安全生产工作极端重要性

的认识，增强了干部职工抓安全的责任感和自觉性。

——理念引导法。我们把安全理念的建立作为企业安全文化建设的一件大事来抓，在企业全体干部职工中开展了理念征集活动，经过梳理、分析、挖掘、阐释，确立了以“安全为天、生命至尊”为内容的企业安全文化核心理念。这一核心理念由“安全第一、生产第二”的安全管理观，“做安全事、当安全人”的安全行为观，“安全为生命、平安保幸福”的安全价值观，“安全就是最大的效益”的安全效益观作支撑。我们运用各种宣传媒体和宣传阵地对安全文化理念体系开展了广泛的宣传贯彻，每一个干部职工不仅掌握了理念体系的内容，而且理解了理念体系的内涵，更重要的是能够把理念的内涵要求体现到安全生产工作的实践中和行动上。

——精神塑造法。我们坚持用“爱国（忠于祖国，产业报国）、敬业（热爱本职，忠于职守）、求实（讲求科学，与时俱进）、奉献（艰苦奋斗，献身事业）”的企业精神塑造干部职工，要求每一个干部职工把这种精神贯彻到自己的日常工作、学习、生活的全过程，使自己成为优秀的干部职工，以自己的实际行动来诠释这种精神，并不断赋予这种精神以新的内涵。

——愿景拉动法。我们在公司确定的“建设新型的、先进的、具有国际竞争力的亿吨级煤炭大集团”战略目标的引导下，以“建设全国煤炭行业一流、电力行业先进，安全和谐发展，在全国有一定文化影响力的电力企业”为企业的愿景，坚持用公司战略目标和企业发展愿景来统一干部职工的思想、凝聚干部职工的力量。

——专题教育法。根据不同时期的社会、企业和干部职工的思想实际，选定专题，明确目的，编制方案，扎实开展。专题宣传教育实践活动贯穿全年，也都与企业安全生产的实际相联系，做到了有调研策划、有安排布置、有检查考核、有实际效果、有活动总结。

——形象塑造法。我们按照党员干部的条件，根据公司“讲诚信（至诚守信，言真行实），重人本（安全第一，以人为本），谋效益（业绩至上，创造卓越），求和谐（协调发展，全面进步）”的经营管理理念，根据公司“恪尽职守、办事高效、运转协调、管理规范、从严治企、清正廉洁”的企业作风，根据公司“觉悟高于群众、技能高于群众、业绩高于群众”的党员行为规范，根据公司“有理想、有知识、有能力、有业绩”的党员领导干部行为规范，设计了党员干部的形象标准，并通过长期的修炼，使党员干部做到“平时看得出、工作叫得响、形象立得住”，有很强的感染力、号召力和亲和力。我们把党员干部的形象标准定位在“勤政、为民、正派、廉洁、创新”的要素上。

——安全宣誓法。我们根据行业安全的特殊性，在厂职代会上审议通过了以“我是一名电厂职工，我将时刻牢记党的安全第一、预防为主、综合治理的安全方针，模范遵守安全法律法规和安全管理制度，正确行使安全生产十项权利，认真履行安全生产义务，上标准岗，干标准活，坚决与一切不安全的行为作斗争，绝不违章”为内容的安全誓词，并在年初两级职代会、工作会上进行安全宣誓。

——双向承诺法。安全双向承诺，就是领导干部，包括班组长、单项工作或临时任务指定的负责人，直至最基层哪怕只有两个人其中的一个负责人，都要对上承诺不违章作业、对下承诺不违章指挥；职工承诺不违章作业，并时刻提醒自己不能忘记承诺，要自觉践诺。

——榜样示范法。我们注意培养和选树安全生产工作的先进典型，注重发挥先模的示范、带动和辐射作用。我们每年评比表彰十佳安全标兵、十佳安全班组长、十佳群众安全监督岗员、十佳青年安全监督岗员、十佳党员安全联保先进个人、十佳党员安全联保示范岗、十佳安全合理化建议、十佳协管安全先进个人等；对发现或排除重大安全隐患的有功人员或集体，及时给予嘉奖、记功。如全国劳动模范吴友良，他既是劳动的模范，又是安全的标兵，还是技术的大拿，他还通过“吴友良创新工作室”这个平台，传授了知识技术、提升了技能技艺、弘扬了劳模精神。

——谈心谈话法。我们号召干群之间、上下之间、同志之间普遍开展谈心活动，做到了制度化和经常化。建立了领导干部、政工干部联系点制度，要求领导干部和机关工作人员经常到一线、到车间、到现场、到职工中去，与职工交谈、拉家常，宣传政策，了解信息，交流思想，帮助工作，发现和解决问题，学习做群众工作，向干部职工学习；基层车间、班组成员之间发现职工有异常表现时，及时谈心谈话、了解情况，帮助解决思想问题和实际问题。

（二）落地生根，固化于制，打牢了企业安全文化建设的根基

固化于制是企业安全文化建设的制度行为文化层面，包括企业安全管理的规章制度、干部和职工的行为习惯，目的是规范企业安全管理和干部职工的行为，让无形的安全理念固化为有形的安全制度。

——齐抓共管法。我们坚持安全生产工作党政工团齐抓共管的领导体制和工作机制，明确了党政工团各系统以及厂、分场、班组各层级的安全责任，纵向到底、横向到边、纵横交错、形成网络，保证了每一项安全生产工作都有领导、部门和人员负责，每一项安全生产工作都在受控的状态下进行，实现了真正意义上的齐抓共管。

——制度约束法。我们按照党的路线、方针、政策和国家的法律、法规、条例和准则的要求，制定了既符合上级要求，又符合企业安全生产工作实际、覆盖企业安全管理的各项制度。如建立的安全生产工作、职工培训向职代会报告制度、领导干部履行安全职责向职代会述职制度、重大技术改造方案经职代会审议制度、安全办公会制度、事故分析责任追究制度等，都得到了认真坚持。

——党员联保法。在发电厂，基层党员与周围的职工采取一对一、一带二或一带三的方式进行安全联保，年初签订联保协议，月度考核与联保双方的绩效工资挂钩，每半年召开一次座谈会，每年对做出优异成绩的给予表彰奖励。这一做法已经坚持了十多年，受到了上级的肯定。

——导师带徒法。近年来，随着企业生产规模的不断扩大，发电厂每年都要从大中专院校和高级技校招聘大量的毕业生。新毕业入厂的职工文化素质高、专业知识好、年轻有活力，这是他们的优势和特点，但怕吃苦、眼高手低、专业技能差、纪律性差又是他们的弱点。为此，我们采取了“导师制”，让思想作风好、专业技术精的老同志与新进厂的职工签订师徒合同。这一做法对新入厂的青年职工的帮助很大，对他们的成才乃至整个人生都有重要的作用，对老同志来说也是一次自我教育、互相学习、提升发展的好机会。

——女工协管法。我们注重发挥工会女职工委员会、家属协管安全委员会在安全生产工作中的积极作用。女职工委员会组织女工绣制带有安全内容

的毛巾、鞋垫送给工友，冬季送姜茶、糖水，夏季送西瓜、冷饮，组织志愿服务，缝衣补扣等；签订夫妻安全公约，常过问、常提醒、常督促、常吹“枕边风”，每年评比表彰协管安全先进个人。

——风险抵押法。发电厂所有的干部职工，根据所在的岗位、所承担的安全责任，交一定数量的安全风险抵押金，实行季度考核。经考核，如没有违反安全规定，杜绝了安全事故，按事先约定的比例给予兑现；如违反了安全规定或发生了安全事故，按事先约定的比例给予扣除，直至扣完。

——项目管理法。我们在按照职责要求分工、安排工作的同时，推行项目负责制，把一项阶段性的工作、一项大的技术改造方案或重要课题、突发性的工作作为一个项目来管理，成立项目组或课题组，明确项目组长、课题组长，打破系统、部门之间的壁垒，整合人力、物力、财力和相关的资源，系统思考，整体安排，分工负责，各司其职，密切配合，增强了部门之间的协调和合作精神，提高了工作效率。项目组长、课题组长既对任务负责，又对安全负责。只要安全、质量发生问题，就追究项目组长、课题组长的安全责任。

——对标分析法。我们把国际、国内同行业、同类型的先进企业作为参照物开展对标活动，从中发现与先进企业的差距，分析存在差距的原因，制定完善改进的措施，提高设备的完好状态和运营质量，努力缩小差距或在短期内赶上先进企业，努力拉长安全生产的周期。

——阳光操作法。我们建立了完善的厂务公开、党务公开实施意见，安全的奖励、处罚以及因为安全问题涉及的人事变动一律由党政联席会议集体研究决定，并邀请党代表、职工代表列席参加，接受大家的监督和质询。

——周五讲评法。我们规定周五为安全活动日，一般以分场、班组为单位组织开展，时间控制在1小时左右。活动主要内容：一是学习教育，重点传达、学习上级安全生产工作的重要文件、会议精神，有关的法律法规及规程、标准的条款，剖析相关案例等；二是进行讲评，每一个成员都要用反思的态度，实事求是地对自己一周的工作，尤其是安全行为作出评价，开展成员间的互相讲评，召集人对本分场、班组一周来的安全生产工作进行讲评，总结表扬好的，批评教育不安全的人、事、现象，指出应该吸取的教训，提出改进的要求；三是布置工作，对下一周的工作进行布置，分解任务，提出安全要求，做到了活动有记录、参加人员有签名。

——班前动员法。班前动员，即召开班前会。一般以班组为单位组织，由班组长主持，时间控制在15分钟左右。主要内容：一是交代任务，讲明当班的主要工作任务及完成当班工作任务的意义；二是明确分工，讲明每项工作任务由谁来负责完成、完成的时间及应达到的标准，当工作地点和人员比较分散时，有2人工作必须指定1人为安全负责人，如1个人单独工作就要求其做好自主保安；三是安全提醒，根据事前了解掌握的信息，明确提出有针对性的安全注意事项。班前动员会活动有记录、参加人员有签名。

——精细管理法。我们在初步推行的“5S”管理中增加了“安全”，使其成为“6S”管理。活动倡导和号召从现在开始、从自己做起、从小处着手，注重培养每一个干部职工的责任、准时、标准、规范和质量意识，真正做到像海尔集团那样：凡事都做到“责任到人”、“人人有事管”、“事事有人管”。

——批评帮助法。在正常开好两级民主生活会的基础上，根据一定时期安全生产工作的突出问题召开安全专题生活会。认真把握会前征求意见、会上真诚开展互相批评和会后整改三个环节。当然，批评也未必等到民主生活会，日常的自我反省、相互之间的及时提醒与批评比民主生活会的批评与帮助更为重要。因为有些安全问题是等不得的。

——检查考核法。检查考核是总结经验、查找不足、督促工作落实的重要方法。我们坚持检查考核以开座谈会、组织测评、个别谈话、综合分析为主，以听取汇报为辅，认真反馈检查考核的综合意见，既肯定成绩，又指出问题、提出整改意见；检查考核的结果与单位和个人的经济分配、评先、晋级、使用等挂钩。

——举报监督法。我们设立了领导信箱，纪检设立了举报信箱，建立了监督信息员队伍，规定每月5日、20日为信访接待日，严肃认真地处理每一件举报、每一封来信、每一条建议，热情接待每一位来访人，采取合适的方式及时反馈处理结果。

——诫勉谈话法：发现党员干部在履行安全职责、安全生产工作中的苗头性问题，党委、纪委和党委组织部门按照管理权限对其进行诫勉谈话，提出诫勉要求，听取该党员干部的情况说明及表态，并作出书面记录，经该党员干部本人核实后，由组织部门、纪委留存。

——惩戒处罚法。惩戒处罚是一种负激励、一种对党员干部教育帮助的特殊手段，也是安全管理必不可少的重要手段。我们对严重违反安全生产工作制度或造成严重后果的干部职工不姑息迁就，视情节从党纪、政纪、经济上给予一定的处罚，对于构成犯罪的，移交司法机关，依法追究刑事责任。当然，处罚是无情的，操作是有情的，在实施处罚的过程中伴随着过细的宣传教育和思想政治工作，并实施了跟踪管理。

（三）整合载体，外化于形，触摸企业安全文化建设的气息

外化于形是企业安全文化物质形态文化层面，包括企业安全文化教育的场所、设施、媒体和企业安全文化景观等，目的是营造企业安全文化建设良好的氛围，也就是让无形的理念通过一定的载体外化为让干部职工看得见、摸得着、感受得到的物质的、具体的、实在的东西。

——环境熏陶法。我们在工业厂区、居住社区悬挂安全标语及安全旗子，安装有安全教育内容的灯箱；用电子显示屏滚动字幕宣传安全理念；为各办公室配发了安全挂历、台历、日志、桌牌等。

——媒体宣传法。我们印制了企业安全文化手册，努力办好企业内部的广播、电视，及时宣传报道企业安全生产工作的动态、信息和好人好事，创办了企业内刊和企业安全文化局域网，加大了企业对外安全生产工作的宣传报道的力度，及时奖励兑现。

——主题活动法。我们按照国家的统一安排，每年6月份开展“安全生产月”活动，根据每年的主题开展调研，认真策划、设计方案，广泛动员，明确分工，督促落实，总结表彰，使每一个安全生产月活动既轰轰烈烈，又扎扎实实，取得了实际效果。

——作品教化法。我们充分挖掘我国历史文化宝库和当地、企业的历史资源，征集安全故事、格言、警句，举办了安全书法、漫画展，张贴了安全宣传挂图等。

——案例警示法。我们把建厂30多年来发生的安全事故进行整理，编纂

成册；选取了公司范围内发生的机电安全事故和国内外发电厂发生的典型案例，建立了安全教育案例库，通过编印下发《每周一案》供干部职工学习讨论。

——代表巡视法。我们坚持党代表、职工代表巡视安全生产活动，一般每季度组织一次，根据实际需要随时组织，巡视既有提前通知，也有突击巡视。党代表、职工代表安全巡视的主要内容有：基层单位对党的安全方针、国家安全法律法规的执行情况，对上级的安全指示和重要部署的落实情况，工作场所尤其是有毒有害车间的工作环境和安全情况，职工劳动保护的配发情况等。

——算账对比法。我们引导全体干部职工开展细算“安全六笔账”（经济账、健康账、家庭账、精神账、自由账、政治账）和事故前、后对比分析活动。“经济账”，一旦出了安全事故，伤者自己、班组、分场、厂的经济受损失；“健康账”，一旦出了安全事故，轻则受伤，重则残废，甚至死亡，事故后最现实、最直接的伤害是伤者自己的身体受罪，甚至终身受折磨；“家庭账”，一旦出了安全事故，经济收入减少，家庭受连累，实际生活水平下降；“精神账”，一旦出了安全事故，对伤者自己和家庭成员精神造成一定的伤害；“自由账”，一旦出了安全事故，对伤者自己的生活、行动可能带来不便，生活质量下降；“政治账”，一旦出了安全事故，造成了一定的社会影响，既影响个人的政治前途，又影响了企业的声誉和美誉度。通过算账对比分析，使每一个干部职工都珍惜幸福的生活，为了自己、为了家人、为了企业、为了社会，自觉做到远离“三违”，努力去创造、去迎接更加美好的明天。

——文化广场法。每年在安全生产月期间，举办安全文化广场活动，结合本企业安全生产的例子、故事创作编排一些节目，有的夫妻双方、一家三口、老少三代同台演出，身边人、身边事，亲切感人，形式多样，内容丰富，寓教于乐，受到了职工家属的喜爱，成为一个品牌。

——歌咏比赛法。每年“七一”前夕，举办一场大型歌会，以党支部为单位参加，有歌颂党、歌颂祖国的歌曲，有安全、廉政歌曲和健康向上的其他歌曲，“七一”前夕的发电厂到处歌声嘹亮，一派生机盎然，给人以精神和力量，催人奋进。

——知识竞赛法。于每年年初下发安全知识竞赛复习题，各单位组织学习和预赛选拔，组队参加厂 6 月份组织的安全知识现场竞赛。现场知识竞赛既有传统的题型，又有案例分析题型，还创意了一些趣味性的、让选手和所在单位现场观众互动的题型。为保证竞赛的公平性，设立了竞赛监审组，对现场观众提出的问题予以解答。

——宣传讲话法。我们构架了宣教大格局，设计了“入车间、班组，到岗位、人头，进社区、家庭”宣教模式。我们创意设计了许多载体，《形势任务宣传讲话》“口袋本”就是其中的一种，以其快捷、小巧、便于携带、实用性强得到了大家的普遍欢迎。

——巡回宣讲法。我们建立了一支由团员青年组成的业余宣讲演讲小分队，每当有重要的会议召开、重要的文件出台，都及时编印宣讲、演讲稿，组织到车间、班组、社区巡回宣讲、演讲。

——事迹报告法。我们邀请矿区安全生产标兵、群众监督岗员、青年岗员、家属协管员等安全生产先进个人作事迹报告，组织干部职工和家属学习讨论，谈体会、说感想、受教育。

——专题讲座法。利用上级领导对安全生产发表重要讲话、国家有关安全法律法规颁布、重要的安全文件出台或出现干部职工普遍关注的安全突出问题等时机，在学习领会、调查研究的基础上，举办专题安全讲座。

——安全沙龙法。根据需要，就安全生产的某些观点、做法、案例或干部职工关注的安全问题等，在小范围内组织沙龙。沙龙没有很多的规矩，可以七嘴八舌，也可以唇枪舌剑、互相辩论，大家踊跃参加、积极发言，效果很好。

——温馨提示法。在重要节日到来前后，给每个职工发出信息，表示节日祝贺，提醒注意安全；在大修、抢修期间，给参加大修、抢修的每个干部职工发出信息，有针对性地提出安全注意事项。

三、“六位一体”企业安全文化体系的基本成效

引入企业安全文化理论管理企业安全生产，实际上是从文化的视角对企业安全管理的改造，也是一种流程再造。尽管推进的时间不长，但是对干部职工思想观念的触动、干部职工素质的提高、企业安全管理整体水平的提升

和对本质安全型企业的深远影响还是显而易见的。

1．促进了思维由封闭式向开放式的转变

企业安全生产工作是一项复杂的社会系统工程。从表象看，一个企业的安全生产好像是企业内部的事、自己的事，实则不然，它是和整个社会紧密相连的。落实好各项安全管理制度固然重要，但还要注意来自方方面面的影响。比如企业内部的分配、干部职工情绪的变化、干群之间关系的协调、企业和谐氛围的营造等；比如在企业外部，干部职工家庭的状况、干部职工的后顾之忧、重大的社会动荡等。我们摒弃了狭隘的安全管理观念，树立了大安全观、大文化观，不是就安全抓安全，而是把安全作为一项政治任务、治企方略和系统工程，放到社会发展的大背景下、放在企业发展的大盘子中进行战略定位、系统思考、整体安排、过程控制。我们实施的"六位一体"企业安全文化体系就是一种开放式的安全文化模式。

2．促进了方法由零散式向系统化的转变

在过去安全管理工作中，方法比较零散，不够系统，表现为单纯地说教多、经济处罚多、事后处理多。企业安全文化建设的推进既传承老的办法，又学习借鉴、系统思考、整合创造了许多新的方法和载体，图文并茂、虚实结合、时空融合、动静有度。

3．促进了运行由单循环向复循环的转变

企业由许多系统、单位、部门组成，这些系统、单位、部门都是企业这部大机器有效运行不可或缺的重要零部件。在以往的工作中，虽然也运用了"PDCA"循环法，但这种循环往往局限在本系统、本单位、本部门内部，工作绩效也是用本系统、本单位、本部门开展的工作量来评价。企业安全文化建设的启动使各系统、单位、部门在有效"自转"的同时，紧扣企业安全这件大事来思考工作路数、确定工作重点、落实工作任务，参与了整个企业的"公转"，实现了本系统、本单位、本部门发展和企业安全生产发展的良性互动。

4．促进了手段由传统式向现代化的转变

用企业安全文化理论用来管理改造安全生产，其本身就是现代管理理论在企业实际工作中的成功运用。我们在企业安全文化理论的指导下，在安全生产管理中运用了愿景管理、目标管理、象限管理、精细管理、对标管理、激励管理等现代管理方法，对安全生产管理直接或间接地起到了重要作用。

5．促进了管理由粗放式向精细化的转变

管理是企业永恒的主题。我们按照贯标的要求，编写了“三体系”文件，这是用先进的国际标准来管理企业，引入安全文化理论，这是用当今先进的文化来管理安全。“标准”和“文化”，两者应该是一硬一软，共同作用于企业，形成了软硬兼施、刚柔并济的态势。“标准”回答了每一项工作的“6W1H”。“6W1H”，即who（谁来做）、where（在哪里做）、what（做什么）、when（什么时候做）、why（为什么做）、whom（为谁做）、how（怎么做）。“文化”覆盖了全员、全领域和全过程，形成了没有安全文化覆盖不到的地方、没有不履行安全文化义务的人这样一种局面。所以，我们在企业安全文化建设中强调文化品位和活动质量，认真策划方案，精心设计流程，先试点后推开，做到设计一项、试点一项、推开一项、成功一项，使整个企业管理、安全管理向精细化管理迈出了坚实的一步。

6．促进了素质由单一型向复合型的转变

如果说，过去是领导号召、强调要职工安全，那么在实施安全文化建设的今天，最大的变化是职工自己要安全、会安全、敢安全。“要安全”，就是干部职工的安全意识普遍明显增强，安全核心理念入耳入脑入心，能够把安全作为自己的事，自觉当安全人、做安全事，不再要领导时时提醒；“会安全”，就是掌握了本专业、本岗位的基本技能和安全的基本知识，具有了保障自身安全的能力；在此基础上还探索试行了“1 + X”全能职工的培训；“敢安全”，就是敢于举报、制止干部职工的不安全行为，敢于反映、制止领导的违章指挥。

7．促进了服务由被动式向主动式的转变

我们倡导领导为职工服务、机关为基层服务、辅助为生产服务、后勤为一线服务、上一级为下一级服务，努力在“主动、超前、跟踪、持续”8个字上下工夫、见成效。

8．促进了考核由重结果向重过程的转变

在以往，考核比较注重结果，而对过程不太重视，往往是安全一俊遮百丑。发生安全事故是结果，而这种结果必然是在过程中发生的。一般来说，有了好的安全结果，不一定过程就没有问题，往往是撞大运侥幸没有发生严重后果而已。安全文化建设的持续推进，促进了安全考核由重结果向重过程、既看结果更看过程的转变，做到看过程控制、按程序走路、让原始记录说话。

企业安全文化建设是一个大课题，也是一个新课题。这个课题的研究意义重大，既有政治意义，又有现实意义。尽管我们做了一些探索和实践，但还只是破了个题、开了个头而已，还有许多工作要做。我们坚信：只要大家努力去探索、去实践、去创造，企业安全文化建设就一定会取得丰硕的成果。

【专家点评】

企业安全文化建设的奇葩

——上海大屯能源股份有限公司发电厂安全文化建设简评

随着社会经济发展和企业管理水平的提高，人们对企业安全生产问题越来越重视，不断寻求各种方式方法以降低和杜绝各类事故的发生。安全理念影响安全意识，安全意识影响安全行为，对这个推论比较容易形成共识，因此各级企业管理者先后认识到加强安全文化建设对于实现安全生产的重要性。但是，对于如何开展企业安全文化建设却经验欠缺，办法不多。上海大屯能源股份有限公司发电厂党委书记刘潮“构建‘六位一体’安全文化体系，努力打造本质安全型企业”的文章从理论和实践方面回答了这个问题，读后不禁使人眼前一亮，精神一振!

一般意义上讲，安全生产是指在社会生产活动中，使生产过程中潜在的各种事故风险和伤害因素始终处于有效控制状态，切实保护劳动者的生命安全和身体健康。传统的安全管理办法是实行严格的制度管理，但这种管理办法有一个盲区，那就是往往忽视人的情感和情绪，而安全文化恰好可以弥补这个缺失，安全文化建设的目的就是在现有的技术和管理条件下，使人们生活、工作得更加安全和健康。

上海大屯能源股份有限公司发电厂根据企业安全文化精神层、制度层和物质层三个形态层面和企业安全文化内涵，在梳理以往安全生产实践中形成的各种方法的基础上进行整合创新，推出了一整套企业安全文化建设的系统操作方法，形成了“六位一体”企业安全文化体系，基本能够适应企业安全文化建设的实际需要。上海大屯能源股份有限公司发电厂从“内化于心、外化于行、固化于制”三个方面切入，总结凝练出“理论武装法”等 44 个基本工作方法，极大丰富了安全文化建设的方法载体，充分展现了企业安全文化建设的魅力！实现了企业安全方法由零散式向系统化的转变、企业安全手段由传统式向现代化的转变、企业安全考核由重结果向重过程的转变，在企业安全管理实践中取得了明显的成效。

上海大屯能源股份有限公司发电厂“构建‘六位一体’安全文化体系”的做法和经验具有充分的技术含量和可操作性，形成了跨行业的示范意义和推广价值，可资借鉴。

点评专家：中国文化管理学会常务理事

中国文化管理学会组织文化测评基地副理事长

中国文化管理学会组织文化测评专家委员会主任、研究员　　　　解云天

冀中能源集团有限责任公司
企业文化案例

企业简介

冀中能源集团有限责任公司（以下简称“冀中能源”）是河北省属国有独资公司。下辖峰峰集团、华北制药集团、冀中能源股份公司、邯郸矿业集团、张家口矿业集团、井陉矿业集团、邢台矿业集团、机械装备公司、山西冀中能源矿业公司等10个子公司，控股冀中能源、金牛化工和华北制药等3个上市公司，是一个以煤炭为主，电力、化工、医药、机械等产业板块组成的大型企业集团。地域纵贯河北，横跨晋冀，外延内蒙，拥有河北邯郸、邢台、井陉、张家口，山西晋中，内蒙古鄂尔多斯和锡林郭勒盟等煤炭生产矿区。在册员工13万人，企业资产总额730亿元，煤炭资源储量260亿吨。2009年，综合实力位居中国企业500强149位（未含华药）；大型工业企业500强第117位；全国经济效益200佳88位；综合实力位居全国煤炭行业第10位，是全国第二大主焦煤基地。

2010年，冀中能源煤炭产量将突破6 000万吨，销售收入突破1 000亿元。其低碳运行生态矿山建设，正领跑中国煤炭工业新的发展方式，得到业内外高度关注和充分肯定。站在新的历史起点上，冀中能源将以科学发展观为统领，不断创造历史，致力打造亿吨级以上具有国际竞争力的大型企业集团，向世界500强全力挺进！

作者王社平，男，中共党员，研究生学历，正高级工程师，第十一届全国人大代表，全国劳动模范，河北省管优秀专家、省突出贡献中青年专家。现任河北冀中能源集团董事长、党委书记、总经理，兼冀中能源股份公司董事长、党委书记，华药集团董事长、党委书记，河北航空投资集团、河北航空公司董事长、党委书记。

企业文化是企业跨越发展的原动力

王社平

企业文化是企业最重要的无形资产，是推动企业持续成长、高速运转的强大精神力量，具有强大的生命力和扩张力。冀中能源作为河北省有重要影响力的国有企业，两年多来，在省委省政府和省政府国资委的正确领导下，经过全体员工的不懈奋斗，发展到拥有华北制药、峰峰集团、冀中能源股份、河北航空集团等10家子公司，资产总额超820亿元，年销售收入超1 000亿元的大型企业集团。可以说是先进的企业文化为冀中能源不断创造历史提供了原动力。冀中能源在创造财富、服务社会、造福员工、做强做大中逐步构建起具有企业自身特色的聚和文化，促进了企业的大融合、大发展、大跨越。

一、先进的企业文化能决定一个企业的命运

冀中能源历经六次跨地域、跨行业、跨所有制重组扩张，其势波澜壮阔，其形波澜不惊，其效聚变倍增，就在于重视企业文化，注重文化融合，建树先进文化，使之成为企业发展之魂。

过去，企业文化在我们国企中是一种边缘文化，处于传统价值的边缘状态。随着改革开放和市场经济深入发展，企业文化越来越强地体现出它渗透经济、融入经济、干预经济的本质特征。对于企业来说，成也文化，败也文化。冀中能源在重组之初，有全国特困煤炭企业36家中的4家。重组之后，天没变、地没变、人没变，然而精神面貌变了，企业效益变了。邯矿、井矿、张矿等由“穷困潦倒、濒临破产”变得“底气十足、生机勃勃”；康保、长城、涿鹿等矿由“骡子拉煤”的“县大队”变为“综采综放”的“正规军”；峰峰等骨干煤业子公司的资源储备从“在原地打转转”到“走出去画圈圈”。重组大型国企华药，班子没动，动了一些“老习惯”；干部不换，换了一股“精、气、神”，就从亏

损几亿元迅速变为盈利几亿元。组建河北航空，建设航空城，产业单元由“黑”到“白”再到“蓝”，创造了河北航空新纪元。两年多来，冀中能源企业资产从400亿元增加到820亿元，销售收入从400亿元增加到1 000亿元以上，煤炭生产能力实现翻番。主要经济指标都实现了成倍增长，特别是销售收入，提前5年实现2015年奋斗目标。冀中能源所属企业为什么都能大发展，这是因为“不断创造历史”的核心价值观，“敢为人先、奋发图强”的企业精神，始终牢记在冀中能源人的心中，落实在行动上。这也正印证了一个共识：当今时代，文化越来越成为企业凝聚力和创造力的重要源泉，越来越成为综合实力竞争的重要因素。

二、优秀的企业文化有用之不竭的活水源泉

企业文化是企业与生俱来的伴生物，有企业就有企业文化，什么样的企业基因决定了什么样的企业文化。企业文化的底蕴深处，必有它独特的脉络和精神源泉。

其一，企业文化必须着力践行当代社会主义核心价值体系。社会主义核心价值体系是当今中国人的灵魂旗帜，如何让灵魂旗帜在企业落地开花，冀中能源提炼了“不断创造历史”的核心价值观，“挺进世界500强”的奋斗目标，“奉献优质产品、创造幸福生活”的企业使命等9条内容为载体的冀中能源核心价值体系，打造了社会主义核心价值体系的“企业版”，更贴近企业实际，贴近员工需求，广大员工学习践行起来，普遍觉得好记、好用，管用、顶用，使得当代社会主义核心价值体系在企业实现了具体化。

其二，集团文化必须充分吸收所属成员企业的丰富积淀。有人说，煤炭企业的文化积淀就如同煤层一样深厚。冀中能源联合的邢矿、邯矿在重组之前都有几十年的发展历史，后来联合重组的井陉矿务局、峰峰集团更是具有100多年的历史，华北制药也有50多年的历史。这些企业在长期的发展过程中，积淀了许多优秀的文化。煤炭企业特别能吃苦、特别能奉献、特别能战斗的文化品格，华北制药的至真、至美、至善的文化追求，航空、装备精益、精细的文化特质，这些都是冀中能源企业文化建设的深厚沃土。

其三，企业文化必须体现出领军团队的鲜明印记。企业文化核心理念往往是企业家团队思想的浓缩。“怎么干”源于“怎么想”，冀中能源领导团队以“想干事、干成事、干大事”的事业观，以“雷厉风行、执行到位”的工作作风，给员工做出了表率。华药的新头孢项目本是两年半的工程量，我们用了一年就完成投产，以实实在在的工作和付出诠释了“不断创造历史”的“兴军之魂”。可以说9条核心理念是冀中能源领导团队的集体智慧，也集中体现了这一班人敢于亮剑、敢打硬仗、能打胜仗的豪迈情怀。

其四，企业文化必须是全体员工实现价值最大化的文化。清华大学的一位教授说：什么是企业文化？企业文化就是把社会人转化为企业人。最近他又说：什么是企业人？企业人就是全身心投入到企业的人，真正与企业同呼吸、共命运。冀中能源以“干好本职就是人才”的人才观，把人人都看作人才，把人人都当人才培养，把人人都力争培养成才。每年招聘的上千名大学生、研究生，通过几年锻炼，就变为了企业管理专家、技术专家；每个煤矿都大量使用的农民工，通过培训实践，也都成了产业工人。在冀中能源，干好本职就是人才。对人才，有位子给位子，没位子给待遇，有特殊能力、有特别贡献，你的收入可以超过董事长、总经理。企业发展，员工幸福。道理就这样简单，当全体员工实现了价值最大化，企业也就自然而然地实现了价值最大化。冀中能源两年实现翻番就是最好的例子。

我们认为，具有普遍意义的企业文化同时应该具有以下几个特点：源远流长、独树一帜、形神兼备、落地生根、穿越时空、创造历史。

三、成熟的企业文化是企业必须坚持的性格

在市场经济中，许多人只看见资本这一只“看不见的手”，而往往忽视了企业文化这另一只“看不见的手”。常常一手重，一手轻；一手硬，一手软；一手实，一手虚。企业集团中的企业之间，通过联合重组、并购控股、参股合作等方式连接在一起，其中资本是基本纽带。然而，大量的事实表明，没有文化的融合、再造，企业重组只能是形聚神散、集而不团。文化的融合离不开文化的建设，文化的建设离不开个性化的原则。

首先，集团文化要在整合中融合，既不神化，又不俗化。

冀中能源重组至今已有十大子公司，是典型的重组型企业集团，各子公司出身不同、背景各异、产业多元。面对这些，冀中能源把自身的文化建设定位在集团文化，在集团文化的建设方面进行不断的思考和实践。在企业文化建设上，没有故作深奥，也不人云亦云，而是把握集团、子公司、矿厂三个层面的实际，结合组建方式、管控模式、发展战略、愿景使命进行定位思考，归纳提炼出冀中能源的聚和文化。“聚和文化”的核心元素是“聚、大、搏、强、和”。冀中能源是“生于聚、基于大、赢于搏、志于强、兴于和”，聚是基础，大是境界，搏是精神，强是目的，和是根本。

其次，集团文化要在融合中创新，既统一规范，又各具特色。

针对集团文化建设，国内学术界对大集团该统一什么，不统一什么，搞两统一、三统一，还是几统一，尚未形成共识。冀中能源企业文化建设搞了两个统一，一是规范统一了冀中能源核心价值体系，二是规范统一了冀中能源视觉识别系统，提出了“一主多优、和而不同”的独家观点。这样做，既考虑到子公司企业文化和母公司企业文化的统一性、整体性，又兼顾到子公司文化的独特性和多样性，最大限度地减少了文化冲突，促进了文化融合。

实践中，我们还大力推进子文化建设，实现文化的落地与深植。冀中能源峰峰集团打造的“峰峰文化”，提升了精细化管理水平；邯矿集团培育的执行力文化，提高了企业运行效率；张矿集团通过“垣”文化建设，凸显“高效、健康、发展”的丰富内涵；邢矿集团突出打造安全文化和个性文化，在基层形成多个文化建设亮点。实践证明，最具个性的，最有特色的，才是最具共同价值和普遍意义的，个性化是企业文化的标志，也是企业文化的生命力所在。

第三，集团文化要在创新中发展，既一以贯之，又不断出新。

企业文化有规律，无定势，是个动态的东西，不会也不能一成不变，还要随着时代和形势的变化赋予新的内涵。

譬如，冀中能源原来提出的文化元素是“聚、大、搏、强”，在联合重组的实践中，又增添了“和”的元素，形成了今天的聚和文化。还有冀中能源提出的“一主多优、和而不同”的“一主”，现在的含义是价值观、视觉识别的两个统一，将来根据企业多元化、多品牌发展的实际，将着重强调：核心价值观的统一。

理论是灰色的，而实践之树常青。在企业文化建设的进程中，我们看到实践正在为灰色的理论注入鲜活的生机。面对新的形势和任务，我们正在思考：如何用生态文化推进低碳运行、生态企业建设，促进冀中能源可持续发展；如何用“人人享有尊严”的人文理念，温暖人心，照亮人性，让员工生活得更加幸福、更有尊严；如何用包容理念去丰富和谐文化，使冀中能源实现包容性增长……

企业是把资源变成财富的组织，而企业文化是这个经济组织活力、动力和耐力的源泉。人类在经历了几千年“以土为本”的劳动经济和200多年“以物为本”的技术经济后，现在迎来“以人为本”的文化经济，使得企业持续发展有了不竭的动力。企业文化建设是个常谈常新、与时俱进的系统工程，其实质是以人为本。而冀中能源13万员工，就是冀中能源企业文化的根本。

【专家点评】

“不断创造历史”，冀中“敢为人先”

冀中能源集团有限责任公司（以下简称“冀中能源集团”）是河北省国资委隶属下的、历经六次跨地域、跨行业、跨所有制重组扩张后的大型企业。经过集团全体员工的不懈奋斗，发展到目前拥有华北制药、峰峰集团、冀中能源股份、河北航空集团等10家子公司，资产总额超820亿元，年销售收入超1 000亿元。

冀中能源所属企业为什么都能大发展，他们的突出体会是——企业文化是企业跨越发展的原动力。的确，冀中能源集团在创造财富、服务社会、造福员工、做强做大中，逐步构建起具有企业自身特色的聚和文化，促进了企业的大融合、大发展、大跨越。其企业文化建设的经验确实值得总结借鉴。

启示之一，冀中能源集团以鲜明的企业文化理念统领全企业的文化建设。他们提出了“敢为人先、奋发图强”的企业精神，“不断创造历史”的核心价值观，以及“奉献优质产品、创造幸福生活”的企业使命等，从而形成了冀中能源集团的核心价值体系，并把这些企业理念与社会主义核心价值体系相对接，打造了社会主义核心价值体系的“企业版”，这就更贴近企业实际，贴近员工需求，广大员工学习践行起来，普遍觉得好记、好用，管用、顶用，使得当代社会主义核心价值体系在企业实现了具体化。

启示之二，冀中能源集团把企业的发展与国家的复兴联系起来，把发展民族工业作为企业应有的责任和义务，在责任既是风险又是目标的层次上构建自己的企业文化。由此，他们提出了“挺进世界500强”的奋斗目标，提出了创新提升、做强做大、持续发展，建设国内一流、世界驰名、跨国经营的现代化大型企业集团的总体发展战略。

启示之三，冀中能源集团经过艰苦探索，在总公司与子公司之间的企业文化整合方面，提炼出了对其他企业具有启示意义的先进经验。例如他们提出没有文化的融合、再造，企业只能是形聚神散、集而不团。集团文化要在融合中创新，既统一规范，又各具特色。这样做，就既考虑到子公司企业文化和母公司企业文化的统一性、整体性，又兼顾到子公司文化的独特性和多样性，最大限度地减少了文化冲突，促进了文化融合。文化的融合离不开文化的建设，文化的建设离不开个性化的原则。

启示之四，冀中能源集团强调的是以人为本的责任管理模式。因为，缺乏责任的企业管理，必定是软弱的、无效的、形同虚设的企业管理；缺乏责任的员工队伍，必定是一支没有战斗力的队伍；缺乏责任的领导班子，必定是软、懒、散，不可能把企业搞好的班子。所以，按照以人为本的管理原则，集团提出了责任管理的概念，从而突出了企业文化的管理特性。可以说，责任管理是企业管理核心内容的重要组成部分。

企业文化建设是一条永远也走不完的路。据了解，面对新的形势和任务，冀中能源集团正在思考如何用生态文化推进低碳运行、生态企业建设，促进冀中能源可持续发展等新的课题，我们殷切期望他们能够取得更加丰硕的果实，为中国企业文化发展作出更大贡献。

点评专家：清华大学教授、博导

中国文化管理学会组织文化测评基地专家委员会委员　　邹广文

陕西延长石油（集团）有限责任公司延安炼油厂企业文化案例

企业简介

延安炼油厂地处古都西安与圣地延安之间，筹建于1986年，投产于1988年，是延长石油集团炼化公司加工规模最大的炼油化工企业，为陕北石油产业和地方经济发展作出了重要贡献。

建厂以来，延安炼油厂依托陕北石油资源，面向油气销售市场，加快技术改造步伐，扩大装置生产规模，顺应了上游原油开采量迅速增长的形势，形成了原油加工800万吨/年，催化加工400万吨/年的生产规模，厂内配套30万吨/年液化气精制、30万吨/年气分、10万吨/年聚丙烯和6万吨/年MTBE。主要产品有4大类8个规格，其中90#、93#汽油和−10#、0#柴油都是陕西省名牌产品，拥有广阔的市场和良好的信誉度。

建厂20多年来，"延炼"人在"埋头苦干、追求卓越"的企业精神引领下，坚持走循环经济和可持续发展道路，为延安老区社会经济发展和陕北能源化工基地建设作出了积极贡献，企业先后获得了全国守信用重合同企业、全国绿化400佳单位、全国设备管理优秀单位、全国500强企业、全国企业文化建设百佳贡献单位等众多荣誉。

人本　创新　环保

——延安炼油厂建设现代工业特色的企业文化之路

冯建平

“十一五”期间，延安炼油厂（以下简称“延炼”）在抓好企业经济建设和改革发展的同时，坚持以科学发展观统领全局，全面落实以人为本的治企理念，努力培育和构建具有延炼特色的企业文化，通过大胆探索和管理模式创新，把企业文化建设活动融入生产管理、安全环保、科技创新、节能降耗、职工福利生活的各个环节，充分发挥企业文化在管理中的约束功能，使企业在生产管理、安全环保、项目建设、队伍建设、节能减排、精神文明建设等多方面实现了历史性跨越，走出了一条思想政治工作与企业文化建设相结合，建设具有时代特征、工业特色、现代文明特色的延炼企业文化建设之路。

在构建具有自身特色企业文化的进程中，延炼牢固树立“以人为本、和谐发展”的指导思想，以加强共同理念为核心，以提高员工整体素质为目标，以树立企业良好形象为标准，积极拓宽工作方式，深挖传统优秀文化因子，不断健全完善企业文化体系，着力提升品牌形象，于2008年被评为“全国企业文化建设百佳贡献单位”，企业精神面貌焕然一新。

一、领导高度重视，工作思路清晰，企业文化建设工作稳步推进

1．认清形势，把握机遇

建厂以来，延炼形成了许多独特、鲜明的文化特质，具有非常优良的传统，但这些文化因子基本处于自然、自发状态，需要系统、科学的整理、提炼和升华。同时，由于集团公司规模扩张迅速、产业结构逐步调整、改制日益深入，企业正由一贯的平移延伸式发展实现向创新提升式发展转变，出现了前所未

有的良好发展前景。因此，加强企业文化建设，整理、提炼、扬弃传统文化，继承升华、创新再造延炼全新的企业文化，显得非常迫切和重要。

2．加强领导，重视培训

2009年，厂党政成立了企业文化建设组织机构和办事机构，制定下发了《关于成立企业文化建设组织机构和加强企业文化建设工作的通知》，明确了企业文化建设的指导思想和开展企业文化建设的总体目标，并把企业文化建设工作纳入年度方针目标管理考核中，全方位推进实施。同时，重视企业文化专业知识宣传贯彻学习，对相关工作人员进行业务培训，已有3人获得行业认证的“企业文化管理师”资质。2010年又组织编写了《延安炼油厂“十二五”企业文化发展规划》，并组织班组长以上管理骨干、党团干部、女工委主任、纳新党员开展拓展训练，增强其团队意识、协作观念，先后有9批487人次参加。

3．加强合作，精心指导

为确保企业文化建设健康有序进行，我厂积极聘请外脑为企业文化建设指导献策，并与中层干部集体座谈交流，倾听他们关于企业管理和发展的一些见解和想法。他们还深入生产一线，在职工中走访并座谈，听取职工对企业文化建设的意见和建议。在对我厂所处内外环境、地域文化、企业发展战略和内部管理情况进行深入综合分析之后，项目组形成了调研报告，并按照合同约定，先后向我厂提交了《企业文化调研诊断报告》、《视觉形象管理手册》、《理念文化规划报告》、《延安炼油厂行为文化系统规划报告》、《延安炼油厂企业文化推广规划报告》、《延安炼油厂企业文化手册》，其中《企业文化手册》已经审定并印制。

二、加大资金投入，提升硬件水平，营造企业文化建设良好氛围

近年来，随着生活水平的提高，广大员工对精神文化生活的需求层次也越来越高。为此，厂党政坚持把职工文体活动作为企业文化的重要组成部分，以硬件投入为重点，对工人文化宫进行扩能改造，并建成了篮球场、排球场、乒乓球室、棋牌室、台球室、羽毛球馆、游泳馆、舞蹈练功房、健身房等员工活动场所，为丰富员工业余文化生活奠定了坚实基础。党政工团还对各项群众性

文体活动给予必要的经费保障支持，为群众性文化活动的蓬勃发展注入了活力。

有了硬件设施的强力支撑，企业员工文化生活呈现出更加丰富、更加精彩的景象。“六一”学生文艺表演、“七一”歌舞晚会、“十一”国庆大型合唱比赛、“元旦”文艺晚会、“新春”秧歌演出和延炼“激情夏日”广场文化活动成了必不可少的文化大餐；每年一次球类运动会、每四年一次综合性的职工运动会成了各单位展示实力、职工显露身手的绝好机会；员工自发组织、竞相涌现出的羽毛球、篮球、排球、乒乓球、象棋、书画、摄影、钓鱼等协会组织，团结并凝聚了一大批多才多艺的员工，得到了厂党政工团的高度重视和大力支持；系列摄影、书法评展、演讲比赛、有奖征文等活动深受职工喜爱。特别是2009年“爱我中华　共贺华诞”红歌千人大合唱活动，场面隆重，气势恢弘，引起了强烈的社会反响。

丰富的文化活动不仅展示了职工的才艺，活跃了业余文化生活，更重要的是激发了广大员工爱厂如家的深厚感情，密切了干群关系，增强了企业凝聚力，对外树立了良好形象，提高了企业社会知名度，提升了核心竞争力。同时，也为企业培养了一大批优秀的文艺骨干，2006年参加省十三届全运会获健身秧歌一等奖；2007年参加全国健身秧歌大赛获一等奖；2009年参加省首届妇女运动会获健身排舞一等奖，代表省石化工会参加省总工会“职工排舞比赛”获二等奖；2010年参加鄂尔多斯全国全健排舞大赛获一等奖，参加省十四届全运会获健身排舞一等奖。2007年，延炼合唱团代表陕西省参加了全国青年歌手大赛。2008年春节，延炼“洛川花竿鼙鼓”演出团走出国门，赴悉尼参加演出。延炼春节秧歌队连续15年参加延安市春节秧歌巡演，一直是关注的热点。

三、坚持以人为本的安全理念，大力推进企业安全文化建设

安全是炼化企业的生命，而职工的安全文化素养、岗位的安全文化追求、企业的安全文化氛围是炼化企业安全生产的可靠保证。延炼结合炼油企业生产特点，以实现人的价值、保护人的生命安全与健康为宗旨，大力推进企业安全文化建设。

一是推进了企业安全文化理念建设。在职工中积极倡导“关爱企业、关

爱他人、关爱自己、关爱家庭、关爱社会”的良好风尚，大力宣传职工的核心价值观，通过深入开展“安全知识”竞赛、“安全生产月”活动，营造安全氛围，充分阐释安全文化，大力传播安全文化，系统灌输安全文化，使广大职工从根本上提高了安全意识，实现了从“要我安全”向“我要安全”、“我会安全”的转变，不断提高了企业安全生产水平。

二是推进企业安全文化的制度建设。建设以人为本的安全生产机制和规章制度体系，构筑和完善以安全性评价动态治理及安全生产健康环境质量体系为中心的安全生产保障体系、监督体系和制度体系，将各项生产、技术、管理、治理活动，按照标准化理论和方法，分专业、分岗位编制作业指导书和执行作业指导书，并在全厂全面推行现场标准化作业，深化现场作业标准化指导书的应用，有系统、有计划地加强安全管理薄弱环节整改工作力度，及时消除安全隐患，全面提高了现场作业工作安全水平和工作质量，夯实了生产的安全基础。

三是推进企业安全文化的行为建设。以倡导安全文化建设、普及安全文化知识为重点，从提高一线职工安全自防自保意识和业务素质入手，强化职工安全培训，定期组织职工学习安全法律法规常识、安全规章制度及操作规程，广泛开展职工业务技能和安全技能培训，在生产运行人员中全面推行岗位资格制度，努力提高职工自身业务技术素质和安全防护能力，每年都要统一组织职工参加安规考试，并规定凡安规考试成绩不合格的一律不得上岗工作。

四、促进企业管理文化实现质的飞跃，提高企业整体管理水平

陕北石油体制重组以来，延炼通过科学、合理规范的管理手段，把人才的主观能动性充分调动起来，实现了企业效益的递增。企业先后补充完善了设备、生产、安全、人事、工艺、财务、档案、计量、质量、住房、车辆、职工培训、课题攻关等规章制度，使得规章制度更具有时代性、前瞻性，更加科学、规范、系统。

为了保证规章制度不折不扣地贯彻落实，克服“两张皮”的现象，延炼成立了岗检室，专门督促检查制度的落实情况。特别是2008年集团公司开展

“管理发展年”活动以来，延炼以更新管理理念、创新管理方法为出发点，从基础管理切入，进一步细化专业管理，通过规章制度建设，加大监督考核力度，促使全厂工作质量、工作效率和整体管理水平迈上新的台阶。企业的管理文化更是迅猛发展，基础管理夯实了，专业管理强化了，管理职责明确了，管理行为规范了，切实提高了企业的整体管理水平。

五、产品质量文化得到提升，产品质量有口皆碑

在“以市场为导向，以质量求生存，以信誉谋发展”的经营理念指引下，延炼强化了产品质量检验机制。于 2002 年就取得了国家石油和化工企业质量检验机构 A 级资格认证，能够独立完成所有产品的质量检测，并得到了省级检测中心的质量检测授权。经过广大员工长期不懈的艰苦努力，延炼顺利取得了 ISO9001 质量认证和“HSE”安全管理体系验收，各项产品的知名度进一步提升，企业也获得了“全国质量管理先进单位”的称号，被陕西省质量技术监督局、工商管理局等单位授予“质量信得过”单位。

六、建设和谐企业，树立了良好的社会形象

在完善的企业精神和良好的品牌形象的基础上，延炼确立了以人为本，和谐发展的人本文化，始终把以人为本的管理理念贯穿到企业生产管理全过程，为企业发展提供了强大的人力和精神支撑。

厂党政对基层员工关怀备至，竭尽所能关心职工工作和生活。建设并不断完善以住宅楼、餐饮中心、医院、幼儿园、子弟学校为主的后勤保障体系，每年定期组织全体员工进行健康体检，使职工能够安心工作、快乐生活；对职工的意见建议高度重视，对管理岗位适时调整，及时将懂技术、懂管理的人员调整到对口管理岗位；加大职工在岗培训和继续教育力度，建设高素质、高技术的员工队伍，有力地促进了企业的健康快速发展。

每逢春节、中秋等重大节日，厂党政主要领导都要亲自组织有关部门开展送温暖活动，慰问离退休职工、北京知青、遗属及住院病号，对生活困难

职工和职工子女及时进行帮扶、补助；每逢“六一”儿童节，厂各有关部门都要积极组织活动庆祝节日，看望孩子们并带去礼品；对我厂新婚职工都要代表组织送去新婚贺词和祝福；职工生日在厂电视台点歌祝贺；对去世职工的家属，主动送去组织的关心和帮助。

秉承建厂以来“发展企业，奉献社会，回报老区”的思想，延炼在为全厂员工贴心服务的同时，主动地承担社会责任，收到了较好的社会效益。近两年，延炼党政部门多方协调合作，向挂钩扶贫点洛川县百益乡短枝村积极捐款、捐物，合计41万元；根据省总工会心连心工程安排，与停产企业陕西第二毛纺厂结为帮扶对子，向该厂提供援助金近100万元；多次组织职工积极开展献爱心活动，近两年向贫困地区捐款6次，特别是在“5·12”汶川地震、青海玉树地震、甘肃舟曲泥石流、我省洪涝灾区等重大自然灾害发生后，厂党政积极组织捐款救助活动，得到了员工的大力支持和响应。如“5·12”汶川地震灾区捐款活动中，延炼干部职工和家属在短短两天时间就捐献出654 774元人民币，体现了高尚的精神风貌。

通过企业文化的渗透，企业员工的精神面貌得到较大改观，团队及参与意识大大增强，企业奋斗方向与发展目标明确，价值观明确，干部职工工作热情明显比以前高涨，企业的凝聚力和向心力也比以前明显增强。在今后的工作中，我们将进一步研究和探索新形势下企业文化建设工作的新思路和新途径，为充实和发展延长石油企业文化贡献更大的力量。

【专家点评】

文化：行动的逻辑

从实践角度看，企业文化到底是什么？是企业提炼的理念？是企业管理的过程？还是经过企业发展后形成的群体思维与行为模式？在实践中，由于对企业文化和文化建设问题认识的差异，导致了许多无谓的纷争。

迪尔和肯尼迪在《新企业文化：重获工作场所的活力》中说到一个概念，

叫做“文化的巴比塔”。这个故事源于《圣经·旧约·创世记》，说大洪水劫后，人们为了避免再次遭遇洪灾，大家一起商量在古巴比伦附近的示拿地建造一座城和一座塔，塔顶通天，“为要传扬我们的名，免得我们分散在全地上”。由于大家语言相通，同心协力，建成的巴比伦城繁华而美丽，高塔直插云霄，似乎要与天公一比高低。没想到此举惊动了上帝！上帝心想：如果人类真的修成宏伟的通天塔，那以后还有什么事干不成呢？一定得想办法阻止他们。于是他悄悄地离开天国来到人间，改变并区别开了人类的语言，使他们因为语言不通而分散在各处，那座塔于是半途而废了。

我们今天在企业文化建设过程中所遭遇的问题，恰如巴比塔的建设过程，因为参与企业文化建设的许多人，对于文化的认知也存在“语言不通”的尴尬。这种“语言不通”的最重要体现，就是对于企业文化概念认识及其实践问题识别的差异。

在培训与咨询实践中，我一直强调一个想法，就是一定要正确地区分企业文化、企业文化理念和企业文化建设等基本概念，因为这是文化建设能够取得效果的关键：(1) 所谓一家企业的文化，应该更多从“结果上”看，就是通过调研去观察和总结一家企业目前的群体思维与行为模式；(2) 我们在文化建设中提炼出来的一系列企业文化理念，不应该叫做“我们的企业文化”，而是我们的文化理念，因为其中的一大部分并不是我们“业已形成”的，而是“需要落地”的；(3) 所谓企业文化建设，就是在具体的经营管理活动中，具体落实“企业文化理念”的过程，而检验“建设”成效的标准，就是看“企业文化理念”和最终形成的“企业文化”之间的差距。

费了半天劲说上述问题，不是为了显摆，而是受延长石油集团延安炼油厂案例的启发和“痛感”现实中许多企业文化建设的“虚妄”。

从总体看，延安炼油厂的案例似乎有面面俱到之嫌，但从字里行间仔细阅读，还是会发现文化建设的“精致”之处。比如，案例中开宗明义提出，通过企业管理模式的创新，把企业文化建设活动融入生产管理、安全环保、科技创新、节能降耗、职工福利生活的各个环节，使企业在生产管理、安全环保、项目建设、队伍建设、节能减排等多方面实现了历史性跨越，并提出了建设具有“时代特征”、“工业特色”、“现代文明特色”的延炼企业文化建设之路。从这个案例,我们看到了上述通过企业文化经营管理活动“建设文化”的过程。比如，在安全管理方面，是将安全理念、安全制度建设与安全行为建设紧密结合在一起的“行动的逻辑”，消除了很多企业在安全文化建设中简单进行安全教育而忽视制度与行为建设的弊端。

不仅如此，在企业整体的制度建设方面，延炼十分注重通过科学、合理规范的管理手段，调动员工工作积极性，企业在设备、生产、安全、人事、财务、计量等几乎所有与企业运营相关的方面都建立和完善了规范的制度。同时，为了确保制度的执行，延炼成立了岗检室，专门督促检查制度的落实情况，并通过“管理发展年”活动从基础管理切入，进一步细化专业管理，提高了企业的整体管理水平。

总体来说，延炼案例给我们的启示是，文化建设的重点不在说教上，而是在企业管理上行动上，需要通过“行动的逻辑”进行文化的建设。这个“行动”，更多不是单纯“文化建设”的“行动”，而是企业经营管理的“行动”。

点评专家：南开大学商学院副教授

中国文化管理学会组织文化测评基地专家委员会委员　　　　王学秀

广东省交通集团广佛高速公路有限公司企业文化案例

企业简介

广佛高速公路有限公司成立于1988年7月7日，是由中方股东广东省公路建设公司（广东省高速公路公司前身）、外方股东香港珠江船务有限公司〔珠江船务企业（集团）有限公司前身〕共同出资组建的中外合资企业，合作期限为20年，至2017年7月31日。注册资本为10 000万元，其中：中方75%，出资7 500万元；外方25%，出资为2 500万元。

1993年7月1日，中方股东根据股份制改造需要，将其拥有广佛公司75%的权益以1993年1月31日为基准日评估折股投资于广东省高速公路发展股份有限公司。1996年11月5日，外方股东将股权转让给珠江基建投资有限公司。广佛高速公路有限公司按照现代企业管理模式设置机构，实行董事会领导下的总经理负责制，下设综合事务部、收费管理部、养护工程部、计划财务部等四部门。

广佛高速公路是广东省改革开放以来修建的第一条高速公路，全长15.704公里，是广州连接珠江三角洲的主干线之一。公司于1989年8月1日起投入营运管理，多年来，一方面不断健全规章制度和提高经营管理水平，特别是2001年开始推行ISO9001：2000质量管理体系，并在2002年5月通过香港BSI太平洋有限公司的认证，且获得全球三大机构认可的证书。2003年4月，公司又开始导入OHSAS18001：1999职业安全健康管理体系，并将其与ISO9001：2000质量管理体系合并，即建立ISO9001/ OHSAS18001一体化管理体系，2004年6月4日通过了英标管理体系认证（北京）有限公司评审，2004年7月13日获得了BSI的证书。另一方面，公司重视道路的维修养护，保持路况良好和车流畅通，不断提高服务质量，确保行车安全，使事故发生率降到最低，树立起高速公路“文明窗口”形象，车流量和收费额在全国同等规模的高速公路中名列前茅。

广佛高速公路有限公司在上级单位领导下，创造出丰硕的辉煌成就。公司获得了“全省交通系统两个文明建设先进单位”等多种荣誉。

2005年1月19日《人民日报》对广佛高速公路作出如下评价：全国最早建设的高速公路之一；全国最繁忙的高速公路之一；全国效益最好、投资回报率最高的高速公路之一；全国第一条在特大车流量情况下边通车边大修的高速公路；广东省第一条高速公路；广东省第一条中外合作建设、经营、管理的高速公路；广东省高速公路系统的人才摇篮。

以人为本　内聚合力　外树形象

程　霞

广佛高速公路1986年12月28日开始动工兴建，1989年8月8日正式通车，是广东省第一条建成通车的高速公路。二十年来，我公司紧紧围绕高速公路建设、营运这两大主营业务，高度重视企业文化建设，以经济效益和社会效益为追求，以人本管理为核心，以学习创新为动力，在继承和弘扬广东交通行业优良传统文化的基础上，着力打造具有鲜明时代特征和高速公路特色的企业文化。二十年来，在精神文明创建和企业文化建设中取得了一定的成绩：荣获交通部、共青团中央1997–1998年度全国交通系统“青年文明号”；荣获省交通厅1997年度全省交通系统“青年文明号”；荣获省交通厅1998年度和2003年度“全省交通系统两个文明建设单位”；1995年荣获交通部精神文明建设办公室、中国交通通信中心“全国交通系统通信服务先进集体”；荣获省公路局“2006年度行政执法、路政管理先进单位”和“2007–2009年度全省高速公路规范化管理养护先进单位”荣誉称号；2009年被广东省交通集团评为“2007–2008年度先进集体”。

在企业文化建设实践中，我们的主要做法是：

一、以价值观塑造为核心，建设高速公路理念文化

企业文化建设的核心，就是要形成被广大员工普遍认同并自觉遵行的价值观和经营理念。为此，二十几年来我们认真总结和深入探讨为广大员工所认同的价值观、行为准则和行为规范，在高速公路建设、营运管理工作实践中，初步形成了具有广佛特色的理念文化：

（一）建设质量理念

从高速公路建设、扩建、大修、养护和专项工程开始，广佛公司就树立了“修路架桥，造福人民”、“建设一条道路，树一座丰碑”、“工程进度服从工程质量”的建设质量理念，逐步建立了路面、桥梁等质量保证、质量管理体系，修订和完善了工程试验检测、变更设计管理办法等，加强了对工程质量的监督、指导和考核工作。进入营运管理期，我公司更加注重质量管理，2001 年开始推行 ISO9001：2000 质量管理体系，并在 2002 年 5 月通过香港 BSI 太平洋有限公司的认证，获得全球三大机构（英国 UKAS、荷兰 RVA、美国 RAB）认可的证书。从 2003 年 4 月开始导入 OHSAS18001：1999 职业安全健康管理体系，并将其与 ISO9001：2000 质量管理体系合并，即建立 ISO9001/ OHSAS18001 一体化管理体系，2004 年 7 月获得了国际性标准发行机构 BSI 的证书。通过建立一套系统化、科学化的管理体系，替代了公司以往较为分散、落后的管理方法，提升了管理水平，逐步实现内部管理的科学与规范。

（二）诚信服务理念

高速公路营运管理是典型的“窗口”行业，社会关注度高。广佛自身所处地位独特，如何做到诚信服务关系到高速公路企业的形象好坏。因此，在营运管理工作中，我们始终坚持做到“应征不漏、应免不征”，严格执行“收支两条线”，开展“诚信收费、树行业新风”等活动，牢固树立了“服务人民、奉献社会”的诚信服务理念。

（三）人本管理理念

人本管理理念，就是坚持一切从人出发，以调动和激发人的积极性和创造性为根本手段，以达到提高工作效率和人的不断发展为目的的理念。公司树立了“建设经营一条高速公路，造就一批人才梯队”的人力资源开发理念，把人才当作第一资源，营造尊重劳动、尊重知识、尊重人才、尊重创造，鼓励人们干事、支持人们干成事的文化氛围，使广佛高速公路成为各类人才施展才华、实现自我价值的热土，同时也为广东省交通系统输送了大批高速公路建设和营运管理人才。

（四）安全廉政理念

公司高度重视生产安全和廉政建设工作，逢会必强调安全生产和廉政建设，工作必部署安全生产和廉政建设，检查必考核安全生产和廉政建设。视安全为生命线，视廉政为高压线，时刻紧绷安全生产和廉政建设这根弦，牢固树立“责任重于泰山”的观念，使安全生产和廉政建设意识入脑入心，成为深深根植于广佛高速公路人思想意识中的文化理念。

二、以行为礼仪规范为基础，建设高速公路行为文化

（一）规范思想道德行为

面对新形势新变化，广大员工物质文化需求更趋多样化，受各种思想观念影响的渠道明显增多，程度日益加深，思想活动的独立性、选择性、多变性、差异性也明显增强。我们从规范思想道德入手，把员工的理想信念、思想道德、组织纪律观念、爱国敬业精神等方面的教育与企业文化建设有机地融为一体、相得益彰，提高了针对性、实效性，增强了对广大员工的吸引力、渗透力和影响力。一是牢牢占领企业文化阵地。通过OA宣传阵地、办宣传栏、建立网站、建设员工阅览室、举行文体活动等形式开展思想道德教育，丰富员工的文化生活。二是狠抓职业道德标准的制定和落实。重点抓好全员培训学习，使爱岗敬业、遵章守纪、勇于创新、锐意进取、乐于奉献等基本道德规范逐步成

为全体员工的自觉行为。三是通过各种政治理论学习、工作交流座谈，用先进的文化引导人、教育人、塑造人，不断向员工灌输现代企业制度新的经营管理理念和价值观念，创造出了一种有利于团结和凝聚员工的文化力量，培育了一种与现代企业制度相适应的思想观念，增强了员工的自立意识、竞争意识、效率意识、民主法制意识、开拓创新意识。

（二）规范管理制度行为

二十年来，广佛高速公路逐步建立了一整套富于创新精神、体现人本管理思想和科学严谨态度的管理制度体系，先后建立健全各类岗位工作职责、考核标准、行为规范、工作准则、民主管理制度等，初步形成了具有广佛高速公路特色的一整套企业规章制度。同时还把在实践中积累的经验，以制度的形式固定下来，强化了管理、规范了工作。通过制度文化建设来规范管理行为，提升服务水平，打造广佛高速公路独特的管理文化。

（三）规范服务礼仪行为

服务礼仪是高速公路作为窗口行业的重要体现，我们通过礼仪文化建设来充分展示高速公路员工队伍的文明形象。我们以“保计划、保安全、保畅通、保稳定、保服务质量”为目标，在软硬件上下功夫，提高服务水平和质量，建设服务型组织，培养良好作风。各收费窗口普遍推行礼貌用语，推行诚信、微笑服务，公司加强对收费人员的服务礼仪培训，制定出简明易记、量化考核的仪容仪表、文明用语规范和岗位行为规范。此外，我们根据高速公路工作的性质和特点，实行半军事化管理，举行队列仪式、敬礼仪式，统一着装等行为规范，以各种礼仪来丰富企业文化建设的内涵。

三、打造以文明形象为重点，建设高速公路形象文化

（一）开展文明活动创建，树立优质服务形象

在文明创建中，我们以“文明路段”创建活动为主线，以“文明单位”、“文明示范窗口”、“青年文明号”、“职工之家”等创建活动为载体，不断丰富

创建内容，并在创建“文明窗口”的基础上，建立路路、路警、路地共建机制，同时与赣州康大高速共建实现跨省交流合作，提升创建品位，创新创建机制，增强创建实效，努力打造“平安、畅达、优质、和谐”的广佛高速公路。

（二）开展“创争”活动，树立职工队伍形象

“创建学习型组织，争做知识型职工”活动是提高职工整体素质的系统工程，是实现企业发展与职工个人发展双赢的有效载体。通过“创争”活动，我们把学习的理念、创新的理念内化于心、固化于制、外化于行，形成了员工队伍形象文化建设机制。在“创争”活动中，我们通过岗位技术比武、学习兴趣班组等活动把团队学习与个人学习有机结合，把个人的岗位成才融入企业的发展壮大中。通过“创争”活动的开展，形成终身学习、团队学习的理念，提高了职工素质，树立了高速公路职工队伍的良好形象。

（三）开展文体活动，树立文明素质形象

公司开展形式多样、职工喜闻乐见的文体活动，形成浓厚的企业文化氛围。公司每年组织员工载歌载舞迎新春团拜和外出参观；在党的生日和国庆周年等重大节日都会组织活动庆祝；经常性开展全民健身运动、书画摄影展、各类知识竞赛等活动，以不同形式多层次、多角度展示了广东省高速公路二十多年来取得的成就。这加强了对外交流与宣传，树立了高速公路文明素质的良好形象。

（四）开展扶贫济困活动，树立奉献社会形象

广佛公司制定了《困难职工扶困基金管理办法》，并成立了扶困基金小组，深入收费一线了解困难职工的实际情况及其需求，及时修订实施细则，与职工弱势群体共渡难关。同时积极向地震灾区、向“幸福工程”捐款等，这些都充分展示和塑造了高速公路造福于民、服务于民、奉献社会的良好形象。

高速公路企业文化建设是一项长期而艰巨的系统工程，需要做大量艰苦细致的工作。我们广佛公司将继续在实践中不断探讨和总结，抓住文化建设的关键环节，真正把企业的发展与员工的发展结合和统一起来，坚持以人为本、和谐共进，确立全体员工认同的发展愿景，创造出具有时代精神、体现企业特色、具有凝聚力和旺盛生命力的高速公路文化。

【专家点评】

以人为本　内聚合力　外树形象

从汇报材料看，“以人为本，内聚合力，外树形象”很好地概括了广佛高速公路有限公司企业文化建设工作。好的领导就是把自己的追随者培养成好领导的领导。好的公司就是使自己的员工充分发展的公司。广佛高速公路有限公司“建设经营一条高速公路，造就一批人才梯队”的人才观念不仅造福员工、造福自己的企业，也为社会作出了很大的贡献。领导是下属的榜样，前人是后人的榜样。广佛高速公路有限公司尊重人、培养人的文化传统实质上是一种良性循环机制，可以为企业带来多重收获。公司开展形式多样的文体活动和慰问活动可以培养员工的归属感和奉献精神，对形成积极健康的企业文化具有很大作用。推行礼貌用语和微笑服务、进行礼仪培训、创建文明单位和文明示范窗口、开展扶贫济困活动等都是企业提升自己的形象，增强员工责任感、自豪感和社会意识的有效途径。广佛高速公路有限公司的企业文化建设很有成效，为其他企业的企业文化建设提供了丰富的经验。

点评专家：中国人民大学外国语学院副教授
英国剑桥大学访问学者
中国文化管理学会组织文化测评基地专家委员会委员　　　　李桂荣

中国三峡新能源公司
企业文化案例

企业简介

中国三峡新能源公司（以下简称“三峡新能源”）是中国长江三峡集团公司（以下简称“中国三峡集团”）全资子公司。其前身是1980年成立的水利部水利工程综合经营公司。1985年9月改为中国水利实业开发总公司，1997年12月更名改建为中国水利投资公司，2006年8月公司更名为中国水利投资集团公司。2008年10月，经国资委报请国务院批准，中国水利投资集团公司并入中国三峡集团成为其全资子企业。

近年来，三峡新能源积极开拓以风能和中小水电等清洁可再生能源为重点的投资开发业务，探索太阳能光伏发电领域，持续稳定扩大投资规模，取得较好业绩。

重组后，中国三峡集团重新明确三峡新能源发展定位，为三峡新能源规划了美好的发展蓝图。三峡新能源作为中国三峡集团陆上风能产业的战略实施主体，以在风能等清洁可再生能源领域的投资开发与运营为主业，努力实现“三步走”的发展目标，发展成为国内一流的新能源公司。

基于大文化理念的重组企业文化融合研究

范秀山　孙大鹏

1　前言

企业重组不仅仅是资产、产品、设备、品牌、人力资源等方面的优化组合，更重要的是企业文化的优化组合。企业文化融合是重组企业取得成功的关键因素之一，是推进更高层次、更高水平重组的中心环节。企业重组只有实现了文化融合，才算真正意义上的、圆满地完成了重组任务。

国内外学者对企业文化有着广泛而深入的研究，对企业文化的定义也有所不同，但可归纳为：处于一定社会文化背景下的企业群体，在长期的生产经营过程中逐步形成的独特、全体或多数成员共有的精神财富和物质财富的总和。主要由基本假设、企业精神、价值观念、伦理道德、行为规范、制度结构、物质环境等要素构成。企业文化是企业的灵魂，是推动企业发展的不竭动力。企业文化在企业发展的诸多要素中，是最重要的方面，我们在进行企业重组时，必须高度重视企业文化融合。

本文创新性地提出“大企业文化”理念，旨在强调多元企业文化在集团型企业中的现实存在以及必须对其采取的包容性态度，对于多种企业文化模式的管理不可强求一致，更不能试图消除某种文化，可以从宏观上加以引导，容许其在集团精神的引领下，不断扬弃和发展。

2 企业重组的目的及意义

2.1 优化资源配置

生产技术、企业组织变化以及社会资源在企业、部门和地区间的经常性流动，客观上要求社会资源的再配置。企业重组实质上就是资产在不同企业、部门和地区间重组的一个过程，它是社会资源再配置的一种不可或缺的方式。第一，重组是企业获取某些特殊资产的快捷方式（特殊资产通常是对企业发展至关重要的资产）。重组方不能直接生产或购买这种资产或者取得这项资产需要很高的成本，而当目标公司拥有该项资产时，公司可以通过重组目标公司直接拥有此类资产，且在经过双方整合后达到双赢局面。第二，充分利用价值低估效应获得价值高的资产。价值低估理论认为，当目标公司的市场价值由于某种原因，未能反映其真实价值时，重组活动将发生。一方面，尽管目标公司可能拥有优良资产，却无法被发掘，这时候重组方就可低价收购目标企业，然后将自身较高的管理效率投入到管理效率较低的被重组企业，以此“激活”被重组方原有资产，从而实现管理资源与生产资源的有效组合。另一方面，重组方有时比被重组方更了解它所拥有的某些资产实际价值。如目标公司可能拥有有价值的土地或其他不动产，在其会计账簿上可能是已经折旧的历史成本反映，低估了资产现实重置价，使得重组方能廉价地购买这家公司。如重组公司想增加生产特别产品的能力，就可通过购买生产此类产品的目标公司来达到目的，这样会节约很多成本。这是推动有实力、有前途而难以扩展的企业进行重组的关键因素。

2.2　扩大经营范围，进入新的市场领域

企业在进入一个新的领域或地域时，往往面临着许多方面的障碍，不仅有培养人才、开拓市场、技术开发的成本，更重要的是有进入产业的市场壁垒。如进入产业中的大型企业垄断对中小企业的壁垒、技术壁垒、最低经济规模的投资额壁垒、行业管制，以及地区封锁、部门垄断和进入国外市场的关税及非关税壁垒。如果通过重组的方式进入新领域，不仅可以规避壁垒，而且可以低成本迅速进入目标市场，既降低了投资风险，同时也赢得了时间和机遇。因此，重组成为企业在寻求新领域或新地域扩展时，最常用的手段和最易接受的投资方式。例如 20 世纪 90 年代末，美国柯达公司通过收购我国厦门福达感光材料有限公司、汕头感光材料有限公司等一系列并购行为，成功地进入我国的感光材料生产领域。

2.3　降低交易成本

企业与市场是两种可以互相替代的资源配置手段，运用企业组织交易较之通过市场进行交易，其交易成本或费用要低，这些费用包括交易进行前选择合作对象，交易过程中发生的交易方式选择和进行交易监督的费用。企业通过重组可以节约交易费用的表现如下：

第一，企业通过研究和开发投入获得知识，在信息不对称和外部性的情况下，知识的市场价值难以实现，即使得以实现，也需要付出高昂的谈判成本。此时，如果通过重组使知识在同一企业内使用，就达到了节约交易费用的目的。

第二，有些企业的生产需要大量的中间产品投入，而中间产品的市场存在供给的不确定性，质量难以控制。企业通过重组，将合作者变为内部机构，可以消除上述问题。

第三，企业通过重组，形成规模庞大的组织，使组织内部的职能相分离，形成一个以管理为基础的内部市场体系。一般而言，用企业内的行政指令协调内部组织活动所需的管理成本，较市场运作的交易成本要低。

2.4 提高运营效率

效率理论对兼并能带来的潜在社会效益给予最乐观的评价，这一理论认为企业重组的动因在于通过重组可以获得某种协同效应，即重组后企业的价值超过参与兼并的两个企业的各自价值之和，效率因兼并而提高。这不仅给私人带来利益，而且也给社会带来了利益的增长。一个企业要生存、发展，靠的是经营效率，而要达到此目的有两条途径：

第一，管理效率。有的经济学家认为，企业间管理效率的高低成为重组的主要动力。如果优势企业 A 具有良好的管理效率，而劣势企业 B 无效管理且存在提高效率的潜力，这种双方管理效率差异的存在，就会驱使 A 企业重组 B 企业，A 通过对 B 的改造和加强管理，使 B 的效益增加，而且也获得了企业间效率的差异，极大地提高了创造价值的机会，这就是所谓的协同效应，获得了 1+1 ＞ 2 的效果。协同效应表现为经营协同效应和财务协同效应。

第二，规模经济。企业间的重组是实现规模经济的重要途径。重组给企业带来的规模效应主要体现在以下两个方面：一方面，企业的生产规模效应。重组活动发生后，首先，重组双方可根据自身状况及企业的战略发展，对重组双方资产进行调整，达到最佳经营规模，降低生产成本；其次，重组可以在保持整体产品结构前提下，有效解决生产专业化问题，使各生产过程之间有机配合，从而产生规模经济效应。另一方面，企业的经营规模效应。企业通过重组，可针对不同市场进行专门的生产和服务，满足不同消费的需求；可集中足够的经费用于研究、设计、开发和改进生产工艺等方面，迅速地推出新产品。

2.5 提高市场占有率

一个常被用来解释重组活动的理由是重组会减少市场竞争的对手，提高企业的市场份额。但市场份额的提高并不意味着规模经济的形成，只有当重组企业既增加了市场占有率，又形成了规模经济，这一理由才能成立。

重组的目的及意义还有提升上市公司股票价格、实现合理避税、快速筹资等等。从本质上来讲，企业重组的根本目的是提升企业的核心竞争力，促成战略与文化的有机协同，形成资产和财务的总体优势。企业文化融合既是企业重组的一项重要任务，也是企业成功重组的体现和延伸。

3　企业文化融合对于重组企业提升核心竞争力具有重要作用

有学者认为，企业竞争力是指在竞争性市场中一个企业所具有的能够持续地比其他企业更有效地向市场（消费者，包括生产性消费者）提供产品或服务，并获得赢利和自身发展的综合素质。“核心竞争力”又叫“核心能力”，这一术语首次出现在1990年，由美国经济学家普拉哈拉德（C. K. Prahalad）和哈默（Gary Hamel）在《哈佛商业评论》上《公司的核心竞争力》一文中提出的：“核心竞争力是在一个组织内部经过整合了的知识和技能，尤其是关于怎样协调多种生产技能和整合不同技术的知识和技能。”具体地讲，核心竞争力是指企业开发独特产品、发展独特技术和营销手段的能力，是企业的宝贵的战略资源。

国际著名的兰德公司经过长期研究发现，企业的竞争力可分为三个层面：第一层面是产品层，包括企业产品生产及质量控制能力、企业的服务、成本控制、营销、研发能力；第二层面是制度层，包括各经营管理要素组成的结构平台、企业内外环境、资源关系、企业运行机制、企业规模、品牌、企业产权制度；第三层面是核心层，包括以企业理念、企业价值观为核心的企业文化、内外一致的企业形象、企业创新能力、差异化个性化的企业特色、稳健的财务、拥有卓越的远见和长远的全球化发展目标。第一层面是表层的竞争力；第二层面是支持平台的竞争力；第三层面是最核心的竞争力。从这一结论中我们可以看出，企业文化对企业增强竞争力具有重要作用。

3.1　企业文化对提升企业核心竞争力的作用

3.1.1　凝聚功能

企业文化是企业的黏合剂，可以把员工紧紧地黏合、团结在一起，使他们目的明确、协调一致。企业员工队伍凝聚力的基础是企业的根本目标。企业的根本目标选择正确，就能够把企业的利益和绝大多数员工的利益统一起来，是一个集体与个人双赢的目标。在此基础上企业就能够形成强大的凝聚力。否则的话，企业凝聚力的形成只能是一种幻想。

3.1.2 导向功能

导向包括价值导向与行为导向。企业价值观与企业精神，能够为企业提供具有长远意义的、更大范围的正确方向，为企业在市场竞争中基本竞争战略和政策的制定提供依据。企业文化创新尤其是观念创新对企业的持续发展而言是首要的。在构成企业文化的诸多要素中，价值观念是决定企业文化特征的核心和基础，企业必须对此给予足够的重视并使之不断创新，与时俱进。

3.1.3 激励功能

激励是一种精神力量和状态。文化所形成的企业内部的文化氛围和价值导向能够起到精神激励的作用，将职工的积极性、主动性和创造性调动与激发出来，把人们的潜在智慧诱发出来，使员工的能力得到充分发挥，提高各部门和员工的自主管理能力和自主经营能力。

3.1.4 约束功能

企业文化、企业精神为企业确立了正确的方向，对那些不利于企业长远发展的不该做、不能做的行为，常常发挥一种“软约束”的作用，为企业提供“免疫”功能。约束功能能够提高员工的自觉性、积极性、主动性和自我约束，使员工明确工作意义，提高员工的责任感和使命感。

3.1.5 塑造形象功能

优秀的企业文化向大众展示着企业成功的管理风格、良好的经营状况和高尚的精神风貌，从而为企业塑造良好的整体形象，树立信誉，扩大影响，是企业巨大的无形资产。

3.1.6 辐射功能

企业文化一旦形成较为固定的模式，它不仅会在企业内部发挥作用，对本企业员工产生影响，而且也会通过各种渠道（宣传、交往等）对社会产生影响。企业文化的传播对树立企业在公众中的形象很有帮助，优秀的企业文化对社会文化的发展有很大的影响。

3.2 企业文化促使企业可持续成长

众所周知，物质资源总有一天会枯竭，但是企业文化却是生生不息的，它会成为支撑企业可持续成长的支柱。世界上著名的长寿公司都有一个共同特征，就是他们都有一套坚持不懈的核心价值观，有其独特的企业文化。企业文化的本质体现在其核心价值观上，企业成长的可持续关键是它追求长治久安的核心价值观要被接班人确认，接班人又具有自我批判的能力，这样就能使核心价值观在适应技术与社会环境变化的前提下得以继承和延续。近年来，众多企业所提倡的第二次创业，其目标实际上就是可持续成长。第二次创业的主要特点是要淡化企业家的个人色彩，强化职业化管理，把人格魅力、个人推动力变成一种氛围，形成合力，以推动和引导企业的正确发展。

综上，企业文化与企业的核心竞争力有着密不可分的联系，企业的核心竞争力需要企业文化支撑与诠释，优秀的企业文化可促使企业不断提升其核心竞争力。鉴于企业文化对于企业提升核心竞争力的巨大作用，企业领导者必须在组织重构时高度重视企业文化融合。

4 企业文化融合的内容及路径分析

4.1 企业文化融合的主要内容

重组企业的文化融合是个渐进的过程，涵盖了品牌、技术、人员、架构等多方面的表层化整合，以及共同的企业价值追求和文化价值取向的深层次融合，并在此基础上逐步发展，经过融合后成为更优秀的企业文化。在这个过程中，关键是处理好磨合期的文化冲突，并逐步实现思想融合、形象融合、制度融合、管理融合、行为融合，并最终实现文化融合。

4.1.1 思想融合

思想融合是企业文化融合的基础，是整个融合之中最根本的方面。在企业文化的融合中，首要的是进行思想融合。

4.1.2 形象融合

形象融合是企业文化融合的前提。企业标识是企业对外形象的统一展示，主要包括企业视觉系统方面的内容。企业标识是文化最外层表现，不同的颜色、图形、制式都映衬和提示员工的内心思想和行为风格。所以，文化的统一还必须表现在企业标识的统一上，企业标识的统一是文化统一性的最外在表现，是企业文化融合的前提，这种企业标识的统一应在重组之后马上进行。

4.1.3 制度融合

制度融合是文化融合的重点。只有企业的制度融合了，重组企业才会政令统一，步调一致，成为真正意义上的“一个企业”。企业所有的改革思想和措施都必须内化于心，外化于行，并最终固化于制度，按统一的制度来进行管理，一切通过制度来说话，避免工作的随意性和人为性。

4.1.4 价值观融合

价值观融合是文化融合的关键。对于重组企业来讲，价值观的融合，形式上是文化的整合，而实质上是一次文化再造，其核心就是提炼与确立企业的新文化理念。所以，提炼文化理念，实施文化再造，建设一个符合企业实际、提升企业形象、满足企业发展战略、具有时代气息、企业特色、健康向上并为广大员工普遍认同的企业文化体系，是实现文化融合的根本举措。

4.1.5 行为融合

行为融合是文化融合的目的。企业行为、领导行为、员工行为的融合才是完全的文化融合。在行为融合上，主要表现在心往一处想，劲往一处使，“一条心、一股劲、一盘棋”。要实现行为融合，特别是要解决好高层管理人员的文化融合问题，只有形成了强有力的领导团队，实现思想上的统一与行动上的统一，才能提高组织效能，在更大程度上提升企业的凝聚力。

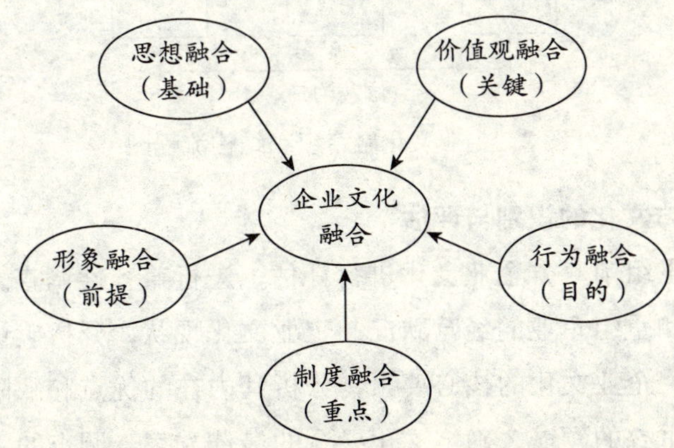

图 1　企业文化融合的内容要素与作用

4.2 企业文化融合的路径

企业文化融合的总体过程包括重组前期、重组中期、重组后期三大阶段，具体需要经历以下五个过程。

4.2.1 成立组织和机构

鉴于企业文化融合时间长、任务重、难度大的特点，企业文化的融合应成立组织和机构，也可以在原有机构明确职能。该组织和机构由三个层面组成：一是企业文化融合咨询组织，由懂企业文化的内部和外部专家组成，以外聘专家为主；二是企业文化融合的组织实施机构，由重组后的新企业主要负责人和参与重组双方企业分管领导、人力资源部、党群工作部、企业文化建设部的有关人员以及专职企业文化工作人员组成，组织、策划和领导企业文化融合管理工作的整个过程。三是监督机构，由员工代表、公司主要领导和有关专家组成，对企业文化融合工作进行监督，及时发现偏差，予以纠正，防止走弯路。专家咨询组织也负有监督职能。

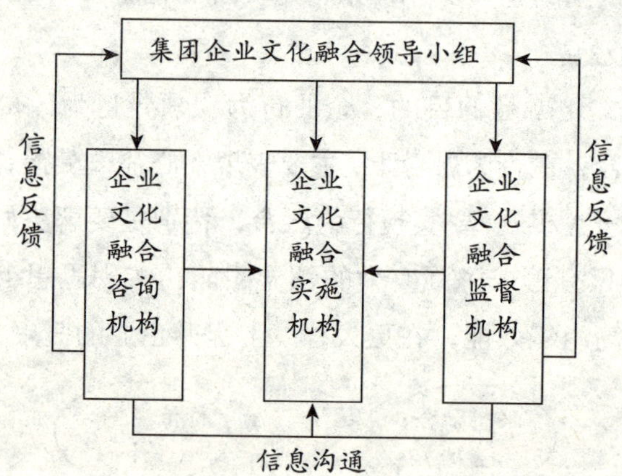

图 2　企业文化融合组织结构流程图

4.2.2 双方文化的识别与评估

主要是对重组前双方企业文化进行评估，进行兼容性调查。全面识别和评估目标企业和重组企业的经营状况、企业文化现状，分析确认各自企业的社会文化环境、企业文化的核心要素，分析其内在的优点和缺陷，并辨别两者相互冲突和重叠的领域，确定文化融合的最佳方案。调查的主要方式可采取问卷调查法、细节观察法、深度访谈法、数理统计分析等方式方法。在具体工具上可以借助《中国组织文化管理体系测评标准 1.0(COCS 标准)》。最后，形成综合评估报告。

4.2.3 制定企业文化融合方案

方案上要明确企业文化融合的组织机构、企业文化融合的阶段与步骤、企业文化融合后的新文化建设目标、双方企业文化融合的制约因素、企业文化融合的阶段性任务、企业文化融合的保证性措施和策略等。

4.2.4 企业文化融合

这是一个较为漫长而艰苦的企业文化变迁的过程。在这个过程中，主要内容有文化的宣传培训、思想、战略、制度、外部形象等方面的融合，改革行为方式，融合工作的监督控制等等。要注意根据新的情况及时调整企业文化的方案与设计，使文化融合得以有效地进行。这个阶段结束的标志就是企业新文化的建立。

4.2.5 新文化建设管理与推行

经过一段时间的整合与磨合，最终达到了融合，新的企业文化已经建立。在这个阶段，要重点做好两个方面的工作：一是对企业文化融合结果进行评估，作出书面评估报告。要分析新文化的状况，是否有效地促进了企业的发展，优势体现在哪些方面，不足之处如何完善等等。二是新文化的建设与管理。企业文化达到深度融合后，一种新型的企业文化会在重组后的两个企业中运行，发挥共同的作用。但企业文化融合的真正内涵是建立优秀的企业文化，在企业的日常经营活动中起指导作用。这就要求对新的企业文化进行进一步的建设与管理。要给员工灌输先进的文化理念，提高他们的文化技能措施。企业领导者要通过已经建立的各种制度，牢固树立新型企业文化观念。在此基础上，与时俱进，适度创新，保持企业文化的先进与活力。

4.3 企业制度、规范重整与企业文化融合的落实

企业不但要将企业价值观、道德规范、行为准则等企业文化内容在制度、规章、文件、纪律中加以体现，以保证企业文化内部统一性和有效推行，还要建立严格的奖惩制度与之配套。在企业中建立和谐的人际关系和畅通的文

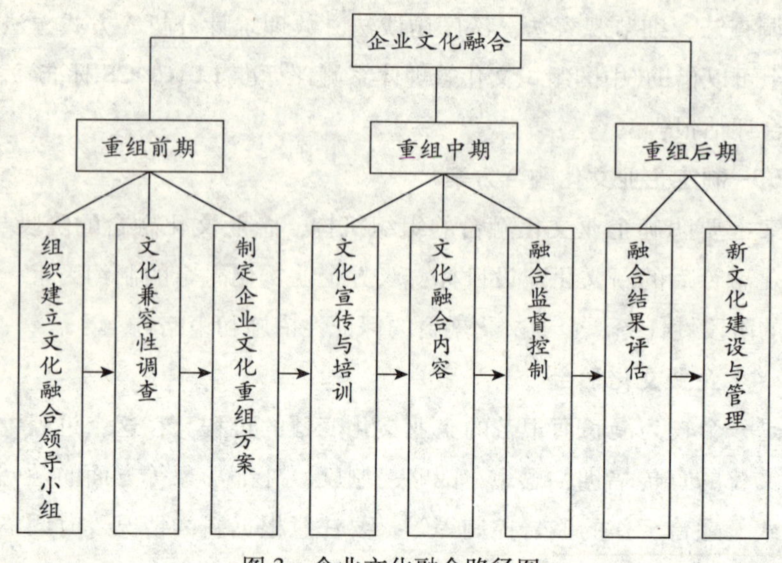

图 3　企业文化融合路径图

化网络，宣传企业文化变革的信息和决心，使员工改变旧习惯、接受新文化。利用一切内部宣传媒体和舆论工具，宣传企业文化内容，展开丰富多彩的文化活动，并通过各种社会媒体宣传员工的精神面貌，树立典型人物，强化企业价值观，从而建立起相互尊重、相互理解、相互学习的文化氛围，达到巩固和落实新企业文化的目的，防止企业重组“貌合神离”。

5 “大企业文化”理念在企业文化融合中的应用

5.1 “大企业文化”理念的提出

笔者长期从事企业文化管理，亲自参与多次企业重组，在多年的实践中发现，虽然国内外学者对企业文化的研究比较充分，大部分企业在重组时都比较重视企业文化的融合，但在实际工作中，由于组织者所处的企业不同、所处的角度不同、理论知识和思想方法存在差异，导致在重组企业的文化的融合过程中，总是存在一些不尽如人意的地方，比如不尊重原有企业文化、强制推行强势企业文化、不顾及被重组企业员工思想感受等，严重者则导致重组走向失败。因此，有必要提出超越企业文化的一般层次，跨越国界、地域和组织，建立适应于现代企业重组的多元企业文化体制，即“大企业文化”。

5.2 “大企业文化”的特征

“大企业文化”实质上是多元企业文化，可广泛适应于由重组行为形成的集团型企业，允许不同类型企业文化的存在和发展。“大企业文化”有如下特征：

5.2.1 包容性

通过并购、重组形成的企业集团，往往拥有若干个子企业，这些子企业可以是一个行业的上下游企业，也可能分属于不同行业，这些企业成立的时间不同，在产业链中所处的环节不同，地域不同，其文化背景必然存在差异。“大企业文化”主张允许集团内不同的企业文化模式存在，不强制推行集团的统一文化模式，除在统一标识、统一财务制度等主要环节有所要求外，并不强求所有的子企业接受集团企业文化，而是通过长时间的渗透，达到文化融合的目的。

5.2.2 跨地域性

企业为了扩大经营规模、扩大市场占有率，往往会进行跨地域甚至跨国界的重组，在统一的集团模式下，由于风俗、语言、文化和行为模式的不同，无法将所有的子企业统一成标准的企业文化形式，必须尊重子企业原有的文化。

5.2.3 相对独立性

这种相对独立性特别体现在企业集团对掌握优势品牌企业的收购，如联想集团对于IBM全球PC业务的收购，在整合集团PC业务的同时，联想集团保留原有Thinkpad品牌的相对独立性，使之多年积淀下来的企业文化优势得以继续发展。

5.3 “大企业文化”理念的应用

在中国水利投资集团公司与中国水利水电对外公司的重组过程中，重组小组客观分析评估两公司之间的文化差异，在重组的具体操作中，重组工作小组以“大文化理念”为指导，没有急于去改变两个公司之间的文化差异，而是让中水电公司保留了自己的文化特色，没有强制性地要求他们改变司旗、标识和有关徽号，而是让其继续发挥品牌效应，使得重组取得圆满成功。

6 结论

企业文化融合是一项复杂的系统工程，贯穿在整个重组活动之中。要加强对企业文化融合的重要性认识，特别是高层管理人员要做好表率作用。通过对重组双方企业文化的状况分析，选择适当的文化融合原则、融合方式和融合步骤，明确融合的重点。在企业文化的融合中，要注意员工的培训，保持沟通渠道的畅通等。这里特别要强调的是：企业实体的重组可以在较短的时间完成，而企业文化的融合却不可能一蹴而就，它在经营理念、价值观、管理方略、劳动人事等方面将存在长期的、激烈的冲突，如何把握好两种文化的整合、重塑、创新的过程，对重组企业是严峻的挑战，需要从方案制订、模式选择、组织设置、机制融合等方面形成合力，共同推进和培育。企业文化融合应与重组战略一同考虑，以文化的融合作为重组的出发点，从行为方式上入手，加之有效的培训和沟通，逐步从物质层、文化层到精神层，最后形成新文化体系，为重组后企业提供精神支持和思想指导，保证重组目的的实现，促进企业的快速发展。

通过对多年实践经验的总结，笔者提出“大企业文化”理念，并对其作了论述，希望对企业重组中文化融合管理工作有所裨益。

【专家点评】

要加强集团文化建设

《基于大文化理念的重组企业文化融合研究》一文，从五个方面阐述了企业重组的目的与意义，从六个方面论述了企业文化在企业重组中的功能，从五个方面展示了文化融合的主要内容，从五个方面说明了文化融合的基本路径，最后提出了建立“大企业文化”理念的设想。从全文的主题、内容和观点看，作者所讲的“大企业文化”，实质就是集团文化。这恰是《2011—2015 中国组织（企业）文化建设指导意见》提出的重要内容、重点工作，也正是“十二五”期间加强企业文化建设的重要课题、重要任务。

加强集团文化建设要充分认识到其目的和意义。集团文化是建设在企业集团所属成员单位个性文化基础上的共性文化，具有战略性、主导性、整合性、包容性。加强集团文化建设是实施大公司大集团发展战略的需要，是企业集团实施集团化管理、调整重组、提高管控能力、国际化经营中跨文化管理的需要，是有效防范风险和大企业病变的需要。

加强集团文化建设要坚持五项基本原则。集团文化建设体现了中国企业文化的主流水平。加强集团文化建设，一要以人为本，注意追求集团文化建设的高境界；二要着眼战略，对集团文化体系进行系统规划；三要把握本质，精心构建集团价值理念体系；四要遵循规律，着力推动集团价值观念的转化；五要彰显个性，处理好集团文化与所属企业文化的关系，实现集团文化本质的统一和所属企业文化的个性化发展，努力打造充满活力的集团文化品牌。

加强集团文化建设要主动推行企业文化融合。在新形势下，要切实加强调整重组后各企业的文化融合，解决好调整重组企业之间因文化传统、文化思维、文化实践等不同而引发的文化碰撞与冲突，实现文化的创新与提升。要识别文化差异，进行文化交流，发展文化认同，进行跨文化培训，达成跨文化理解，形成一种既坚持本企业核心价值观，又体现与各种异质文化融合的灵活性、有效性，努力做到开放自己、包容别人、为我所用、共享共赢。

点评专家：中国文化管理学会组织文化测评基地理事长、研究员

中国文化管理学会组织文化测评基地专家委员会主任委员　　郑启清

中船第九设计研究院工程有限公司企业文化案例

企业简介

中船第九设计研究院工程有限公司成立于1953年5月23日，是由原中船第九设计研究院改制而成，隶属于中国船舶工业集团公司。公司是一家多专业、综合技术强的大型工程公司，是从事工程咨询、工程设计、工程项目总承包的骨干单位，能承担多类大型项目的工程总承包业务。

公司已取得了国家有关部委批准的船舶、军工、机械、水运、建筑、市政、环保等领域的工程设计综合资质甲级以及工程咨询、工程监理等多项甲级资质，具备了对外工程总承包、境外设计顾问及施工图审查的资质。公司是“全国工程设计百强单位”、“全国优秀企业形象单位”、“上海市文明单位”、“上海市优秀工业企业形象单位”、“上海市高新技术企业单位”、“上海市创新型企业”。

公司现有从业人员1 000多人，在职职工750多人，其中各类专业技术人员700多人（研究员50人、高级工程师210人、工程师270人；注册建筑师、注册结构师、注册造价师、注册监理工程师等各类注册工程师385人）。公司先后有32名专家享受国家特殊贡献和特殊津贴，相继有4位工程技术人员获“中国工程设计大师”称号，1位获“中国工程监理大师”称号。

建设优秀企业文化　促进公司持续发展

黄崇邦

“企业是市场的主体，企业文化作为企业生产经营理念、品牌形象、企业声誉等的母体，在激烈的市场竞争环境中至关重要。”企业文化的核心所体现出的企业共同价值观和企业精神，使企业领导层和企业员工在经营目标上容易达成共识。良好的企业文化有助于实现企业优质高效运作，塑造出优秀的企业品牌，为企业赢得内外市场的认可，创造出良好的经营环境，最终实现企业经营效益和社会效益双赢。

一、主要运行情况

中船第九设计研究院工程有限公司（下称“中船九院公司”）企业文化建设起步于20世纪90年代初，制订了《关于加强企业文化建设的意见》。进入21世纪后，中船九院公司进一步加强企业文化建设，围绕“建设国际一流工程公司”目标，以三大识别系统的建立和实施为抓手，抓住船舶工业大发展和上海世博会的良好机遇，分步骤系统实施，形成了良好的局面。一直以来中船九院公司党政领导班子高度重视企业文化建设，在“十五”、“十一五”、乃至“十二五”规划中都把企业文化建设列入专题讨论研究，通过干部培训、全员讨论及日常创建活动，不断增强员工企业文化建设意识。中船九院公司在成立55周年之际，还专题拍摄了一部企业文化专题片《理性有谋、精雕细作》，企业文化建设的总体情况可概括为“铸魂、塑形、育人”。

（一）企业文化认同感渐深

中船九院公司57年来为我国船舶工业、海军建设和中国特色社会主义建设事业作出了重大贡献，企业文化的发展始终伴随着企业的发展历程，基本循着传统文化体现过去、当今文化突出现在、创新文化展示未来的轨迹，主要体现在发展文化、组织文化、创新文化和主题文化的支撑。

一是发展文化的支撑。中船九院公司的文化建设从未脱离企业自身的发展，而且在中船九院公司的战略发展中起着引领、提升和支撑作用。1984年“自断皇粮”、1990年零税承包、1995年改企试点以及现在向国际工程公司迈进等，中船九院公司的巨变渗透着持续发展的文化。

二是组织文化的支撑。企业依靠经营组织、生产组织、职能组织等组织的框架支撑，中船九院公司的组织文化可用领导干部、技术骨干、党员队伍三支队伍来体现。领导干部的领导能力、技术骨干的精湛业务、党员同志的身先士卒，使得中船九院公司文化建设基础夯实并一以贯之。

三是创新文化的支撑。中船九院公司是科技型企业，57年的发展和壮大主要得益于生生不息的科技创新和管理创新。创新文化使中船九院公司的专业从几个发展到三十多个，从主要在工业领域发展到民用和市政建设领域，从一般科技成果奖到全国优秀设计金奖，从国内市场到国际市场。

四是主题文化的支撑。人本文化是根本，诚信文化是基础，执行文化是主题。中船九院公司为军工任务提供保障条件和服务，始终坚持的是“执行、落实、做好”的原则。在市场经济条件下，业主的要求就是工作的目标，中船九院公司坚持奉行执行文化。

（二）企业文化软环境渐成

一是形成了理念、行为和视觉三大识别系统。理念系统包括企业精神、核心价值观、经营理念、管理方针等。行为识别系统就是岗位规范基础之上的“工作就是我的事业”、“每个人的服务对象都是客户”、“明礼诚信守则”等行为的倡导。在视觉识别方面，制订并实施了企业《VIS视觉导视手册》。

二是形成了创建文明单位的机制。公司以创建上海市文明单位为抓手，企业文化建设与精神文明建设、党建相结合，形成公司创建上海市文明单位、二级部门争创文明部门和文明室组、员工争当优秀杰出员工的多级争创文明格局。各级创建制度健全，年初制订创建计划、年中进行中途管理检查、年底总结表彰，活动逐步系统化、常规化，每年举行“十大新闻”、“十佳好事”、“文明窗口”评选等群众性创建工作。

三是形成了良好的人文环境。公司通过总经理信箱、领导接待日、职工代表大会、座谈会等多种方式加强沟通，形成了良好的民主议事氛围。内部建立青年职工储金会、职工医疗基金会、关爱员工慰问金等制度，每年坚持做好员工实事工程，多方式关心员工，增强员工凝聚力。连续5年举办员工新春音乐会、歌剧演唱会和文艺汇演，使员工们在高雅的艺术中熏陶，增强公司凝聚力。工会、团委在重大节日都要举行庆祝活动。坚持每年对新员工开展素质拓展训练，帮助新员工融入公司环境。公司还根据职工活动需要，创办网球、羽毛球、乒乓球、游泳、歌唱、舞蹈、摄影、钓鱼、第九视觉艺术等十多个协会，在常规活动的基础上经常与兄弟单位进行交流比赛。

四是形成了工作学习化的团队建设。围绕建设工程公司和开展中船集团公司上海长兴、广州龙穴造船等重大基地建设的需求，中船九院公司加大了学习培训的力度，职工培训教育费水平逐年提高。公司内学习氛围日益浓厚，业务学习培训在公司、所两级展开，各种讲座内容新鲜、生动，有很强的吸引力。工作学习化，学习工作化，建立学习型组织发展势头良好。

五是形成了员工的社会责任感。中船九院公司与周边街道社区、派出所、居委会相继签订了共建共育、构建和谐社区协议，积极开展创建活动。每年在院庆日期间，开展慈善一日捐活动。2007 年“一日捐”12 万余元，并结合“特奥会”与社区开展了“情系特奥，共建和谐”的爱心助残活动。2008 年汶川特大地震灾情发生，员工“一日捐”款项达 30 多万元，公司发挥技术特长派遣结构设计人员，赴四川广元地区开展震后房屋安全性评估。57 周年院庆期间职工们自发向青海玉树灾区捐款 17 多万元。公司有 300 多党员职工报名参加志愿者队伍，参与社区组织的交通文明、“慈善爱心超市”义工服务、上海世博会城市志愿服务站、世博文明先锋活动等。在体现企业社会责任感的同时，也让公司员工在活动中增强自我教育、不断提升自我。

（三）促进企业发展作用渐明

一是推进重大工程建设。改革开放以来，特别是船舶工业进入快速发展期间，在中国船舶工业集团公司的领导下，中船九院公司紧抓机遇，相继规划设计了上海外高桥造船基地、江南长兴造船基地、广州龙穴造船基地、上海临港柴油机基地等重大工程建设，并对长兴、龙穴、临港等基地建设进行了工程总承包实践，为公司创建国际工程公司打下了良好基础，培养了一批既懂技术又会管理的复合型项目经理人才。在重大项目建设中，按照“超前定位、超前思维、超前谋划”的思路，公司始终瞄准国际最先进造船工艺，打造一流造船机基地。2008 年下半年金融危机来临，领导班子及时调整战略，确定了“巩固阵地，收复失地，抢占高地，开辟新天地”的经营发展思路，在“做大做强”的基础上提出“做长做远”的发展要求，积极调结构、拓业务，带领全体员工积极开辟业务新领域，目前已在核电、医院等领域初见成效。

2010 年借助上海世博会契机，中船九院公司精心设计打造突显中国民族工业脊梁的最大的企业馆——中国船舶馆。此外，公司发挥多专业综合技术优势，积极参与世博会可口可乐馆、澳大利亚馆、意大利馆等数十个项目的设计、施工图审查与监理，大力宣传公司品牌。

二是推动科技创新。创新是中船九院公司 57 年来发展的不竭动力与源泉。公司不断倡导与培育创新文化氛围，强调公司科研人员积极投入新课题、新技术研发，加快科技成果转化。2003 年以来，公司已有数百个项目获得省部级以上科技成果奖项。其中，“上海金融中心超大基坑关键技术研究”获得上海市科学技术进步一等奖，“临港滴水湖出海闸项目”是上海市第一个获得全国水利工程最高奖“大禹奖”工程，由此改写了上海市水利工程建设的历史。

三是提升企业管理。中船九院公司加强内部管理，改革生产经营模式，建立现代企业制度，逐步形成工程公司运作模式。把生产经营、企业管理、人才培养、质量安全、信息化建设等一系列运作都纳入质量、安全与环境职业健康一体化管理体系。

四是不断创造纪录。中船九院公司经济效益不断创新高，合同额、设计产值、工程总承包业务量，多年创造历史最高水平，经济总量由 2004 年前的 4 亿元，迅速升为 2008 年的 48 亿元，企业利润连续 3 年突破 1 亿元。

（四）荣获社会信誉

一是公司已连续 10 多年排名全国勘察设计百强单位之列，2007 年列第 6 名。实现了上海市文明单位“八连冠”（16 年）。中船九院公司是上海市科技型企业、上海市创新型企业。

二是荣获中国文化管理学会、中国企业文化促进会颁布的“中国优秀企业形象单位”、“全国企业文化建设先进单位”等诸多称号。

三是中船九院公司《创新企业文化，打造企业合力》的企业文化案例入选中国企业首席文化管理师培训指定教材（第二卷）和中国品牌案例系列丛书品牌管理师指定教学教材。

二、主要做法

（一）主要目标确定

中船九院公司企业文化建设的目标任务主要为：

目标一：培育文化理念和价值观，致力于员工的创新发展与国家利益、公司发展和谐统一。(1）树立服务和献身国家利益和九院创新目标相统一的价值观。更新不利于创新的传统观念，培育有利于创新的价值理念，促进员工思想进一步解放。(2）树立和营造领导者先行的导向文化，发挥领导者在知识创新中的表率作用和示范作用。(3）推动深化改革，挖掘个人和团队创新潜能，重塑管理文化。

目标二：健全创新制度和评价体系，致力于职工的创新发展与激励、规范、约束的制度导向和谐统一。(1）建立和健全激励应用性技术创新的制度和评价体系，着重解决程序性规范和评价导向问题。(2）建立和健全激励管理和制度创新的制度和评价体系，着重解决公平、公开、竞争、有序以及效率效益导向问题。(3）建立和健全激励文化创新的制度和评价体系，着重解决内涵、手段、方式、载体、机制和评价导向问题。

目标三：建设司区与人文和谐的环境，致力于员工的创新发展与内涵丰富、个性鲜明的司区建设和谐统一。(1）司区建设的特点风格、建筑格局、办公条件的融和。(2）体现形象的理念标识、生活设施、文化场所的统一。(3）干部员工的公共道德、行为规范、精神面貌的塑造。

（二）主要做法展示

中船九院公司企业文化建设的主要做法是“三个树立”，即典型引入，树立人物；项目创优，树立品牌；行为塑造，树立形象。具体是：

1．培育精神文化，铸造企业凝聚力。中船九院公司以企业精神为核心的理念系统的培育坚持与时俱进，不断创新，经历了以下三个阶段：一是制订规划阶段，二是协调推进阶段，三是企业文化提升阶段。

2．加强制度文化，增强企业约束力。中船九院公司注重把握人在制度建设中的主体作用，把调动员工的积极性，产生良好的激励效果作为制定和执行制度的准则。突出健全企业标准体系，着力健全和完善企业法规、企业经营制度和企业管理制度，采用国内国际市场运作标准、规范和要求，努力实现企业经营管理标准化、科学化、制度化。

3．推行行为文化，展示企业形象力。中船九院公司对企业文化的历史和现状进行调查、观察，明确了“创国际一流工程企业”的战略思想，并向全员进行全方位传播。突出人的价值导向作为企业文化建设的出发点、切入点和归宿，提出了“领导干部要有事业心、中层干部要有进取心、全体员工要有责任心”的“三心”要求，让不同层次的员工明确起码的精神要求，全方位促进人的主动发展。

4．树立团队文化，弘扬企业感召力。中船九院公司完成的任务和项目，都是专业协作和资源整合的结果。这是中船九院公司的优势和特征。中国船舶馆、长兴造船基地、外高桥造船厂、临港滴水湖出海水闸等诸多项目均为团队奋斗的产物。其中先进人物成为团队中的佼佼者，如上海市和集团公司劳动模范顾倩燕、周国鸣、倪建公等；全国勘察设计大师赵安仁、沈希明、高秀理、郁泉兴，中国监理大师陈嘉福；全国优秀勘察设计院长薛增湘、优秀企业家黄岗等。这些人物在完成一项项工作的同时，也在展现着中船九院公司的企业形象。

三、主要识别

1．视觉标识

制作并推行《VIS视觉识别系统手册》。

2．理念识别

(1) 企业精神：创新、拓展、诚信、敬业。

企业精神是企业的无形资产，是企业最重要的精神财富，对内是一种向心力和凝聚力，对外是一种亲和力和吸引力。

创新——创新是九院发展的生命力和源泉；

拓展——拓展是九院追求的意志和信心；

诚信——诚信是九院以诚待人、以信取誉的宗旨；

敬业——敬业是九院严谨工作态度的准则。

（2）企业核心价值观：为社会创造价值、为顾客创造效益、为职工创造机会。

为社会创造价值——社会是企业生存发展的舞台。企业的重要责任是为社会服务，并为其创造价值，由此得到社会的认可，以取得较好的社会知名度和美誉度。为顾客创造效益——顾客是上帝。企业重要的目标是满足顾客的需求和为其实现实在的效益，这样才能真正赢得市场。为职工创造机会——职工是企业发展的动源。企业重要的使命是珍惜资源，挖掘潜力，持续进取。要为职工展示技术才能提供各种机会和舞台，使其在不断的追求中实现自我价值。

（3）企业目标：创一流品牌，创一流企业，创一流团队。

（4）经营理念：以技术先进让业主高兴，以质量上乘让业主放心，以服务周到让业主满意，以敬业精神赢得业主信赖。

（5）管理方针：质量是生命，员工为根本，实现九院公司价值和资源与自然环境的和谐发展。

3．行为识别

（1）工作就是我的事业——只有把工作当作事业，才会倾注自己的全部热情，才会不惜付出，才有可能取得事业的成功。

（2）对工作负责是我的追求——对工作高度负责就是对自己的高度负责，对企业的高度负责，对社会的高度负责。

（3）品牌是设计出来的——品牌不是写出来的，设计成果不是审查出来的。每一次提交资料都不传递不符合项。每个职工通力合作，把一项项满足顾客需求的设计成果奉献给社会，创造自己的品牌。

（4）每个人的服务对象都是客户——服务对象不仅是广大用户，而且包括内部职工。倡导团队精神，倡导相互尊重和理解，倡导为企业努力工作。

（5）下级服从上级——上级指令一旦形成，下级就要服从。避免工作拖拉、扯皮。提高办事效率，加快工作节奏。

(6) 明礼诚信守则——按工作程序办事，坦诚相待，尊信誉、守规则、讲责任。

(7) 自主创新——创新是企业发展的原动力，不断创新才能使企业充满生机和活力。

(8) 给职工创造机会——让职工的聪明才智在工作中展现，形成人人求上进的氛围。

【专家点评】

建设优秀企业文化　促进公司持续发展

中船九院公司是科技型企业，在其走过的57年历程中，创新，包括技术创新和管理创新，是其发展的动力和保障。中船九院公司对自己的企业文化有全面的认识和准确的描述，其企业文化建设工作扎实、有成效。从其汇报材料来看，中船九院公司的文化可以说是创新型文化。同时，由于中船九院公司是改制而来的公司，“中国特色社会主义建设事业”给企业带来的优良传统在中船九院公司反映也很充分。正是这种优良传统使企业在和谐、稳定、不乱“折腾”中持续发展。这也正是中国企业文化的普遍特征之一，也是西方企业向中国企业寻求的“秘籍”之一。企业文化有不同的层面，反映在不同的方面。“创新”和“和谐”不仅不互相矛盾，更是相辅相成。而且，随着形势的发展，新的“和谐”只能通过创新来实现。

点评专家：中国人民大学外国语学院副教授
英国剑桥大学访问学者
中国文化管理学会组织文化测评基地专家委员会委员　　　　李桂荣

大唐电信科技产业集团
企业文化案例

企业简介

大唐电信科技产业集团（简称大唐电信集团），是国务院国有资产监督管理委员会监管的一家专门从事电子信息系统装备开发、生产和销售的大型高科技中央企业，总部位于北京，拥有3个上市公司，6个独资、合资和控股公司，8个研究所；在中国主要经济发达城市设有研发与生产基地。

大唐电信集团拥有无线移动通信、集成电路设计与制造、特种通信三大产业板块，产品涵盖无线系统设备、芯片、终端、测试仪表、增值业务等领域，提供网络建设工程及网规网优服务。围绕三大主要产业，大唐电信集团在物联网、TD-SCDMA产业发展基金、增值业务孵化、IT销售渠道等方面不断开拓发展。目前，大唐电信集团已成为TD-SCDMA 3G市场主流供应商，中国最大的智能卡供应商，并在其他细分市场份额领先。

作为TD-SCDMA第三代移动通信国际标准提出者、核心专利拥有者、产业化主要推动者、设备市场领先者，大唐电信集团通过持续增强自主创新能力，掌握全球移动通信标准和专利话语权，加强资源投入、整合产业链高端关键环节、加强产业协同，走出了一条“技术专利化、专利标准化、标准产业化、产业市场化”的科学发展道路，开创了我国高科技中央企业科学发展的“中国创造”新模式。

让企业“文化”起来

——建设大唐特色文化　打造科学发展软实力

刘会亚

作为中国通信业的重要力量，大唐电信集团以创新为驱动，掌握了通信产业各关键领域的核心技术，拥有了以TD-SCDMA 3G国际标准为代表的一系列具有自主知识产权的重大技术创新和突破，在无线移动通信、集成电路设计与制造、特种通信产业等领域实力雄厚，已成为我国企业实践“中国创造”发展模式的典范。

目前，大唐正处于TD大发展的关键时期。继续保持TD后续技术的国际领先地位，支持运营商实现业务和终端产品的多元化，携手运营商大力推进TD国际化，成为大唐新时期责无旁贷的历史使命。

一、文化，激荡企业前行

大唐的成功，不仅仅体现在它的规模、实力和影响力上，更体现在集团多年来探索出的强烈的、代表时代发展特征的文化气息中。正是这种气息，使大唐员工无论在创业之初艰难困苦的环境下，还是在获得大发展的今天，都能够坚守信念、奋勇前行；正是这种信念，使广大干部员工寻找到自己的前进动力和方向。企业文化，归根到底就是一个企业所秉持的使命感、所散发出来的企业精神，是企业里每个人的心灵契约。

这一切的背后，体现了以董事长兼总裁真才基为首的大唐电信集团领导班子对企业文化建设的高度重视和卓有成效的企业文化建设工作。近年来，大唐电信集团不断丰富并提炼出以“创新、发展、市场；诚信、客户、责任”为核心的企业文化体系，发挥了企业文化在引导、激励和凝聚广大干部员工上的重要作用，树立了集团的高科技央企新形象。

新的起点，新的征程。企业文化也要与时俱进，不能一成不变。文化既是客观存在，又属人为创造，而且会在企业的动态中去发展变化和完善，具有一定的连续性、稳定性，需要与时俱进，持续改进和充实，并发挥更大的作用。

2009 年 12 月，鉴于在新的历史时期集团所处的外部环境、集团自身的发展形势、集团的经营管理等都出现了较大变革，现有的企业文化体系对集团各项工作的匹配支撑度已显不足，迫切需要对集团企业文化系统做出调整、完善，并落地执行，以更好地发挥先进企业文化的激励和鼓舞作用，推动集团各项事业又好又快地发展。经过充分酝酿、调研、讨论，在对之前集团企业文化现状进行系统诊断的基础上，集团修订调整了企业文化理念和行为体系，制定了阐述企业核心理念体系的纲领性文件《大唐电信集团共同纲领》（下称“共同纲领”），提出了大唐电信集团“创新沟通未来——信息通信价值创造者”的使命愿景，明确了“创新、市场、诚信、责任”的核心价值观。

二、大唐要建设怎样的企业文化

“创新沟通未来——信息通信价值创造者”，这是全体大唐人的使命愿景，是大唐人始终牢记在心的航向引领。以领先的技术、产品和服务，创造自由自在、无垠无限的通信世界，帮助人们突破信息交流的障碍，体验更便捷、更灵动、更时尚、更个性的沟通乐趣，实现思想与心灵的自由交融。

“创新、市场、诚信、责任”是大唐人的核心价值观。大唐弘扬创新价值观，倡导建设创新导向的企业文化；大唐坚持以市场为导向，实现创新价值最大化；大唐遵循“诚而有信”，不断增进各利益相关方对大唐的满意感与信赖度；大唐视责任为立企之本，承担起做“信息通信价值创造者”的光荣使命。核心价值观的精神内涵就是“面向市场创新，负责任地为利益相关者创造价值。”

让全员高度认同的前提是坚持不懈地做好企业文化落地工程的全员宣传贯彻，这也是大唐电信集团在企业文化落地年里的重点工作。集团 2010 年度工作会议对此提出明确要求：大力宣传贯彻《大唐共同纲领》，树立全体员工的核心价值观和文化认同意识，将“创新、市场、诚信、责任”的核心价值观植根于每个员工的内心。

三、企业文化宣传贯彻落地四法

大唐电信集团企业文化落地的总体目标是内强素质、外树形象。即将企业文化建设同集团战略落地紧密结合，塑造具有大唐特色的企业文化，提升战略执行力；实现文化管理与其他管理体系的有机结合，引导、规范成员企业的组织行为和领导行为，打造具有竞争力的企业集团，塑造良好的外部形象，为集团全面、协调和跨越式发展提供源源不竭的精神动力。

基于此，集团企业文化落地工作主要沿两条主线展开。第一，扎实推进基础性的企业文化落地策略。通过卓有成效的传播、培训、激励和约束，促使干部员工认知、认同集团企业文化理念。第二，从集团实际情况出发，针对实践中存在的不良文化现象和经营管理的重点与难点，以加大相关配套的制度建设、机制建设力度为切入点，逐步加以解决。

大唐电信集团相继制定《企业文化落地规划纲要》、《企业文化建设组织管理方案》、《企业文化建设行动方案》等文件，从 2010 年至 2012 年，围绕集团文化管控、资源配置机制、干部管理体系、创新管理机制、内部服务机制、内部协同机制等六个方面加大工作力度。2010 年至目前，大唐在企业文化宣传贯彻落地的具体实践中积累了如下一些有益的工作方法。

（一）宣传教育法

通过完整系统的、长期的、多形式、多层次、多渠道的宣传教育，形成强烈的企业文化氛围，力争使企业文化转化为员工的自觉意识。

1．强化企业文化培训，树立全员的核心价值观和文化认同意识

2010 年以来，相继在集团新任中层干部培训、高管培训、新员工培训、中青年干部培训班等不同群体的培训中加设或强化企业文化内容；强化宣传贯彻集团企业文化理念体系；

举行了企业文化工作培训班，对各单位的企业文化主管领导及干事进行集团企业文化宣传贯彻和系统的业务培训，在学习中提高，在交流中思考。

2. 制作企业文化宣传品

编制新版《员工手册》；编制针对不同群体的企业文化培训宣传贯彻课件。

（二）典型示范法

通过树立典型、宣传典型人物来塑造企业文化。典型人物就是企业价值观的化身，是干部员工中最有成效地实践企业文化的优秀分子，树立他们的正面形象，就是给广大员工提供值得效法和学习的榜样，典型人物在其事迹中表现出来的精神、意识，正是企业文化倡导的内容。

2010 年 5 月，大唐电信集团首席科学家王映民同志荣获全国劳动模范荣誉称号，围绕这一事件策划新闻传播活动，多角度、全方位地立体式宣传，将劳模身上所体现出来的创新色彩和时代精神淋漓尽致地展现给广大员工。

结合集团内刊的编辑与管理，建立了动态更新的企业文化案例库，促进企业文化理念的具体化和实例化。

（三）环境优化法

文化可以造就环境，环境也能改造文化。按照行为科学和心理学的观点，优化企业的外部环境，从视觉上传播、营造文化氛围，是企业文化建设的重要示范方法。通过开辟企业文化宣传阵地，打造企业文化视觉景观；通过环境优化直观、生动地塑造企业精神。

1．设计企业文化主题宣传海报，并在集团主楼电梯内、电梯间、走廊等区域悬挂。

2．在集团大院内设置企业文化橱窗，定期更新相关内容。

3．在办公楼的合适、醒目区域设置企业文化背景墙。

（四）开展活动法

寓企业文化教育于丰富多彩、生动活泼的主题活动中，使员工在参与这些活动的过程中陶冶情操，提高文化修养。

1．开展企业文化摄影和海报征集活动，员工积极响应，热情参与，活动丰富了员工的业余文化生活，强化了员工对企业文化的思考和感知。

2．征集企业文化口号，并最终实现“文化上墙”，活动反响强烈，掀起了如何在工作中贯彻集团企业文化的热潮。

3．推出“集团领导谈文化”栏目，通过强化传播对集团领导的约稿或访谈，使让员工能够倾听、感受集团领导对企业文化建设的真知灼见，充分发挥领导垂范在企业文化落地工作中的作用。

4．开展“读书会”活动，大家同读一本书，畅谈观后感，就企业实际献言献策。

5．举行“大唐风采杯”企业文化辩论赛，围绕企业核心价值导向设置辩题，在思辨的过程中，深入宣传集团核心理念，充实企业文化活动载体，展现大唐人良好的精神风貌。

经过坚持不懈的强有力的宣传贯彻，大唐电信集团各级领导干部都能清晰认识到学习贯彻好共同纲领的重要意义，并能以共同纲领为指导，结合自身实际，建设富有自身特色的，有助于提升企业影响力、凝聚力、执行力和创造力的企业文化。

企业文化建设看起来很虚，认真做却很实；企业文化理念想象起来很美，实践过程却漫长而曲折。但无论如何，只要企业上下一起行动，认真、扎实、持之以恒地推进，就一定会大有斩获，企业一定能够“文化”起来。

【专家点评】

创新诚信、与时俱进的大唐电信文化

2010 年注定是大唐电信集团的收获年！

——全年经营业绩实现历史最高水平，超额完成全年计划指标。其中合同额同比增长 26%；收入同比增长 123.8%；利润总额同比增长 34.6%。

——在 CCTV 年度人物评选中，大唐电信集团董事长、总裁真才基荣获 2010 中国经济年度人物创新奖！

——在新华社直属九家媒体共同主办的“转型·2010中国经济十大领军人物”评选中，大唐电信集团董事长兼总裁真才基荣获“转型·2010中国10大领军人物”奖!

作为中国通信业的重要力量，大唐电信集团运用战略思维占据产业竞争制高点，坚持全球视野带动民族产业跨越发展，以创新为驱动，掌握了通信产业各关键领域的核心技术。由大唐电信集团推出的TD-SCDMA，是代表中国提出的第三代移动通讯标准，实现了从中国制造到中国创造的飞跃，取得了令世人瞩目的突出成就。这不仅是大唐电信人的自豪，也是中国电信业的自豪！中国民族工业的骄傲!

近年来，大唐电信集团凝练出了“创新、市场、诚信、责任”的核心价值观,“创新沟通未来——信息通信价值创造者”的使命愿景,“坚持自主创新，创造共同价值”的经营理念，培育形成了以“创新、发展、市场；诚信、客户、责任”为核心的企业文化体系。总结出具有可示范意义的“企业文化宣传贯彻落地四法”，即宣传教育法、典型示范法、环境优化法、开展活动法等企业文化建设实际操作方法。发挥了企业文化在引导、激励和凝聚广大干部员工上的重要作用，树立了集团的高科技央企新形象。

正如大唐电信集团公司领导刘会亚指出的：“大唐的成功，不仅仅体现在它的规模、实力和影响力上，更体现在集团多年来探索出的强烈的、代表时代发展特征的文化气息中。正是这种气息，使大唐员工无论在创业之初艰难困苦的环境下，还是在获得大发展的今天，都能够坚守信念、奋勇前行；正是这种信念，使广大干部员工寻找到自己的前进动力和方向。”

今天，大唐电信集团面临新的起点，企业文化建设也要与时俱进，他们的回答是：让企业“文化”起来——建设大唐特色文化，打造科学发展软实力，在新的征程上再创辉煌!

点评专家：中国文化管理学会常务理事

中国文化管理学会组织文化测评基地副理事长

中国文化管理学会组织文化测评专家委员会主任、研究员　　解云天

南京市江宁区财政局
组织文化案例

企业简介

南京市江宁区财政局（挂区政府“国有资产监督管理办公室”牌子）为江宁区人民政府下属的综合经济职能部门，承担有关财税政策、财政收支管理和国有资产监督管理责任。办公地点位于南京市江宁区上元大街166号。局机关内设办公室、预算科、国库科、综合科、经济建设科、行政政法科、教科文科、社会保障科、企业科、农业科、农村财政管理科、绩效管理科、会计科、财政监督科、国有资产监管科等15个职能科室，下设政府采购中心、会计集中核算中心、预算外资金结算中心、财会教育中心等4个事业单位。现有干部职工78人。

近年来，该局率先形成文化自觉，对财政文化建设进行整体策划、有序推进，先后建设了理念、行为、视听、制度四个识别系统，形成了“江宁财韵”财政文化体系，走在了全国党政机关组织文化建设的先进行列，并首次在国内完成了廉政文化体系的建设工作，填补了国内廉政文化体系建设的空白，获得江苏省版权局作品著作权登记证书。2008年11月，该局应邀在海南海口举办的全国企业文化建设年会上作了专题发言，并被评为改革开放三十年来全国企业（组织）文化建设50强单位。2009年，荣膺首个“全国组织文化建设示范基地”称号，同年荣获“全国廉洁文化十强单位”、“省级廉政文化示范点”等称号。2010年又先后荣获“中国组织文化最具影响力单位”、“国际组织文化建设突出贡献单位”、“国际组织文化学术成就奖”等称号。

持续创新，打造具有江宁财政特色的机关文化

南京市江宁区财政局

在机关开展组织文化建设，强调人的能动作用，强调团队精神和情感管理，不仅是践行科学发展观、丰富社会主义文化的有益尝试，而且对于激发干部职工潜能，形成超越制度管理的内在动力机制，提高干部职工工作快乐指数、人民群众幸福指数、服务对象满意指数，促进和谐社会建设有着重要意义。

2003年以来，江宁区财政局以建设学习型、服务型、创新型机关为目标，不断进行管理创新，按照规划推进财政文化建设，实现了由制度管理、标准化管理向文化治理的迈进。先后建设了理念、行为、视听、制度四个识别系统，形成了“江宁财韵”财政文化体系，走在了全国党政机关组织文化建设的先进行列，并首次在国内完成了廉政文化体系的建设工作，获得江苏省版权局作品著作权登记证书。财政文化体系形成之后，江宁区财政局注重内化于心、外化于形、固化于制、动化于行，将财政文化融入财政管理实践中，与组织的内部管理机制创新相结合，渗透到组织管理的方方面面，渗透到全体员工的心中，转变为一种自觉的行为方式，逐步走出了一条机关组织文化管理的成功之路，打造出具有江宁特色的财政文化品牌——江财模式。2008年11月，江宁区财政局在全国组织文化年会上作了专题发言，被评为全国组织文化建设50强单位，2009年又被中国文化管理学会授予全国第一个组织文化建设示范基地。2007年11月被评为市级廉政文化示范点，2009年被评为全国廉洁文化建设十强单位、省级廉政文化示范点。2010年又先后荣获“中国组织文化最具影响力单位”、“国际组织文化建设突出贡献单位”、“国际组织文化学术成就奖”等称号。

不断丰富理念识别系统，注重内化于心。江宁区财政局提炼了“一个核心、两个追求、三种精神、四种理念”的“一二三四”富有节奏和韵律的“江宁财韵”理念识别系统，并在“江宁财韵”母文化理念体系指导下，结合具

体职能、科室工作，建设了个性化的子文化体系——廉政文化体系、科室子文化体系，这是对组织文化管理模式的创新，进一步丰富了理念识别系统内涵。廉政文化理念识别系统由廉政宗旨、廉政理想和廉政价值三个基本理念，廉政修养、廉政环境、廉政警醒三个具体理念组成。科室子文化体系是21个科室（党团工会组织）对部门职能实施的理性思考的结晶，是科室部门精神财富传承的凝结和载体。子文化体系的形成使“江宁财韵”对各科室工作更具有指导意义，全体财政干部职工参与文化建设更加深入。财政文化所有理念非常注重对道德水准、人格人品、人生境界等的挖掘和提炼，注重表达对工作、对生活的感悟，这里既有哲理的光彩，又有独特的个性。所有理念通过标牌宣传、谱写歌曲、文艺演出、诵读讨论，牢记于脑、铭刻在心，变成了财政干部做人处世的核心价值观念、积极进取的行动方向和精神动力。

有效传播视听识别系统，注重外化于形。视听识别系统是财政文化中的物质层文化，它直接体现着理念识别系统的内涵，也是江宁财政文化识别系统中最直接、最具有传播力和感染力的部分。主要包括基础和应用两部分，基础部分最主要的是标识，将最能代表财政干部价值取向的核心价值观和团队精神作为视觉识别系统设计的基础，较好地体现了财政文化理念的内涵。应用部分则主要包括办公事务类、识别类、环境展示类和听觉类。视听识别系统形成后，江宁区财政局不断扩大运用范围，拓展运用深度，从大楼整体设计、内部办公用品到每个干部职工着装；从财政内部科室、外部服务窗口和财政服务延伸的地方都成为视听系统的展示舞台，全面、系统的向社会各界传达了江宁区财政局独特的形象。

持续改进制度识别系统，注重固化于制。文化管理的目标是组织成员的理念认同，而文化管理的起点是组织成员对制度的模范遵守。只有把文化的内核植于制度之中，并使制度得到强力推行，为人们所接受，才能够迅速形成共同价值观和文化理念。江宁区财政局以标准化管理体系和管理方针为基础，结合理念要求，通过标准化内审和监督审核，开发使用标准化管理软件，定期完善工作标准、业务标准与管理标准、职位说明书，不断保持制度体系的科学性、适宜性，分解细化局、科室工作职能、财政干部的岗位职责，优化业务、管理流程，实施员工绩效考核，促进了各项标准制度的落实，建立了以人为本、体系科学、程序规范、运行高效的财政工作机制。

有效落实行为识别系统，注重动化于行。通过构建行为识别系统，促进广大干部职工的文化实践。制定落实组织文化建设和传播的三年规划，将2008年确定为“财政文化传播年”、2009年确定为“文化深植年”、2010年确定为“文化财政年”，每年8月8日为“江宁财韵日”，每年8月份为文化管理活动月，实行文化管理积分制，记录干部职工在文化建设中的表现和经历，通过传播深值、介入深植、文化体验、成果深植、制度深植等八个平台，扎实开展科长论坛、支部书记课堂、青年讲堂、财韵视频、财韵之声广播、文体比赛等系列活动，编写组织文化案例，传播深植江宁财韵。开展OCTT（组织文化向文化组织转换工具）的理论研究，把文化理念变为具体的方法；开展员工激励机制的研究，针对不同层次、年龄、岗位设置评星评奖；开展文化兴趣小组活动和子文化专题演出，完成业务体验平台搭建工作，使财政文化理念融入财政干部学习、生活、工作中，形成了文化自觉。

如今，“江宁财韵”作为一种共同认知，强烈影响了江宁财政人的态度和行为，机关的管理重点由行为层转向理念层，管理模式向“价值观本位”和“育才式”转变，营造了尊重人、关心人、培养人的良好氛围，同时，“江宁财韵”作为优势文化对外传播，对组织文化建设特别是机关组织文化建设起到了示范作用。

【专家点评】

从财政文化到文化财政的先行者

南京市江宁区财政局的组织文化建设颇具特色。该局自2003年以来，以建设学习型、服务型、创新型机关为目标，不断进行管理创新，按照规划推进财政文化建设，实现了由制度管理、标准化管理向文化治理的迈进。2008年11月在全国组织文化年会上围绕文化建设介绍了他们的先进经验，并被评为全国组织文化建设50强单位，2009年又被中国文化管理学会授予全国第一个组织文化建设示范基地，可以说江宁区财政局的机关组织文化建设走在了同行业的前列。他们文化建设的突出特色有以下几个方面：

第一，目标明确。基层政府部门作为有特定工作目标、组织体系、活动方式以及纪律规范的组织机构，如何建立和培育一种广大职工干部共同遵守的政治信念、价值标准、职业道德以及与之相适应的工作机制和行为规范，形成自己的文化，这是新时期政府机关事业发展的实际需要。江宁区财政局着眼于全面提升干部职工的综合素质、建设先进文化的目标需要，努力营造尊重、激励、关爱的人际关系，营造尊重人、理解人、关心人、培养人的文化氛围，创造宽松、和谐、舒心的工作环境，努力实现干部职工的自我发展、自我完善和自我提高。

第二，体系完善。江宁区财政局通过对文化理念、文化内涵、文化精髓和表现方式的总结提炼，形成了具有自身特色的“江宁财韵”财政文化体系。他们先后建设提炼了“一个核心、两个追求、三种精神、四种理念”的“一二三四”富有节奏和韵律的“江宁财韵”理念识别系统，并在“江宁财韵”母文化理念体系指导下，结合具体职能、科室工作，建设了个性化的子文化体系——廉政文化体系、科室子文化体系，这是对组织文化管理模式的创新，进一步丰富了理念识别系统内涵。可谓系统完备，简便易行，适于操作。

第三，措施得力。文化建设的关键在于落地，在这方面，江宁区财政局大力倡导爱岗敬业、诚信服务、依法行政、廉洁高效的机关文化价值理念，具体通过标牌宣传、谱写歌曲、文艺演出、诵读讨论等措施，让文化理念牢记于脑、铭刻在心，变成了财政干部做人处世的核心价值观念。他们还全力打造“学习型、服务型、效能型、创新型、廉洁型”机关，不断提高机关工作人员的综合素质，构建先进的文化理念，健全科学的管理制度，营造和谐的工作氛围，塑造文明的整体的财政形象，推动了行业各项工作上新台阶。

建议在加强财政行业文化特色的基础上，进一步强化员工对组织的文化认同，并力争在组织文化的宣传贯彻上，总结积累出行之有效的经验，从而起到行业的示范作用。

点评专家：清华大学教授、博士生导师

中国文化管理学会组织文化测评基地专家委员会委员　　　　邹广文

青海庆华矿冶煤化集团有限公司企业文化案例

企业简介

青海庆华集团是一家集煤炭采选、铁矿采选、煤化工生产经营为一体的综合性大型民营企业集团，下设庆华煤化、格尔木庆华矿业等4个全资子公司，以及天木路建、哈木铁路、通达物流等3个参股公司。

作为国家级柴达木循环经济试验区首批试点企业，庆华集团建成了木里煤矿、乌兰煤化工循环经济工业园、洗煤厂及格尔木铁矿等具有里程碑意义的建设项目。

集团自2008年以来连续三年荣膺“青海省财政支柱企业”、“中国民营企业500强”、“中国煤炭企业100强”。荣获了“全国五一劳动奖状”、“中国企业文化建设50强”、“全国优秀企业管理成功案例”、“AAA级信用企业”、“公益事业杰出贡献奖”等荣誉称号。

集团确立了“像军队、像学校、像家庭”的企业文化建设“三像”目标和“公平正义、诚信责任、学习成长、创新卓越”的核心价值观，实现社会、企业、客户与员工的发展、共赢与和谐。

试论青海庆华集团企业文化建设进程中的若干重大问题

丁　平　权国俊　周　宁

青海庆华集团是从2007年开始初步构想，2008年8月企业管理现场工作专题会议期间开始酝酿并提出全面系统地进行企业文化建设的，集团在企业文化理念确定过程中坚持客观性、传承性、现实性三条原则，避免形成的企业文化理念过于政治化、口号化或仅仅挂在墙上作为一种形式，并且坚持企业文化建设务虚与务实相结合、注重务实的原则。

本集团通过前期现状摸底调研、成立企业文化建设领导小组、制定企业文化建设实施方案、开展问卷调查及理念征集活动、组织座谈学习研讨等一系列活动，不断挖掘企业文化积淀、凝练提升企业文化理念，2010 年初全面推出企业文化理念。其核心是企业文化建设的“三像”目标即“像军队、像学校、像家庭”，以及“公平与正义、诚信与责任、学习与成长、创新与卓越”的企业核心价值观。

所谓客观性原则，是指我们确立的企业核心价值观包括宣传口号不能过于政治化，企业核心理念应当不会随着所处环境变化而变化，也不会因为客观因素发生变化而变化，充分体现其客观性。所谓传承性原则，是指我们确立的企业核心价值观，要能够充分体现企业文化的历史传承性，基于做“百年老店”的需要，立足于打造庆华百年基业的大方向和长远目标，要能够在我们的员工当中得以继承和发扬，企业核心价值观一旦确立，就应当符合企业长远发展和基业常青的需要。所谓现实性原则，是指企业核心价值观要切合企业发展的实际情况和企业文化现状，要充分挖掘、提炼和升华企业几年来形成的文化积淀。

在企业文化建设进程中，我们提出了具体实施方案，并在工作实践中有序推进，从开展企业文化建设的重要意义、当前现状、总体目标、组织机构、主要内容、工作步骤、取得成果等七个方面提出了企业文化建设的总体规划和工作思路，并做了大量富有成效的工作。

一、全面系统地推进企业文化建设的重要意义

企业文化建设是一项系统工程，是现代企业发展必不可少的竞争法宝。一个没有文化的企业是没有前途的企业，一个没有信念的企业是没有希望的企业，一个没有理想的企业是不能推动社会发展的。从这个意义上说，企业文化建设既是企业在激烈的市场竞争中生存发展的内在需要，又是实现管理现代化的重要方面。为此，青海庆华集团从建立现代企业管理制度的实际出发，树立科学发展观，讲究经营之道，培育企业精神，塑造企业形象，优化企业环境，

全力打造具有自身特色的企业文化，为企业稳健、快速、可持续发展提供强大的原动力和精神支持。

二、对当前企业文化建设现状的分析

全面推进企业文化建设的时机已经成熟，基础已经具备。其一，体现企业文化深层次的诸如核心价值观、企业愿景、企业精神等理念经过这几年的积淀业已形成；其二，通过近年来强化企业管理各项活动的开展，体现企业文化中层的管理制度、工作准则及行为规范等逐步完善；其三，体现企业文化建设的表层如企业标识、包装、厂歌、服装等也已确立；其四，员工对企业的认同感和工作的积极性、主动性和创造性不断增强，各单位普遍建议统一集中一段时期进行企业文化建设，在原有基础上认真总结、归纳和凝练，使之系统化、规范化、全面化。

三、青海庆华集团企业文化建设的总体目标

（一）长远规划

通过大力推进企业文化建设，规划企业愿景，确立企业核心价值观，培育企业内在精神，树立企业良好形象，维护企业公平和正义，积极承担社会责任，充分发挥员工才能，最大限度尊重人格，在企业内部创建一种和谐、发展、共赢的工作环境，实现用精神凝聚人，用纪律约束人，用机制激励人，用环境培育人，真正意义上把员工的切身利益、价值升华与企业的兴衰荣辱、蓬勃发展有机地统一起来，并通过企业的成长和可持续发展带动地方经济的发展，从而构筑起独具特色的青海庆华集团企业文化。

（二）短期目标（近1–3年）

1．确立集团公司理念识别，并在具体行动中自觉实践。

2．确立集团公司视觉识别，实施配套管理。

3．确立集团公司行为识别，规范各类行为。

4．有针对性地加强入职教育、培训等。

5．开展多种形式的读书学习实践活动。

6．创办一份综合性内部报刊。

7．集团公司知名度、信誉度和美誉度进一步提升。

四、建立健全青海庆华集团企业文化建设组织机构

集团公司成立企业文化建设领导小组，全面负责企业文化建设，领导小组成员由集团公司领导，各单位、各部门主要领导及负责人组成。企业文化建设领导小组下设办公室，设在集团公司企业管理办公室，具体组织制定企业文化建设实施方案并抓好落实。两矿一厂、两公司原则上不再成立公司一级企业文化建设领导机构，由集团公司企业文化建设领导小组成员负责组织落实本单位、本部门企业文化建设具体工作。因开展工作需要成立公司一级企业文化建设领导小组的须报集团公司企业文化建设领导小组备案。

五、全面推进青海庆华集团企业文化建设的主要内容

主要包括三个方面：

1．理念文化建设（深层文化），包括企业价值观、企业愿景、经营理念、管理理念、人才理念、分配理念、市场理念、质量理念等。

2．行为文化建设（中层文化），主要是对企业的人、财、物、事各种动的和静的状态都有明确的标准和规定，如：各类管理制度、员工工作守则、行为规范、公关社交、服务礼仪等。

3．物质文化建设（表层文化），包括生产资料文化、产品文化、环境文化，如：品牌、包装、厂容厂貌等。

六、推进青海庆华集团企业文化建设的工作步骤

集团公司企业文化建设原则上在企业文化建设领导小组领导下自主开展，

领导小组办公室牵头，各单位、各部门成员积极配合做好各项基础工作，包括资料的收集整理、理念的征集确定、员工教育培训以及学习型组织创建、集团内部报刊创建、团队建设等等，涉及各类理念、标识及其他需要设计、制作及策划、包装的，以及其他需要委托外部咨询公司完成的企业文化建设相关工作，根据工作进展情况聘请专门的企业文化建设咨询公司进行咨询服务和包装策划。企业文化建设的实施步骤大体分为四个阶段，即：(1) 调研摸底阶段；(2) 宣传动员阶段；(3) 组织实施阶段；(4) 成果评价阶段。

七、青海庆华集团企业文化建设的做法和成果

青海庆华集团在企业文化建设方面，企业文化理念不是挂在墙上更不是作为摆设的，而是作为企业创业发展历程中的一种精神动力和智力支持，是有其深刻内涵的。

比如我们提出的“三像”目标，“像军队”就是要讲求团队精神，高效执行力，快速决策能力，整体效能高，像军队一样具备严密的组织机构、严明的管理制度和强有力的执行力。“像学校”就是要营造勤于学习、善于思考、勇于实践、敢于创新的浓厚学习氛围，把学习作为一项重要工作并形成制度化。在管理人员中普遍开展工作调研、撰写论文、学术研讨、视频讲座等读书学习实践活动。2010 年 1 月通过大量可行性研究，我们创办了企业内部综合性报刊《腾飞》，全面报道集团公司生产经营、项目建设、企业管理、文化建设及员工思想等情况。“像家庭”则是通过大量深入细致拴心留人工程的实施，大大深化了员工对企业的认同感、归属感和凝聚力、向心力。主要体现在对高海拔艰苦地区职工在生活设施、薪酬待遇等方予以倾斜；重大节假日期间集团领导深入矿区生产一线看望慰问职工，使职工感受到庆华大家庭的温暖；在工会方面建立了集体合同、厂务公开和职代会制度；组织艺术团赴两矿一厂、各项目指挥部举行慰问演出，丰富职工文化生活。

再有就是我们的核心价值观，公平与正义体现着青海庆华集团对社会、对企业、对员工、对客户的一种鲜明的价值取向，即在公平与正义的基础上实现各方的共赢。诚信与责任则集中体现在对社会负责、对企业负责、对员

工负责、对客户负责。在企业发展的同时积极致力于地方基础设施建设和公益慈善事业。连续三年荣膺青海省财政支柱企业称号并成为民营企业的杰出代表；近年来出资5亿多元，投资天木公路、哈木铁路、天峻文体中心、德令哈火车站广场等基础设施建设；在海西州出资200万元设立“爱心奖助学金”；投资400多万元在青海省祁连县修建爱国主义教育基地西路军纪念馆；向汶川地震灾区捐款1 230多万元，获得了青海省唯一的“红十字特级勋章”，董事长霍庆华获得了“中华慈善奖”；在青海省玉树特大地震灾害面前，第一时间派出由20多台大型机械设备、40多人组成的抗震救灾救援队赴现场救灾，捐款捐物价值1 500多万元，受到了青海省委书记强卫的高度赞扬。

正是青海庆华集团确立的符合企业长远发展需要的企业文化建设目标、核心价值观，以及多年来形成的只争朝夕、勇攀高峰的企业精神，涵盖经营理念、管理理念、人才理念、分配理念等等具有自身特色的企业文化理念，体现出了高度的责任感和真诚的人文关怀，大力弘扬积极向上的正气，使得我们的员工，特别是多年在自然环境条件异常艰苦地区工作的员工能够安心本职、努力工作，与企业共同学习与成长。

【专家点评】

文化是民营企业发展壮大的精神支柱和强大动力

青海庆华集团企业文化建设的宝贵经验是从集煤炭采选、铁矿采选、煤化工生产经营为一体的综合性大型民营企业集团的实际出发，在确定企业文化理念的过程中，以注重务实为指导思想，坚持客观性、传承性、现实性三条原则，避免使企业文化过于政治化、口号化或仅仅挂在墙上作为一种形式。该企业文化建设明确提出“公平正义、诚信责任、学习成长、创新卓越”的核心价值观，实现社会、企业、客户和员工的发展、共赢与和谐，必将促进企业的可持续发展。此项优秀成果表明企业文化的软实力及其在市场中的竞争力，对推动民营企业文化建设具有现实性的指导作用和深远的战略意义。

该企业文化建设不仅有明确的指导思想和基本原则，而且还提出具体的实施方案，有助于企业文化建设工作的有序推进。在企业文化建设过程中，把企业文化建设作为一项系统工程，是企业生存与发展的竞争法宝、原动力和精神支柱。重视对企业文化状况的分析、总结、归纳和凝炼，有利于企业文化建设的系统化、规范化、全面化，提出企业文化建设由浅入深的持续发展措施。在集团公司成立企业文化建设领导小组，有利于从组织机构上保证企业文化建设实施方案的具体落实。从理念文化、行为文化、物质文化三个层次的内容，来推动企业文化建设的纵深发展。明确企业文化建设分为调研摸底、宣传动员、组织实施、成果评价四个阶段，有助于实施步骤的落实。该企业文化建设起始于创业，发展于企业成长的全过程，贯穿于企业在市场竞争的方方面面，显示出企业文化的强大生命力。

点评专家：中国人民大学教授、博士生导师

中国文化管理学会组织文化测评基地专家委员会委员　　邓荣霖

中国·春和集团
企业文化案例

企业简介

春和集团以全球的视野聚焦于船舶、海洋工程、资源和物流产业的投资发展，致力于成为立足本土、布局世界的产业投资控股集团。自1995年创建以来，春和集团国际化的团队前瞻把握全球经济的发展趋势，敏锐捕捉产业差异性经济周期的发展机会，在涉足的产业均取得超常规发展，业绩骄人。目前，集团拥有员工25 000余人，2009年总资产163亿元，产值124亿元，在2010年度中国企业与中国制造业500强中分别居451位与244位。

“春和”坚持创业创新，推动产业结构战略性优化升级；持续提升船舶制造产业的核心竞争力；创新发展海洋工程产业的新项目；以船舶设计制造的优势能力，延伸发展以远洋运输为主体的物流产业，塑造国际物流和服务核心竞争能力，支持开拓以铁矿石为核心的资源产业；为国家全球资源战略的实施尽绵薄之力，实现实业报国。

集团主要成员机构有：江苏太平洋造船集团、南通太平洋海洋工程有限公司、春和资源（香港）控股公司、上海春和投资管理有限公司、宁波春和投资开发有限公司、扬州春和置业有限公司、宁波金港大酒店、宁波市股权托管咨询服务有限公司、宁波春和机电工业有限公司、扬州太平洋重工技工学校等。

集团董事局主席梁小雷，同时担任太平洋造船集团董事长兼CEO、中国船舶工业协会副会长。青年时代留学法国，就读于巴黎大学，主攻国际贸易专业，1995年归国创办“春和”。曾荣获“全球华商品牌人物”、“中国最具战略眼光企业家”、“江苏省五一劳动荣誉奖章”等多项荣誉。

集团党委书记梁光夫，大学学历，副教授职称。1950年1月参军，加入中国人民解放军陆军第21军，曾任团政治处副主任。1975年转业，任浙江台州地委宣传部副部长、讲师团团长等职。他退休后，1995 年与梁小雷共同创办了“春和”。梁光夫本人被评为中国行业科学研究会优秀专家、浙江省杰出民营企业家。

以企业形象文化推动企业健康持续发展

中国 · 春和集团

春和集团自 1995 年创立以来，在短短的十多年间，从小到大，不断发展壮大，目前拥有员工 25 000 余人，2009 年总资产 163 亿元，产值 124 亿元，在 2010 年度中国企业与中国制造业 500 强中分别居 451 位与 244 位。产业结构由单一的轻工制造业，演化为聚焦于船舶、海洋工程、资源和物流产业的投资发展，致力成为立足本土、布局世界的产业投资控股集团；经营地域由浙江台州扩大至长三角苏、沪、浙地区。

在企业的快速发展历程中，集团领导层深刻体会到企业文化的作用，将之视为一个企业的灵魂。各级领导身体力行推进企业文化的建设，充分发挥其软实力的作用。在长期的探索、实践过程中，“春和”逐渐形成了有自身特色的企业形象文化——“绿色企业文化”理念体系，旗下的太平洋造船集团形成了“海文化”理念体系，通过持续、深入地宣传贯彻，促使企业文化“落地”、“入心”，有力地推动了企业持续健康的发展。

一、“春和”形象文化的理论准备

在推进企业文化建设中，我们深刻体会到，企业文化建设要有一定的理论依据作指导。“春和”及旗下“太平洋”的企业文化建设，在党委书记梁光夫的指导与亲自参与下，作了大量的经验总结与理论思考，广泛吸收国内外企业形象文化的成果。由于做好了以下几方面的理论准备工作，所提炼的形象文化比较准确地体现了企业自身的特色。

首先是对国内外有关形象文化创建的理论与实践，做了研究与借鉴，为企业形象文化的形成提供理论依据。形象文化以外在、生动、富有想象空间的形象来传达深刻的文化理念，体现了理念渗透于形象、内在与外在的统一；

其次是继承了“春和”在发展壮大过程中所积累的企业文化成果与经验；

再次是融合了企业集团内部不同行业与不同企业的文化理念。如“太平洋”的海文化就是在充分融合了所属浙江造船与大洋造船的企业文化特色基础上形成的；

最后是充分体现了企业领导人的战略思想与商业智慧，以及广大员工的实践创造的成果，展现了企业的发展方向。

二、“春和”形象文化的形成

“春和”的“绿色企业文化”理念，发展到今天，已经经历了三个阶段。在初创时的萌芽阶段，我们提出了“盈利、育人”的企业宗旨，以及“三个敢于”的企业精神等，但还不够系统；2004 年，在总结、反思企业文化实践的基础上，开始形成比较完整的理念体系，并编制了《春和企业文化 ABC》手册；到 2009 年初，企业文化理念得到进一步升华，推出了“春和”形象文化——“绿色企业文化”理念体系，并编制了新的企业文化手册，从而标志着“春和”企业文化进入了成熟阶段。

而在太平洋造船集团，通过集团上上下下几百人共同参与、反复讨论、不断提炼，历经 11 稿，历时一年多，我们于 2007 年 10 月发布了《海文化宣言》，推出海文化，得到了广泛的认同与热烈的反响。可以说，海文化的提出，是顺应企业发展趋势与群众意愿的产物，是我们企业文化发展成熟的标志。

三、“春和”形象文化理念体系的宣传贯彻

“春和”绿色企业文化具有“三大特征”、“五大内涵”。其三大特征是：一、生生不息，体现绿色企业文化的生命力；二、和衷致远，体现绿色企业文化的亲和力；三、无限追求，体现绿色企业文化的创新力。其五大内涵是：一、核

心价值观——创业创新，生生不息；二、企业宗旨——创造价值、造就人才、共享成果、奉献社会；三、企业愿景——锤炼精益团队、打造一流企业；四、核心竞争力——速度、创新、个性化、国际化；五、企业精神——敢于负责、敢于创新、敢争第一。

在绿色企业文化理念体系发布后，党委书记梁光夫率先在集团本部进行宣讲，各部门结合自身的工作实际，认真学习、领会，撰写心得体会。同时，在所属宁波金港大酒店开展了宣传月活动。其间，各级领导登台宣讲，举办了演讲比赛、知识竞赛、征文等多种寓教于乐的活动，并采取了巩固宣传月活动的八项落实措施，在提升硬件装修档次的同时，做到了“软件”相应升级，促进企业的形象与效益全面提升。

“太平洋”海文化的特征是“海的胸怀、浪的激情、水的奉献”；其核心理念是“追求极致、挑战卓越”；企业宗旨是“创造价值、造就人才、共享成果、奉献社会”；企业精神是“包容、拼搏、奉献、和谐”；核心竞争力是“速度、创新、个性化、国际化”。

海文化宣言发布以来，每年定期开展宣传月活动。第一届海文化宣传月，各单位一把手登台作首场宣讲，大张旗鼓集中造势，取得了阶段性明显成效；第二届宣传月，和风细雨层层搞宣传贯彻，着重海文化理念的“落地”、“入心”。两届宣传月，覆盖面广、认同度高、有声有色、效果良好。

四、“春和”形象文化建设的特点

“春和”的形象文化建设，具有三个鲜明的特色，或者说，有三条成功的经验始终贯穿于企业文化建设中。

首先是形象文化建设要有一定的理论依据作指导。企业形象文化的探讨产生于欧美市场经济，成熟于国际化的竞争环境，有着萌芽、探索、成熟的发展过程。而“春和”的形象文化建设，伴随着坚持企业文化实践与创新，以及理论思考的深入，经历了从初创到探索发展，再至企业文化理念与形象较好统一的成熟阶段。

其次是形象文化建设要紧密结合生产实际，使之成为推进企业发展的强有力推手。“春和”绿色企业文化与“太平洋”海文化的提炼、总结，都源于企业长期生产经营的实践，体现了企业的行业背景以及企业家的战略思维，并以形象的方式充分展示了企业的愿景，成为凝聚人心、推动发展的强大精神动力。

最后是形象文化建设要有一支形成网络的强有力的骨干队伍。抓好三个层面的三个环节：集团层面，董事会下设非常设性咨询机构——企业文化委员会，它为董事会提供决策依据，并指导企业文化建设的重要事宜；企业层面，有企业文化主管部门和专职人员，它承担着日常企业文化建设具体组织、实施；广大基层，有一支强有力的骨干队伍，我们称之为“双百”队伍（即100名以上企业文化宣讲员和100名以上通讯报道员）。

五、“春和”形象文化的建设成效

“春和”的形象文化大力弘扬创新精神，倡导全员创新、创新人人可为、创新不分大小。创新不仅是技术专家或管理人员关注的焦点，也是普通员工结合生产实际的自发行为。2007年，“太平洋”下属的大洋造船取得了“垂直气电焊的使用”、“主机串油工艺的改进”等十项创新成果；2008年，该公司推出“小创新，大奖励”的政策，又获得31项创新成果。这些创新成果的及时运用，使企业的运行更高效、生产成本更低、作业流程更顺畅。

形象文化重视员工自我追求的实现，通过树立典型，鼓舞、带动广大员工。“太平洋”推出了一批体现企业核心价值观的先进团队和优秀个人，下属企业更产生了“星级员工”200多人，他们是推动企业发展的标杆，更是企业文化理念落地生根的典型，很好地起到激励人心、团结奋进的作用。

“春和”的形象文化在得到员工广泛认可的同时，也得到了社会各界的肯定，这使我们先后荣获“中国企业文化建设示范单位”、“建国60周年·中国企业文化十大杰出管理企业”、“全国企业文化建设50强单位”等荣誉称号。集团的企业报《春和报》荣获“全国双十佳企业报”称号。

今年10月恰逢“春和”创建15周年，以“对外展示形象，提高‘春和’的知名度与美誉度；对内凝聚人心，增强‘春和’人的亲和力与向心力”为主题，集团隆重举办八个“一”的系列庆祝活动。系列庆祝活动对外展示形象，提高“春和”的知名度与美誉度；对内凝聚人心，增强“春和”人的亲和力与向心力，使“春和”企业文化建设与品牌建设更好接轨。

【专家点评】

积极建设“绿色企业文化”

春和集团由单一的轻工制造业发展成为一个拥有船舶、海洋工程、资源和物流产业结构的投资控股集团，是他们把企业文化视为健康持续发展的灵魂，充分发挥了企业文化的引导作用。

春和集团把他们的文化概括为企业形象文化，也称“绿色企业文化”理念体系。他们的文化，一是符合产业特点和企业实际。它是从企业自身实践中提炼出来的，取得了职工的认同、服从，并转化为他们自觉的意识和行为。二是体系完整和特征显著。它内涵企业的核心理念、企业宗旨、企业精神、企业远景和核心竞争力，正如他们说的体现了“海的胸怀，浪的激情，水的奉献”，以及绿色的生命力、亲和力和创新力。三是做法具体和成效显著。他们通过领导号召、全员参与、制度规范、典型激励和各种庆典活动，做到了“以文强企”，在2010年一举成为我国500强中的451位、制造业中的244位。从1995年创建到现在能获得这样好的业绩，春和集团的确发挥了企业文化建设软实力的引导作用。

点评专家：中国社会科学院教授、博士生导师

中国文化管理学会组织文化测评基地专家委员会委员　　　　韩岫岚

江苏大屯铝业有限公司
企业文化案例

企业简介

江苏大屯铝业有限公司是2002年4月由上海大屯能源股份有限公司和中煤能源香港有限公司共同出资成立的合资企业。设计产能为10.6万吨/年电解铝及配套6.4万吨/年阳极炭素，主营铝锭、铝棒、铝板材、铝型材及阳极炭素，年销售收入近20亿元，现有员工800余人。

大屯铝业公司从投产初期就探索走依靠企业文化管理企业之路，成立了企业文化推进委员会和专业指导小组，制订了《关于推进企业文化的意见》，构建了企业文化建设的整体框架，确定了企业近、中、远期创建目标。加大文化创建投入，编印了《企业宣传画册》、《企业文化手册》、《员工行为规范手册》和《精细化管理手册》，并适时根据创建情况对企业文化核心理念和手册进行修订完善，营造浓厚的文化氛围；通过举办《企业文化手册》发放仪式、召开企业文化年会、编印反映员工创业历程的《岁月如歌》书籍、举办专题知识讲座、定期举办“铝业杯”篮球比赛、大合唱、升国旗仪式等丰富多彩活动，使企业文化理念转变为员工的自觉行动。2009年在全厂推行了准军事化管理活动，进行了全员军训，开展了军事会操比赛，严格规范员工行为和车辆停放，做到管理军事化、效益最大化。公司先后荣获“全国企业文化先进单位”、“全国企业文化示范基地”、“江苏省文明单位”等荣誉称号。

打造强势企业文化　探索文化管理之路

——江苏大屯铝业有限公司企业文化建设综述

华桂林

2004年下半年，随着10万吨电解铝生产系统的顺利启动，大屯铝业公司也开始了对企业文化建设的探索和实践。几年来，我们从学习借鉴到方案制订、从理念征集到手册编制、从规范行为到准军事化管理、从视觉文化到理念文化，始终坚持“创新、整合、融合、提升”原则，不断赋予企业文化新的内涵，员工队伍素质、企业管理水平明显提高，初步形成了具有大屯铝业特色的企业文化。我们的主要做法可以简要归纳为8个字，即：

一、学

学就是学习。企业文化建设是一个学习的过程，只有借鉴别人的成功经验，吸取别人的经验教训，才能少走弯路、少受挫折、少交学费，提高成功的概率，加快推进的步伐。2004年9月，我们组织骨干力量，远赴上海宝钢、三菱电梯、别克汽车及延锋伟士通等国内知名企业进行企业文化专题调研。在广泛吸收、借鉴先进经验的基础上，结合公司实际，初步设计了铝业公司企业文化建设框架，制定出台了《关于推进企业文化建设的意见》，明确了创建的指导思想，提出了企业文化建设由近及远的奋斗目标，成立了由党政一把手挂帅的企业文化建设推进委员会，确定了各专业小组责任人和工作职责，为企业文化的创建提供了思想和组织保证。

二、炼

炼就是提炼。在学习的基础上加以归纳提炼，形成全员共有价值观，是企业文化建设必经之路。2004 年 10 月，我们在全体员工中开展了企业文化理念征集活动。在不到一个月的时间里，就征集到文化理念 300 余条。经多次梳理分类和筛选修改，最终确定了具有大屯铝业特色的文化核心、企业宗旨、企业精神等 10 项核心理念。2008 年，顺应企业文化不断深化发展的需要，我们对原有的企业文化理念又重新进行了整合、修订。同时，把那些语言简洁、寓意深刻、警示性和教育性较强的职工格言，集中做成电脑喷绘图板，挂在各车间显要位置，营造了浓厚的文化氛围。

三、导

导就是引导。企业文化要为广大职工认同接受，离不开强有力的宣传和引导，这是企业文化建设的重要手段。为保证企业文化建设各阶段目标任务的落实，我们按年度制定了《企业文化建设推进意见》，加大文化理念宣传和贯彻力度。先后邀请了北京北绘文化整合传播机构和上海明德学习型组织研究所等知名机构资深专家、教授来公司，就企业文化和学习型组织等方面知识作专题讲座辅导，使职工在潜移默化中接受和认可文化理念。

为加快企业文化理念的普及，我们编印了《企业文化手册》、《管理人员行为规范手册》、《安全文化手册》、《精细化管理操作手册》等系列企业文化丛书，定期出版内部宣传刊物《大屯铝业》，对企业文化理念、知识进行循序渐进、由浅到深的导入和固化。2008 年，又专门编印了反映铝业投产四年来奋斗历程的《岁月如歌》论文集，充分展示了铝业人的精神风貌，激发了员工的创业自豪感，提高了大家对企业的认同度。

四、载

载就是载体。载体是企业文化建设由虚到实的“转化器”，是企业文化成功落地的关键。为统一思想、形成共识，我们把创建学习型工厂作为企业文化建设的切入点，提出了“把人才培养成党员，把党员培养成人才”的口号，号召广大党员干部在企业文化建设和学习型工厂创建工作中起到标杆和引领作用。同时，为促进创建活动的有序开展，我们积极为职工搭建学习平台，提供有效支撑。一是加强外委培训，与中南大学联合开办了电解铝专业大专班，选派优秀技术人员和生产骨干到同行业标杆企业学习培训，找差距、比不足、激活力；二是重视技能培养，每年举办各类职业技能培训班，在车间一线举办各工种技术比武大赛，开展技术创新优秀项目评比，提高能力；三是提供学习资料，为全体员工配发了《要做就做最好的》、《细节决定成败》、《解放军精神》、《驱动力》等企业文化建设方面的书籍，为各车间购置了图书柜，设立了职工读书箱，购买技术和文化书籍，职工中逐渐形成了读书学习、钻研业务的良好风气。广大职工在学习中深刻认识到企业文化建设的极端重要性和必要性，对“安全为天、生命至尊”的安全核心理念、“精诚团结、追求卓越”的管理理念有了更深的理解和认同。

五、亮

亮就是擦亮。通过刷新环境，提升企业形象。在视觉文化建设方面，我们依据集团公司的规范和大屯公司的要求，统一采用了蓝白相间的企业标准色，规范了企业名称和产品标志，统一了宣传和印刷品的格式，并加大了厂区绿化投入和环境治理，在各车间、办公场所悬挂了体现公司企业文化理念及大屯公司安全文化理念的精美排板，在办公楼前建造了大型宣传画廊，在南北大门前树立了造型独特的灵壁石，篆刻了所有参加铝业一期工程建设的员工名单，用鲜明的企业形象、独特的文化风格形成强烈的视觉冲击。

借助铝业公司实现首批 1 000 吨出口铝锭远销挪威、后续 1 000 吨代焙炭块外销阿联酋的有利形势，我们及时与江苏省文联协作，拍摄了高质量的铝业公司企业文化专题宣传片《追求卓越》，在职工学习和来宾参观时播放，有力提升了企业形象。

六、本

本就是根本。人是企业的主体，企业文化建设必须牢牢抓住“人”这个根本因素。在六年推进企业文化建设过程中，我们始终坚持“以人为本”，注重制度约束的刚性管理与人性化引导的柔性教育相结合。一是“订规矩”。制定了铝业公司《员工行为规范手册》、《精细化管理手册》，建立严格的考核体系，狠抓落实执行。二是“订行为”。推行准军事化管理，制定出台了《关于推行准军事化管理工作的安排意见》、《准军事化管理实施细则》、《准军事化管理训练管理制度》等文件，对全体员工进行严格的军事科目训练，定期举办升国旗仪式和军事会操活动，规范了员工的行为，提高了员工队伍的执行力、服从力和战斗力。三是“订情感”。注重情感投入，实行人性化管理。从2005年元月份开始，公司为全体员工建立了“生日档案”，坚持为每位员工发放生日蛋糕；改善电解生产环境，为各个车间配备了微波炉、冰柜及药箱，主要生产车间职工每人每天供应一袋鲜牛奶；解决了涉及职工切身利益的浴室、食堂、洗衣房、篮球场、职工倒班楼、班中餐等问题；坚持每年举办一届职工篮球赛，重大节假日举办大型职工文艺演出庆典活动，定期组织大合唱、安全文艺演出、合理化建议、劳动竞赛等活动，最大限度地满足广大职工的个性追求，使员工在日常工作和生活中，对企业产生强烈的归属感和依赖感，增强了企业的凝聚力。

七、移

移就是转移。企业文化建设推进到一定阶段后，必须重心下移，才能勃发强大生命活力，这是企业文化建设的动力源泉。2008年开始，我们专门聘请了专业研究机构，对企业文化建设进行评估，找出存在的问题，提出改进的建议。在此基础上，从2009年起，我们把企业文化建设的重点瞄准在基层车间，充分发挥各基层车间的自主能动性。鼓励各车间结合自身生产环境、工作流程、人员结构等因素，自主提炼更加符合实际的车间文化理念。充分尊重每个车间以简洁、顺畅、好学、易懂、职工普遍认可的方式对公司企业文化理念进行演绎和转化，从而使广大职工真正融合进来、参与进去，耳濡目染，潜移默化，收到了极好的推动效果。2009年，我公司被中国企业文化管理学会授予“全国企业文化建设示范基地”荣誉称号。

八、升

升就是提升。企业文化不是一劳永逸、一成不变的东西，只有结合新形势、新任务、新要求，不断推进、循序提高，才能具有永久生命力，这是企业文化建设的腾飞翅膀。2010 年，我们根据中煤集团和大屯公司推进企业文化建设的规划，结合铝业公司实际，适时提出了“以创业文化为主线，以安全文化为前提，以廉洁文化为保证，以和谐文化为目标”的企业文化建设新思路，对 4 项子文化分别作了安排，制定了具体的实施意见，希望通过持续不断的深化企业文化建设内容和载体，努力打造具有大屯铝业特色的企业文化体系。

【专家点评】

创新激发创业　文化造就先进

江苏大屯铝业公司创办初期就提出通过企业文化建设来促进企业发展的道路，组建企业文化推进委员会和专业指导小组，明确企业文化建设的近期、中期、远期目标，构建企业文化建设的基本框架，使企业文化建设贯穿企业发展的全过程之中，成为企业管理各层次人员的自觉行为。该企业文化建设的突出特点和宝贵经验是着眼于企业实际状况，从学习借鉴到方案制订、从理念征集到手册编写、从视觉文化到理念文化，始终坚持创新、整合、融合、提升的原则，不断赋予企业文化的新内涵，形成具有特色的文化管理之路，必将促进企业的可持续发展。此项成果有利于丰富企业文化优秀案例的内容，并推动企业文化建设的纵深发展。

该企业文化建设的主要做法归纳八个字，简明易懂，便于操作。其中学习其他企业成功经验，少走弯路，是企业文化建设的起点和保证。提炼归纳本企业文化理念和实践，是企业文化建设的根基和条件。引导员工认同本企业文化的核心价值观，是企业文化建设循序渐进，由浅入深的必经之路。载体作为企业文化建设的转化器，有助于取得企业各类人员对企业理念的理解并表现在行为过程中。通过规范企业形象和树立独特的企业文化风格，有利于增强企业市场的竞争力。坚持以人为本的制度建设，有利于实现刚性管理与柔性教育的结合，体现企业制度与企业文化相结合是企业发展两大支柱的指导思想。重视企业文化建设的动态管理过程，把自下而上和自上而下结合起来，使企业文化建设不断改进和持续发展。提升企业文化建设的新思路并构建企业文化建设的新内容，有利于形成具有大屯铝业特色的企业文化体系。

点评专家：中国人民大学教授、博士生导师

中国文化管理学会组织文化测评基地专家委员会委员　　　　邓荣霖

赤峰平煤投资有限责任公司企业文化案例

企业简介

赤峰平煤投资有限责任公司是赤峰市直属国有独资服务型企业，由平庄煤业（集团）公司实施主辅分离而产生，于2008年7月1日挂牌成立。公司地处元宝山区境内，与辽宁、河北邻接，交通便利，地理位置优越。

目前，公司在职职工3 764人，资产接近6亿元人民币。公司辖区覆盖平煤百里矿区，主要经营业务有生活后勤服务系统、医疗卫生公共服务系统、矿山林业、建材生产销售、煤炭经销、物业管理、餐饮服务、酒店管理、房产管理、矿山地质测绘、工程设计、市容监察、职工疗养和街道居委会等社会职能。

2009年初，公司提出了“稳定服务、多元发展、文化建设”三大工作战略，制定出“稳定发展、经济效益、多元发展、改善矿区环境、职工收入”五大发展目标，公司以“稳定、服务、发展”为工作主线，到2013年实现“诚信平投、和谐平投、魅力平投”的美好愿景，努力把平煤矿区建设成为宜居、和谐、文明富裕的家园。

公司党委领导班子由5人构成：关福臣，公司党委书记兼公司副总经理；解冠奇，公司总经理兼党委副书记；李连平，公司党委副书记，纪委书记，工会主席；周继红，公司副总经理，党委委员；杜强，公司副总经理，党委委员。

为天地立心　为生民立命

李连平

赤峰平煤投资公司于2008年7月1日正式成立，公司承担着百里矿区的生活后勤服务和部分社会职能。公司现有固定资产总值为56 851万元。在册职工3 763人，管理离退休职工18 873人，各类工伤残人员9 000人。公司下属23个基层单位。公司是企业重组、主辅分离、企业剥离办社会职能的产物。平煤投资公司的组建，承接了原企业生活后勤服务等社会职能以及不良资产，并且承接了所有历史遗留问题，弱势群体多、特困职工多、历史欠账多、群体上访多、不稳定因素多，这一“五多”问题构成了平煤投资公司最显著的特点。公司的职工承担了企业重组所产生的阵痛与成本，个人利益蒙受了巨大的损失。两年来，面对企业重组和主辅分离的重重困难，面对维护矿区稳定的严峻形势，面对辅业生存与发展的艰巨任务，面对职工群众对身份地位、收入保障、企业前景的层层疑虑，公司以企业文化建设为推手，秉持为天地立心、为生民立命的理念，把回报社会、回报职工群众、共享改革发展成果作为工作的着力点，两年一路走来，公司切实把企业文化建设融入各项工作中，在培育企业精神、提炼企业核心价值观、推动制度建设、塑造企业形象、提高职工素质等方面做了积极的探索，取得了一定成效。

一、在继承原有煤炭企业文化的基础上，结合新企业的实际，打造具有自己特色的企业文化

由于公司所有人员都是成建制从原企业剥离出来，仍然从事原有的工作，工作的性质和服务的主体都没有改变，50年的风雨历程、工作经历和煤炭企业的文化，早已在职工的心里打上深深的烙印，成为影响职工行为规范、价

值取向的重要因素。因此公司的企业文化不但应该植根在矿山这片有着厚重的煤炭企业文化积淀的沃土，而且应该闪烁着煤炭职工那种吃苦耐劳、特别能战斗精神的光芒。公司成立之后，在继承煤炭企业文化的基础上，公司对原有的文化进行深入地挖掘、整理、提炼，并且紧紧地结合自身企业的实际、工作性质和特点，不断注入新的内涵，力争打造以服务文化为主、多元文化共存的企业文化。

二、以企业文化凝神聚力，增强职工群众对企业的认同感和归属感

张瑞敏先生曾说过，启动企业要从人开始，启动人要从精神开始。主辅分离后，广大职工普遍有一种被抛弃的感觉，再有就是对平煤投资公司这一新组建的企业怀有重重疑虑，对于企业到底能走多远，怀疑观望的心态占据主导位置。面对这些问题，公司及时采取应对策略，提出“两个不变”的政策：一是尊重历史，工资收入不变；二是重视现实，职工的身份地位不变。以此消除顾虑，稳定队伍。紧接着，公司在“诚信、服务、满意”的工作理念的基础上，提出了“心系百里矿区，立志奋发图强，建设美好家园”的创业理念。这一理念包括了企业的社会责任，企业的性质，以及广大职工努力奋斗的目标。公司通过各种方式和措施教育引导广大员工树立服务意识，端正服务态度，提高服务水平。在提升服务意识，提升自我存在价值的过程中，也不断增强了职工对本企业的认同感和归属感。

三、积极探索服务型企业文化建设的途径，增强企业文化的时效性

公司成立后，确立了服务主业、稳定辅业、多元发展、造福矿区的工作定位；提出了一年全面起步、两年初见成效、三年基本达标、五年实现愿景的工作步骤；提出了稳定服务、多元发展、文化建设三大工作战略；提出了稳定发展、经济效益、多元发展、改善矿区环境、职工收入五大发展目标；提出了

承担稳定发展、改革管理、造福职工、矿区文化发展四大责任。2009 年 12 月 16 日公司第一次党代会上，充分肯定了企业文化建设在企业发展中的战略定位，明确提出企业文化建设是思想政治工作与企业经营管理相结合的有效载体，要把企业文化建设切实融入企业的经营生产和各项管理工作中的基本思路，明确了企业文化建设的指导思想，即以党的十七大和十七届四中全会精神为指导，深入学习实践科学发展观，围绕公司稳定、服务、发展的工作大局，围绕企业生产、经营、管理工作，围绕企业总体发展目标和战略，努力培育和发展企业核心价值观，形成凝聚力强、奋发向上的平投文化。树立“诚信平投”、“和谐平投”、“魅力平投”的新形象，为公司实施“三大工作战略”、实现“五大发展目标”和又好又快发展奠定坚实的文化基础。

四、切实把企业文化融入企业的各项工作之中，增强企业文化的魅力

一是做实“民心工程”，创建服务文化。树立服务至上、服务第一的理念，以一流的服务努力打造公司品牌。与此同时，公司积极创造条件，每年开展“十大民生项目”，惠及职工家属，造福矿区。把为民办实事、办好事作为我们的终极目标。

二是构建和谐矿区，创建平安文化。围绕“创建平安平投，构建和谐矿区”的总体目标，树立“稳定是大局，稳定是政绩，稳定是效益”的工作理念，形成了以党政领导负总责、信访部门牵头抓、其他部门积极参与、公司上下齐抓共管的大信访工作格局，确保了一方平安和稳定。

三是建设惩防体系，创建廉政文化。公司党委认真学习贯彻胡锦涛同志在中纪委十七届三次会议上的讲话精神，有针对性地制定了《党员领导干部廉洁自律“十不准”规定》，制定了关于办公电话费管理、车辆维修管理、奖金管理办法等相关文件，规范企业运行程序，有力地促进了党风廉政建设。

四是着力提高素质，创建学习文化。围绕创建学习型组织，大利倡导“持续学习、终身学习、创新学习”理念。公司党委重点抓了公司、分公司（处）

两级党委理论中心组的学习，并在全公司开展了“读一本好书”活动，认真学习《执行力》一书。

五是培树典型，创建道德文化。公司把道德建设融入企业文化建设，在全公司范围内广泛开展了“感动矿区好职工、好党员、好干部、好家属、好居民、好家庭”六好道德典型评选活动。努力实现“以德铸魂、以德治企”的大目标。充分利用媒体，广泛宣传各类先进典型，用榜样的力量凝聚人心，用身边的人和事教育身边的人，收到了较好的宣传教育效果。

六是完善行为识别系统，创建制度文化。公司先后出台了信访工作制度、职工管理制度、奖金管理办法、安全生产、工程管理、社保操作规程、工伤残职工管理、困难职工救助、企务公开等一系列制度和办法，完成了各工种岗位描述，使全体职工能够自觉遵守企业行为规范。公司党委结合实际，制定了《平煤投资公司党委工作条例》，并纳入企业绩效考核范围。

七是丰富活动内容，创建形象文化。以企业标识和企业之歌的征集、服务管理年、白国周班组管理法推广、安康杯竞赛、凝聚力工程竞赛、新闻杯竞赛、十佳道德模范事迹宣传、机关“五型”部室建设等活动为载体，使职工广泛参与企业文化建设，自觉实践企业文化，成为企业文化建设的主角。公司组织开展的庆祝“建国六十周年”团体操大赛、趣味运动会等健康有益的群众文化体育活动，极大地提高了职工的文化生活水平。通过制作播放电视专题片《守望美好家园》、出版发行《平庄矿区老年书画作品集》、参加赤峰市老年人风采大赛、举办地企共建文艺联欢活动等，展现平投人的精神面貌和风采，让更多的人了解平投，了解平投人，营造了良好的发展环境。

平煤投资公司的企业文化建设，始终紧密结合本企业实际，收到了一些实效。在未来的发展进程中，公司将以打造“诚信平投”、“和谐平投”、“魅力平投”为目标，坚定服务至上、和谐共生的理念，在企业文化的引领下，为平煤投资公司的长远发展、为平煤矿区的安定和谐这一宏伟大业作出新的更大贡献。

【专家点评】

以优秀的企业文化促进公司科学发展

——赤峰平煤投资有限责任公司企业文化建设简评

认真读了赤峰平煤投资有限责任公司党委副书记李连平“为天地立心 为生民立命”的文章，感到非常亲切，并为他们取得的每一个进步和成就感到鼓舞和欣慰！我曾经有幸于2010年5月中旬随企业文化专家考察组到内蒙赤峰市进行专题调研，实地考察了赤峰平煤投资有限责任公司（以下简称平投公司）的部分实体、现场管理、发展状况和成果，既完成了调研任务，又和平投公司员工结下了很深的友情！

当时，平投公司企业文化建设的有关情况就给我留下了非常深刻的印象。

平投公司努力探索国有大型煤炭企业实施主辅分离、辅业改制、社会职能移交、分流和安置富余人员的新的管理模式。平投公司是国有独资服务型企业，成立时间不长，可以说百业待兴，很多产业项目起点不是很高，起步时候家底也不厚，甚至没有什么积累，而发展和遗留的历史问题倒不少。平投公司在正式成立后，准确定位，自觉建立生存文化、危机文化、发展文化、服务文化、绿色文化，以优秀的企业文化凝聚人心，实现了跨越式发展！平投公司覆盖百里矿区，涉及千家万户，“十大民生工程”的启动和相继完成功在百姓、功在民生、功在主业、功在地方，依我看，平投公司的最大成就还不仅是经济效益的发展，平投公司最大的贡献是稳定！没有平投公司的贡献就没有主业的稳定，就没有整个地方的稳定！这样的成功雄辩地说明一个事实：平投公司有一个具有强烈的事业心、责任心、进取心的团结和谐的领导班子，一支有很强执行能力的中层管理人员队伍，一支善于打硬仗的优秀职工队伍，培育和形成了“合金化”的企业文化，这是平投公司创造科学发展奇迹的前提条件和基本保证。

平投公司企业文化建设方向正确，起点较高，目标明确，方法得当，特色突出，健康起步，主要做法和亮点包括：一是平投公司企业文化建设从实际出发，打破常规，敢于创新，内强素质，外树形象，从基础层级做起，特别注重针对性、有效性。二是加强学习培训，特别是对中层以上管理人员企业文化分层次培训，这非常重要！三是把企业文化建设融入企业管理过程，不断寻求合适的载体开展各项活动，不仅开展各项文体活动，同时开展企业管理创新活动，努力为企业发展形成良好的文化氛围。四是不断总结提升，努力保持平投公司企业文化的时代性和先进性。

平投公司领导班子高度重视企业文化建设，自觉运用企业文化管理企业、发展企业，塑造了“诚信平投，和谐平投，魅力平投”的企业新形象。

祝平投公司兴旺发达，全面实现企业发展愿景！

点评专家：中国文化管理学会常务理事

中国文化管理学会组织文化测评基地副理事长

中国文化管理学会组织文化测评专家委员会主任、研究员　　解云天

东风悦达起亚汽车有限公司企业文化案例

企业简介

东风悦达起亚汽车有限公司系由东风汽车公司、江苏悦达投资股份有限公司、韩国起亚自动车株式会社共同组建的中外合资轿车制造企业。主产品智跑、SOUL 秀尔、Forte 福瑞迪、赛拉图 / 赛拉图欧风、RIO 锐欧、狮跑、远舰系列车型等均引自韩国起亚，以先进技术精心打造，竞争力极强。

至 2010 年年底，东风悦达起亚已建成 347 家 4S 专营店，售后服务体系不断完善，以最快的速度、最佳的服务满足用户需求。2006 年 8 月 29 日，东风悦达起亚将非营运车辆的发动机、变速器保修期延长为 5 年 /10 万公里，进一步提高顾客满意度和信赖度。

随着国内汽车消费市场的扩大以及人们用车理念的日益多元化，要更好地应对不断变化的市场，必须有更新、更全面的产品矩阵。2007 年 12 月 8 日，东风悦达起亚第二工厂正式投产。新工厂总投资 68 亿人民币，建筑面积 364 792 平方米，员工逾 4 000 人，具备年产 30 万辆整车的产能规模。随着第二工厂的投产，东风悦达起亚至 2011 年将具备年产 43 万辆的产能，成为一家现代化、综合性的大型乘用车制造企业。

秉承“挑战、精诚、和合、超越”的企业理念，东风悦达起亚全体员工将以顾客至上为宗旨，不断挖掘企业蓬勃的创造力，在“激情超越梦想”的品牌精神鼓舞下，向中国消费者奉献安全环保、超越期望的汽车产品以及完善的售后服务，为消费者创造更美好、更便捷的汽车生活。

激情与梦想　和谐与创造

——探索东风悦达起亚企业文化建设之路

东风悦达起亚汽车有限公司

东风悦达起亚汽车有限公司成立于2002年，系由东风汽车公司、江苏悦达投资股份有限公司、韩国起亚自动车株式会社共同组建的中外合资轿车制造企业。十年来，公司艰苦创业，历经坎坷，锐意进取，坚韧不拔，创造了一个有中国汽车工业特色的合资企业的发展奇迹。

十年磨一剑，光阴如穿梭……

东风悦达起亚从第1辆整车到第20万台汽车的诞生，用了短短的3年时间；

从第40万辆到第60万辆推向市场，用了不足18个月的制造时间；

从80万辆到100万辆下线，仅仅用了短短的7个月的时间；

而从第“1”辆千里马落地，到第“1 000 000”辆的Forte福瑞迪的跨越，也只用了短短的八年时间，企业发展以几何级的速度在增长，令人骄傲和自豪。

2010年，公司销售突破33万辆，同比增长38%，增幅稳居合资品牌榜首，成为2010年中国车市耀眼的明星。

……

多年以来，公司在重视技术创新和科研成果转换的同时，也非常重视全国销售网络的战略布局。目前覆盖全国的4S专营店达到356家，市场更加广阔，分布更加科学，消费者可以更加便利地随时购买到东风悦达起亚的产品和享受到便捷的售后服务，企业、经销商、消费者达到了一种共赢。

现在公司拥有智跑、SOUL秀尔、Forte福瑞迪、狮跑、赛拉图、赛拉图欧风、RIO锐欧及远舰等在内的多款明星车型，“以产品赢得天下”是我们东风悦达起亚永恒的信念。

如今，公司正以“激情超越梦想”的胸怀和境界，以敢闯敢试的精神和气魄，以企业产品矩阵似的发展态势，不断超越，超越，再超越！

是什么力量使我们公司取得了如此辉煌的业绩？是什么原因使我们的企业能够战胜各种困难驶入良性发展的快车道？是什么方略使我们公司跻身全国乘用车生产企业的先进行列，成为“东风悦达起亚现象”？

答案只有一个，那就是：“挑战、精诚、和合、超越”的企业精神，“融合、人本、创造、奉献”的企业核心价值观，以水润万物而不息的关爱文化。

回顾东风悦达起亚的发展历程，我们在不到十年的时间内，以奇迹般的速度，从无到有，甚至成为中国汽车行业的主力军，已经成为汽车行业发展的经典案例。

有许多学者也对东风悦达起亚的发展做了深入研究，提出了“成本控制、研发投入、人才招募、设备更新、销售网络扩张”等影响我们发展的关键因素；但我们觉得除此之外，企业领导人对于企业文化建设的高度重视更是影响东风悦达起亚快速发展的关键因素。

然而我们也清楚地认识到，一个企业的发展单纯依靠制度管理体系显然是不够的，虽然我们也拥有完善的管理制度体系，严格的规章制度，可是在企业日常经营管理方面还是会出现这样和那样的问题，整体团队意识不足、中韩员工之间思维方式和价值观的冲突、员工的进取意识和执行能力还不能够达到企业快速发展的要求，如此等等，时时困扰着企业的核心领导团队，也影响我们的发展。

面对挫折，我们没有退缩和彷徨，面对困难，我们想到了企业文化，那就是通过企业文化建设来弥补制度体系无法到达的管理“漏缝”。我们确立了东风悦达起亚企业文化建设的几大原则：

首先，企业文化相对于管理制度而言，属于非制度管理内容，它对员工的管理作用主要是通过精神引导弥补管理制度的不足，是一种柔性的因素，它“柔情似水”，与制度相比它并不具有强制性的作用力，它的效果侧重“柔”而不是“刚”，特别是对于我们中韩两国组成的合资企业来说尤为重要。

其次，企业文化的作用不可能一蹴而就，在短期内企业文化建设的效果可能不太明显，但从长期效果而言，它的作用就是培养企业的共同价值观，逐渐通过价值观形成对员工的行为规范，最终对企业绩效发挥作用，因此从长期来看它对企业有“水滴石穿”的作用。

第三，企业文化建设难度很大，成功的关键在于企业领导人的坚持不懈和全体员工的共同参与。只要有信心和决心，企业文化建设就一定会“水到渠成”。

最后，企业文化是一把双刃剑，正如俗话所说“水能载舟亦能覆舟”，优秀的文化能使企业长期繁荣，没有优秀文化的企业最终逃脱不了短命的下场。在商界的搏斗中，企业就像逆水行舟，只有全体员工同心协力才能发展下去。

我们在认真分析企业文化的建设原理后，对公司的企业文化进行了全面而系统地建设，经过全员上下的共同努力，我们构筑了DYK企业经营理念体系，即“The power to surprise（激情超越梦想）”的核心文化，提出了“为小康生活加加速，与小康生活同步”的企业理念；“挑战、精诚、和合、超越”的企业精神；“以人为本，以质为先，精益求精，客户满意”的质量方针和“诚信、理性、持续发展”的企业经营哲学，在企业的各项经营管理中发挥了很好的作用。

回顾我们东风悦达起亚的企业文化建设，有建设难度大、融合性强、创造性鲜明等特点，它不仅要融合三方股东的优秀文化因子，更要在吸收中韩两国文化的基础上求创新、求发展。实践证明，我们是在继承中的发展、在发展中的创造、在创造中的进步！这就是我们的深刻体会。

道家鼻祖老子在他的著作《道德经》中说道：“上善若水。水善利万物而不争，处众人之所恶，故几于道。”他认为水是最接近于道的物品。而中国其他文化对于“水”文化也有各自不同的见解：儒家认为水代表了德，人们应该向水学习，君子应该像水那样不断流动和永不停息，顺其自然地加强道德修养；兵家的孙子汲取他人对“水”的思辨认识，在《孙子兵法·虚实篇》中提出了“夫兵形像水，水之形避高而趋下，兵之形避实而击虚；水困地而流，兵因敌而制胜，故兵无常势，水无常形”的兵家思想。我们认为：在中国文化中，水是和谐文化的代表之一，“水利万物而不争”是对它最好的解释。

这些年来，我们通过对企业内外部环境的深入研究，根据自身实际和行业特点，提出了以“激情、和谐、创造”为核心内涵的东风悦达起亚新文化建设，并围绕这一核心内涵开展了一系列的企业文化建设活动。

东风悦达起亚自建立开始就十分重视和谐文化的建设。每年都固定举办三八妇女节女员工文体活动、篮球、足球、乒乓球竞技，全国安全宣传周以及职工运动会等日常活动，增进员工之间的了解和互动。

结合企业的实际和员工的特点，我们每两年举办一次“职工子女暑假培训文化活动”，让员工子女了解父母所从事的职业，加强员工亲子关系；让员工子女感受现代汽车文明，普及安防和急救小常识等等活动安排，让员工真切地感受到了公司对他们的关爱，使他们更加地爱岗敬业。

为了提升公司的企业文化内涵，表达员工对企业的爱和激发员工的激情，从2010年3月开始，我们在全公司范围内征集优秀歌曲创作，与词曲作家合作，共同创作了东风悦达起亚之歌——《激情超越梦想》，抒发了企业的激情和对未来的向往。

我们在歌词中写道：“我们用智慧迎接挑战，手拉手建造轿车和工厂；我们用汗水浇灌精诚，心连心奉献爱的力量！我们用热血铸就和合，肩并肩创造新锐和时尚；我们用勤劳奋力超越，心连心雕刻大写的坚强！品质卓越，一路驰骋，The power to surprise，激情超越梦想，任重道远，放飞希望！”歌声在天际间回荡，歌声在员工心中飞翔！与此同时，我们还成立了公司员工合唱团，在盐城市举办的合唱节比赛中荣获第一名的好成绩。

这一系列的企业文化建设活动，极大地改善了企业与员工之间的和谐关系，促进了中韩两国人民的友谊和团结，提升了公司的凝聚力和战斗力。

事实上，东风悦达起亚不但注重内部的和谐氛围建设，也一直全力支持公益事业的发展，并始终坚信：不断为社会作出贡献，才能体现企业存在的价值。

在汶川、玉树等地发生灾难后，企业第一时间捐款捐物，并参与起亚家园建设、援助受灾小学体育设施的建设，为灾区重建奉献爱心；组织江苏省残障人士包机直航游览韩国，为江苏省残联捐赠车辆，积极扶助弱势群体，让他们感受来自社会的关心和温暖。

我们还举办绿色行动力福瑞迪 Eco-Driving 体验会、RIO 锐欧环保手提袋设计大赛等环保公益活动，提升公众对绿色环保的重视，共同保护地球家园等。特别是在2010年6月22日，在“第一百万辆产品下线”的同时，东风悦达起亚联手中国青少年发展基金会，计划用 3 年时间投入 1 200 万元，在全国范围内援建 30 所希望小学，让同一片蓝天下的贫困儿童能够接受更好的教育。这些行动，切实体现了企业反哺社会的爱心。

水本身就是动和静的矛盾统一体，在其平静的外表下富含着巨大的能量；在其和谐的内涵里，也有激情的元素。我国唐宋八大家之一的苏轼在著名的《念奴娇·赤壁怀古》中有“乱石穿空，惊涛拍岸，卷起千堆雪”的经典词句，显示了“水”的激情、活力和力量。激情和活力一直是东风悦达起亚产品的核心元素，而东风悦达起亚也围绕着激情和活力开展了一系列的体育营销工作。

2006 年，我们组织参加了全国经销商大会并组建了东风悦达起亚赛拉图凯捷赛车队，与中国足球协会成为官方合作伙伴，赞助全国东风悦达起亚“狮跑杯”企业五人制足球赛和第 25 届亚洲男子篮球锦标赛主赞助商。2010 年初，我们成为斯坦科维奇杯洲际篮球赛冠名赞助商；2010 年 6 月我们东风悦达起亚登上了南非世界杯观战团，还赞助了东风悦达“起亚杯”中国—巴拉圭国际足球友谊赛。

多年来，我们把组建车队，举行赛车、足球、篮球以及其他一系列充满激情、挑战自我的体育运动结合起来，不但很好体现了东风悦达起亚的激情与活力，还诠释了产品的价值和内涵；不仅加强了公司内部员工之间、代理商之间以及客户之间的沟通和往来，还增进了企业与社会之间的互动和交流；在企业内形成了“崇尚激情、热爱运动”的组织氛围，在企业外塑造了“敢于创造、勇于超越”的公司形象。

中国的市场经济发展到今天，特别是竞争残酷的汽车行业，任何一个组织的核心竞争力的核心因素都是人，人是企业的财富，人才不仅仅只是智力和知识的载体，更是能动和前进的创造主体。企业要提升自身的核心竞争力，就必须建立“以人为本”的管理体系，实行人性化管理。而深入实行企业文化建设是提升企业核心竞争力最有效的途径，因为它直接面对企业核心竞争力的核心——人。而企业文化则是以人为中心，旨在挖掘人的潜能——内在的、隐性的精神动力；良好的企业文化是企业核心竞争力长久化的根基，现代企业竞争的重点已从产品竞争上升到文化竞争，塑造健康、融洽的企业文化环境是提升企业核心竞争力的基础。

如果说东风悦达起亚在2010年“百万辆”前是更多地关注“造好车”，那么在下一个发展阶段，通过进一步加强企业文化建设，我们更关注的是“造环保车”、“造低碳车”，重视生态与环境是我们对社会新的贡献。

未来属于不懈追求的人，未来不是在竞争中成长，就是在竞争中消亡。我们在生产优异产品的同时，如何进一步全面、系统、科学地构建有东风悦达起亚特点和特色的、能够体现在企业家领导下的企业家群体文化和全员文化体系将是我们新的目标。

未来属于对社会负责的人，未来属于对股东、对员工负责的人，营造一个能够进一步激励员工“敬业、奉献、发展、创享”的文化氛围，把产品时刻建立在文化上，让消费者从文化中找到诠释，以对人类社会作出贡献为责任和使命，东风悦达起亚的明天会更加灿烂！

【专家点评】

“宽视角与高起点”的实践与成效

综观东风悦达起亚汽车有限公司（以下简称“东风悦达起亚”）的历史演进与管理发展，突出的特征与感受是该公司的“宽视角与高起点”，并在多年的管理实践中进行了积极的探索，取得了颇为显著的成效与业绩。

东风悦达起亚成立于2002年，系由东风汽车公司、江苏悦达投资股份有限公司、韩国起亚自动车株式会社共同组建的中外合资轿车制造企业。主营产品智跑、SOUL秀尔、Forte福瑞迪、赛拉图/赛拉图欧风、RIO锐欧、狮跑、远舰系列车型均引自韩国起亚，以其先进的技术与工艺，精心的设计与制造，倾心打造企业品牌，形成了企业的核心竞争力与持续发展的“公司力量”。

东风悦达起亚的“宽视角”体现在其始终强调和秉承“挑战、精诚、和合、超越”的现代企业管理理念；该公司的“高起点”则表现在企业坚持面向市场和客户，以顾客至上为宗旨，重视技术创新和科学研究的成果转换，不断孕育创造力和提升创新力；并力求低碳与环保，自觉履行各项社会责任，为消费者创造美好、环保、便捷的汽车生活。

东风悦达起亚的“宽视角与高起点”，有效地付诸实践并贯穿于管理活动，取得了日益显赫的经营业绩。该公司从初创到成长，迅速成为我国汽车行业的主力军之一。至 2011 年，东风悦达起亚将具备年产 43 万辆的产能；至 2010 年末，东风悦达起亚的 4S 专营店已近三百六十家，产品的售后服务体系不断改进与完善，以更优的质量和最佳的服务满足消费者的需求，发展为一家现代化、综合性的大型乘用车制造企业，实现了制造商、经销商和消费者的利益共赢。

东风悦达起亚的“宽视角与高起点”，其内涵价值由诸多元素构成。其中更为内在的动力，可以说是企业文化，它起着重要的导引和凝聚作用。作为中外合资企业，它还注重了中韩两国文化的兼容并蓄和相互融合。

东风悦达起亚的领导者曾经思考过，是什么“方略”使公司能够跻身全国乘用车生产企业的先进行列？这里的“方略”实乃理论研究与管理实践的关键点之一。的确，方略的内涵本意是许多企业都在思考与探索的。笔者认为，在企业文化视角下去解析方略，可以形成多方面的认知和整合。第一，要有锐意进取、开拓发展的创新精神，不断更新经营管理理念，如东风悦达起亚提出的“为小康生活加速，与小康生活同步”的企业经营目标；“以人为本，以质为先，精益求精，客户满意”的质量管理方针和“诚信、理性、持续发展”的企业经营哲学等；第二，掌握动态性、前沿性的现代科技、经济及管理理论，如东风悦达起亚多年来致力于新技术与新产品的研究与开发，挖掘和寻求汽车市场中的人文取向与高新技术的有机结合；第三，制定具有前瞻性和可行性的经营规划与发展战略，如东风悦达起亚的基于企业与客户共赢的，包括文化管理在内的中长期发展战略规划；第四，坚持以团队精神组织构建企业阵容，强调以人为本的管理导向贯彻实施公司的长远战略规划，如以“激情、和谐、创造”为核心内涵的东风悦达起亚新文化建设，营造出能够充分激励员工“敬业、奉献、发展、创享”的文化氛围，以及在管理中强调的“柔性因素”、“水滴石穿”和“水到渠成”，基于企业文化视角的“以柔克刚”，对“水能载舟亦能覆舟”深刻而全面的理解；以及丰富多彩、生动活泼的东风悦达起亚的职工生活；又如在全公司范围内组织优秀司歌创作活动，与词曲作家合作，共同创作了东风悦达起亚之歌《激情超越梦想》，抒发了企业的激情和对未来的向往等。

我们相信，东风悦达起亚将会沿着“宽视角与高起点”的目标方向，不断改革和提升，更好发展和创新。

点评专家：首都经济贸易大学教授

中国文化管理学会组织文化测评基地专家委员会委员　　　　吴少平

包头市九原电力有限责任公司企业文化案例

企业简介

包头市九原电力有限责任公司是内蒙古电力公司所属的趸售供电企业，主要担负着九原区及城郊接合地区10个苏木、镇和4个办事处、3个园区的供电任务，供电面积2 200平方公里，供电人口35万，服务各类客户近13万户。公司供电营业区共有22座35—220千伏变电站，其中：自管110千伏变电站3座，35千伏变电站4座。10千伏配电线路74回1 303千米，配电变压器3 437台91.7万千伏安，农村低压线路2 252千米。我公司现有职工662人，设置6个职能部室、7个生产所队、14个供电所、3个独立核算的多经企业，2009年全公司售电量完成8.9亿千瓦时。

九原电力事业起步于1972年，经过30多年的艰苦创业，伴随着区域经济社会的建设和发展，不断发展壮大。近年来，公司按照内蒙古电力公司“新农村、新牧区、新农电、新服务”的发展战略，坚持以“改革、管理、发展、创新”为主线，紧紧抓住地方经济快速发展的良好机遇，牢固树立和落实科学发展观，为广大客户营造了装备先进、结构合理、具有良好安全可靠优质供电能力的高低压电网，有力保障了地方经济发展和人民生活水平提高的用电需求。通过MIS系统、电网调度自动化系统和“95598”客户服务系统，使公司客户服务中心和14个基层供电所形成了覆盖全部营业区域的客户服务网络，为广大客户创造了通畅、高效、反应迅速的服务体系，有力保障了区域经济发展和社会进步的用电需求。

在建成国家电力公司首批一流县供电企业的基础上，2005年，公司被中央文明委命名为全国精神文明建设先进单位；2007年，建成自治区首家新农村电气化县；2008年，公司被中央文明委命名为“全国文明单位”；2009年，获得内蒙古自治区“五一”劳动奖状，企业在“努力超越、追求卓越”的奋进中收获了丰硕成果。九原电力公司将坚决贯彻落实“强本、创新、领先”的发展思路，凝心聚力，奋发进取，不断推动企业两个文明建设事业的协调、持续、健康发展，为区域经济超常规发展与全面建设小康社会提供强大的电力能源支持和“真诚、快捷”的电力服务；为构建公司集约、高效、科学发展新格局而努力奋斗！

用心照亮每一天

——九原电力公司特色营销文化建设之路

包头市九原电力有限责任公司

九原电力公司始终坚持“与员工共享发展，与客户共赢未来，与社会共创和谐”的服务宗旨，按照内蒙古电力（集团）公司“新农村、新牧区、新农电、新服务”的农电发展战略，在九原区委、区政府和包头供电局的大力支持下，不断创新服务手段，延伸服务内涵，建立起服务客户的绿色通道，形成了以蒙电服务带全局，以蒙电服务保安全，以蒙电营销文化求发展的良好企业形象，下面就具体做法汇报如下：

一、加强组织领导，建立坚强有力的蒙电营销文化思想保障和组织保障

优秀的营销文化是一个企业生存发展的灵魂，一流的企业必有一流的文化。市场营销作为企业的龙头工作，必须将内蒙古电力公司蒙电服务文化内容根植于员工的心中，培育服务价值观、服务愿景、服务宗旨，基于此公司成立营销文化工作领导小组，把营销文化工作同安全生产、新农村建设等工作放在同等重要位置，常抓不懈，成立了由党政一把手挂帅，主管部门牵头，各单位负责人组成的领导小组，加强客户服务中心和95598呼叫中心的职能，

指导和监督供电所蒙电服务、优质服务和行风建设工作。

二、加强教育，狠抓宣传，不断提高供电营业窗口员工的规范化服务水平

我们致力于提高人员素质和调动工作积极性，大力加强员工职业道德、业务技能和规范化服务的培训教育工作，大力提倡“爱岗敬业、诚实守信、办事公道、服务群众、奉献社会”的良好风尚，提高员工优质服务意识和服务技能水平，深入开展了“蒙电服务进万家”活动，以优质的服务、真诚的服务，架设电力企业与客户心心相印的桥梁。广泛进行以“为人民服务、树行业新风”为核心内容的职业道德教育，将职业道德主要内容落实到转变思想观念、经营观念、服务意识、工作作风，落实到真心实意为一方百姓服务上。同时利用每月学习时间，认真学习贯彻内蒙古电力公司下发的《真诚服务工程实施手册》和《蒙电服务进万家工程实施方案》、《国家电网公司“三公”调度“十项措施”、员工服务“十个不准”、供电服务“十项承诺”》和《供电服务规范》、《供电服务监管办法》及《电力监管机构行政处罚程序规定》。通过学习，充分将“铸就公用事业领域一流服务品牌”的服务愿景贯穿于各项工作的始终，统一思想、统一行动、整体推进，形成合力，使员工牢固树立敬业爱岗、真诚服务的良好风尚。

三、以营销文化建设为契机，拓展服务内涵，提升服务品牌

为客户提供“融、通、便、捷”的服务。

作为基础性公用行业，切实履行企业承担的政治责任、经济责任和社会责任，要求不断加强优质服务工作，努力提升优质服务水平。基于此，我们以服务营销文化建设为切入点，深入开展“蒙电服务进万家”活动，真正做到让政府放心，让社会满意。

1．舆论灌输。通过优质服务百问百查营销文化内容、《九原电力报》、用电须知宣传栏、标语、宣传资料等形式，宣传营销文化内容，开展营销文化

的大学习、大讨论，使全员树立“换位思考，感悟客户需求，主动服务，超越客户期待”的理念深入人心。

2．将新农村建设与营销文化充分融合，在新农村示范用电村主要街道、村委会悬挂标语、张贴营销文化的宣传标语；并于电费张榜公布栏上注明营销服务理念，使每位电力客户在不知不觉中感受到营销文化的魅力。

3．从细节体现营销文化内容：在每位营业厅窗口工作人员的桌面上摆放体现营销文化的微笑镜，即提醒客户代表时刻保持微笑服务的最佳状态，同时又将营销文化内容贯穿至日常工作中。

4．在优质服务百问百查工作中，营造营销文化活动氛围，专门制作了学习手册，人手一册，并随身携带，做到人人皆知、人人参与、时时学习；公司采取富有实效的形式对供电所员工的营销文化组织问查知识考察，检验学习效果；扩大学习对象范围，提高学习质量。公司为将营销文化内容在基层每位员工中深化，特别制订了问查每周 2 道题，在公司 OA 网上公司公布，把营销文化问查活动变成一种习惯，真正将营销文化内容入脑入心。

5．公司旨在重申履行承诺、规范服务行业、拓宽沟通渠道、接受社会监督、多方广纳谏言、完善工作措施，积极开展“蒙电——金牌服务行动”优质服务活动，举行大型宣传活动，发放了“居民安全用电注意事项”“电力客户自备发电机使用条款”“供电服务承诺”等宣传资料 4 860 份，进一步增强了蒙电服务意识，提高优质服务水平，确保为客户提供“融、通、便、捷”的服务。

6．为真正把“换位思考、感悟客户需求，主动服务、超越客户期待”的服务价值观落实到实际工作中，公司针对不同客户群所需服务的多样性，促进供电服务向差异性、多层次、人性化的延伸和拓展，制定并下发了特殊客户服务管理办法，将公司辖区内客户群按用电性质的不同和生产规模的大小，分为六大类客户。公司提供定期指导和协助客户进行电气设备维护，消除用电安全隐患，召开客户座谈会，主动向客户征询意见等特殊服务。并对孤寡老人、残疾人、特困家庭、军烈属客户开展代收、代缴、代办水费及其他杂费等事宜，定期上门检查室内线路的亲情服务。

四、通过95598电力服务热线为切入点，提高蒙电服务进万家的品牌的客户认同度

以标准化的窗口形象和高质量的服务行为向社会展示内蒙古电力的整体形象，通过95598这个广为人知的有力切入点，提高蒙电服务进万家的品牌的客户认同度，继续完善了95598供电服务热线，形成一个信息处理中心、一个网站、终端站组成的服务系统，信息处理中心与终端站采用光纤连接，覆盖全部营业区。实现了受理故障报修、用电业务咨询、停电信息发布、投诉建议等功能，提高了事件反应及处理速度，受理电话处理率、回复率达100%。以最优质服务的服务在最广泛的区域内打造责任蒙电品牌，在全社会形成理解蒙电、信赖蒙电、支持蒙电的良好外部氛围。

同时为确保蒙电金牌服务及营业窗口规范化工作常态运行。市场营销部设立了用电技术员和专工的组成的优质服务互查组，以“提升服务水平、加强作风建设、提高办事效率”为宗旨，按照包头供电局目视检查细则对窗口建设情况，重点从模拟急修、营业环境、便民服务设施实用化、客户代表仪容仪表等方面进行检查，通过现场走访客户、拨打95598电话履行急修流程、模拟业扩报装办理、故障报修等几个重点方面，目前共完成明察暗访工作5个轮次，累计检查部门达30次，下达整改通知书19份。

五、提前服务，求真务实，建立畅通高效的服务网络

利用MIS系统把公司客户服务中心和所有基层供电所连接在一起，形成覆盖全部营业区的客户服务网络，为客户提供高效、快捷的电力服务，基层所站和“窗口”单位全部采取集中的敞开式办公，在显著位置公示用电业务的办理程序、电价和收费标准。按照业务工作“一口对外”和“一站式”服务原则，形成以客户服务中心为龙头，各部门协同配合的大客户服务体系，有效地提高了主动服务和快捷服务能力，工作效率明显提高。

同时，我们还继续完善集抄系统、GPS急修服务系统、多功能服务厅的建设，启动了“营销文化”建设工作，全力拓展网上报装、电费查询、停电公告、

急修服务等服务手段，把用电服务从电力公司搬到了客户的家门口，使客户能够“少跑路、多办事”，省时省力又省钱，以“三公开、四到户、五统一”为必备条件，建立了企业与客户间的良性互动，受到了广大客户的交口称赞。

六、供电营业窗口彰显蒙电营销文化，主动置身于客户的监督之下

为进一步加强服务客户质量的反馈、回复工作，公司在实行了“行风暨优质服务服务卡”、“急修派工单”制度，由客户签署服务质量评价意见的基础上，在所有服务窗口重新整合健全客户服务评价系统，新评价系统从彰显蒙电营销文化为抓手，秉持“换位思考，感悟客户需求；主动服务，超越客户期待”服务价值观，使客户对每位客户代表提供的业扩报装、营业收费等服务实时进行满意和不满意的现场评价。

同时公司领导、市场营销部、供电所定期对乡镇、园区、政府进行走访，主动给所在乡镇镇政府纠风办汇报工作，重视对行风监督员的定期走访和征询意见工作，并请他们深入基层检查指导我公司的优质服务行风建设工作，达到事半功倍的效果。邀请多层面的社会各界人士，参加客户座谈会，发放客户意见征询信，客户评价表，扩大社会监督辐射面，拓宽和畅通意见反馈渠道。按要求参加行风热线节目，听取意见和建议，把行风建设的知情权、参与权、监督权、评判权交给客户，增强客户参与“蒙电工程”的力度。坚持花钱买批评、买意见，重新制订了《行风建设举报奖励办法》，将企业所有服务工作、服务行为置于内部监督、社会监督之下，发挥各监督主体的积极作用，形成整体合力，得到了地方各级政府与广大客户的欢迎和肯定，在九原区民主评议行风活动中实现了“八连冠”的好成绩，打造了九原电力服务品牌。

在以后的工作中，我们将不断学习先进单位的经验，以服务区委、区政府工作大局、服务“三农”、服务社会发展和服务电力客户为宗旨，真情打造政府放心、群众满意的九原电力服务品牌，塑造“实力强、形象好、负责任、受尊敬”的企业良好形象。

【专家点评】

用心照亮每一天

营销文化是企业文化的重要组成部分。从九原电力公司的汇报材料看，九原电力公司主要从营销文化来反映其企业文化。不同的企业有不同的营销文化。九原电力公司的营销文化主要是服务文化。这也是重视企业文化建设的国有企业的典型特征之一。九原电力公司从营销文化入手进行企业文化建设，以点带面，行之有效，是“垄断性”行业国有企业进行企业文化建设的良好范例之一。九原电力公司的服务型营销文化建设定位真诚、工作细致，因此能够把思想上的文化变成现实的文化。“政府放心、群众满意”可谓“一语道破天机”，说出了中国特色国有企业的优良传统和现代企业价值观。

此外，“坚持花钱买批评、买意见”，从汇报材料看是指公司对向公司提出意见和批评的行为进行奖励。公司奖励向公司提出意见和批评的行为值得倡导，但用“坚持花钱买批评、买意见”对此进行描述不妥当。如果不是措辞疏忽，就是“电老虎”、“电老大”等旧的思维方式在起作用，而这与汇报材料所要表达的“服务型营销文化”背道而驰。

点评专家：中国人民大学外国语学院副教授
英国剑桥大学访问学者
中国文化管理学会组织文化测评基地专家委员会委员　　李桂荣

苏州创元投资发展（集团）有限公司
企业文化案例

企业简介

苏州创元投资发展（集团）有限公司是一家以高科技先进制造业为核心，集金融、贸易、旅游等服务业于一身的大型综合性集团公司。集团拥有全资及控参股企业91家。创元投资为创元科技股份有限公司（深交所上市公司）的第一大股东。

集团以先进制造业为基础，大力推进现代服务业发展，形成先进制造业和现代服务业相互融合、互为支撑的新型产业格局。集团先进制造业涉及汽车及零部件、超净环保工程及设备、精密测绘仪器及仪表、磨料磨具、高中压输变电设备、精细化工、生物医药、新能源等八大领域；集团服务业包括金融、商务贸易、宾馆餐饮、创新创意、文博旅游和房地产业等六大板块。自主创新是创元投资集团的重要发展战略，集团目前拥有4个省级技术中心、2个省级工程技术中心、3个博士后科研工作站。

真诚欢迎海内外的朋友与我们携手合作，共谋发展，共创未来。

凝练精神　重塑文化　致力创元集团科学发展

苏州创元投资发展（集团）有限公司

苏州创元投资发展（集团）有限公司是根据苏州市委、市政府决策部署，于2008年6月在原苏州市工业投资发展有限公司和原苏州创元（集团）有限公司强强联合、优势互补的基础上重组而成，现已发展成为一家以高科技先进制造业为核心，集金融、贸易、旅游、文化、商务和房地产等现代服务业于一身的大型综合性集团公司。集团拥有全资及控参股企业91家，其中创元投资持股33.7%的创元科技股份有限公司为深交所的上市公司。

集团经济实力争先进位，不断提高，由中国企业联合会发布的，2009中国企业500强名单中，创元投资集团位列392名，比2008年上升29位；列中国制造业企业第222位，比2008年上升20位。列江苏省企业百强第55位。集团纳税总额4.77亿元，位居苏州市纳税100强第18位。集团被市政府评为苏州市首批制造业地标型企业。近几年，集团连续荣获全国机械行业文明单位、全国机械行业企业文化建设先进单位、中国企业文化建设五十强、省创建“四好”领导班子先进集体、省百强重点培养发展企业、省级廉政文化示范点、省企业文化建设先进等荣誉称号。

创元投资发展集团坚持以邓小平理论和“三个代表”重要思想为指导，认真贯彻党的十七大精神，全面落实科学发展观，积极培育并建立企业核心价值体系，开展卓有成效的企业文化建设，企业内部凝聚力、执行力和管理效能显著提高，推进集团经济平稳、持续、健康地发展。

一、企业文化建设在创元投资各企业蓬勃开展，呈现百花齐放、百花争艳的良好局面，并取得显著作用

创元投资及其下属企业都深刻认识到文化建设对企业经济工作的推动和促进作用，据我们最近开展的企业文化建设问卷调查显示，有95.6%的人员认为企业文化建设对企业发展“影响很大”或者“影响较大”，只有4.4%的人认为“影响一般”，没有人选择“没什么影响”。企业文化已被越来越多的企业管理者所认同，很多企业正积极热情地投入到企业文化建设当中。

多年来苏州创元投资集团及属下的子公司在企业文化建设中做了许多有益的探索和努力，也取得了较大的成果，形成了各自的企业精神，也积累了宝贵的经验。目前许多企业已经把企业文化建设作为企业经营工作的重要内容积极推进，有的还将其列入企业发展规划，设立了相应机构，确定相关职能和人员，大力协调和加强企业文化建设的管理。像胥城大厦专门成立了总经理挂帅的文化建设委员会，定期召开文化建设例会。公司形成了企业文化

手册，对每一个岗位都进行提炼服务理念，形成《通用类文化理念》，制作了企业歌曲《微笑的胥城》、《胥城之歌》，每月编写体现胥城文化的经典案例故事，每个人都用自己的言行演绎着企业共同的精神和价值观，成为企业文化的创造者、执行者、维护者和传播者。其他像苏州金龙公司、苏州一光仪器公司、苏钢集团、江苏苏净集团、雷允上药业、六六视觉、宝化炭黑、苏州远东砂轮公司等相当多的企业，在开展企业文化建设方面均做了大量的工作，各有特色，各有千秋，收到了较好的效果。创元投资系统的文化建设工作呈现百花齐放、百花争艳的良好局面。

企业文化建设作为增强企业核心竞争力的重要手段，主要体现为五个作用。

一是凝聚作用。企业文化像一根纽带，把员工的追求和企业的利益紧紧联系在一起，使每个人产生归属感和荣誉感。企业文化的这种凝聚作用，尤其在企业危难之际和创业开拓之时更显示出巨大的力量。

二是激励作用。企业文化注重研究的是人的因素，强调尊重每一个人、相信每一个人，凡事都以员工的共同价值观念为尺度，能最大限度地激发员工的积极性和创造性。

三是协调作用。企业文化的形成使企业员工有了共同的价值观念，对很多问题的认识趋于一致，增强了他们之间的相互信任、相互交流和相互沟通，使企业的各项活动更加协调有序。

四是约束作用。企业文化对员工行为具有无形的约束力，经过潜移默化形成一种群体道德规范和行为准则，实现外部约束和自我约束的统一。

五是辐射作用。企业文化向社会大众展示着企业成功的管理风格、良好的经营状况和高尚的精神风貌，从而为企业塑造良好的整体形象，树立信誉，扩大影响，是企业巨大的无形资产。

二、企业一把手身先士卒、躬身垂范，积极投身企业文化建设，着力提炼创元投资的核心价值观和企业精神

企业家（企业一把手）是构成企业核心竞争力的基本要素，也是培育独特的积极向上的企业精神的关键所在。企业家精神是一个企业精神的核心，

是影响企业经济增长最重要的非经济因素。卓越的企业文化是卓越的企业家的人格化，从某种意义上讲，企业家应是企业文化的第一设计者，第一倡导者，第一培育者、第一示范者，第一宣传者。创元投资的领导团队都很注重自我修炼、自我珍重、自我提高，依靠其知识专长、经营能力、崇高的风尚、优良的作风、高超的领导艺术以及对企业文化的身先士卒、躬身垂范，持久地影响和带动员工。

企业一把手还进行科学的 CI、VI、MI、CIS 设计和恰当的形象塑造和传播，加强优良传统教育，大力弘扬优秀文化，并不断吸收先进文化成果。用纵向思维、逆向思维和横向思维进行创造性地思考，特别是战略思考，并能根据国际市场的变化和企业新的变化修正企业战略和经营策略，调整自己的领导方法和管理方式，使企业文化建设与时俱进。

对于一个多元化的拥有不同性质业务单位的集团公司而言，创元投资建立了一种共性的企业文化，以实现在不同业务之间建立一种纽带关系，用一种统一的企业精神来统领，充分发挥“大兵团作战”的协同效应。通过优化重组，集团公司的资产结构变了，经营的领域拓宽了，近两万名员工的融合，引来了多元化的思维与风格。“让我们共同再创造”的企业精神，体现了创元精神的强大包容性。

企业精神不仅是企业文化的灵魂，也是企业兴旺、繁荣、发展的精神支柱和基石。反映集团企业精神的口号（“让我们共同再创造”）体现了这一点，并反映了广大干部群众的心声，表现为一种感召力，一种凝聚力，使全体员工在企业精神这面旗帜的指引下，心往一处想，劲往一处使，团结协作，尽职尽责，对企业的前途充满信心。

三、统筹兼顾，多措并举，全方位立体化推进企业文化建设发展

企业文化建设作为一项长期的系统工程，有齐抓共管、重在建设的内在要求，需要全体员工的共同努力，从我做起，从现在做起，从点滴做起，尤其是领导者要把企业文化建设纳入企业战略规划，从领导层开始统一认识，

群策群力，并重点做好以下三方面工作：

一是进一步提高认识，完善企业文化建设的运作体系。先进的企业文化是先进文化的重要组成部分，是落实“三个代表”重要思想和党的十七大精神的具体体现。我们要从政治高度认识企业文化建设的重要性和必要性，各级领导干部不仅应当成为企业文化建设的积极倡导者，更应成为企业文化的先进代表，用自己的实际行动为员工做出表率，成为企业文化的实践者、示范者。同时，认识到企业文化建设不仅与企业经济效益紧密联系，对企业的社会形象、长远发展等都有至关重要的影响。把企业文化建设提到战略高度，通过企业文化建设培养核心竞争力。完善企业文化建设的运作体系，切实提供必要的组织、机制保证。企业文化建设有必要的人力、资金投入，并确立目标明确、权责分明、关系协调、渠道畅通的工作机制，形成党政共同负责、各部门各组织齐抓共管、职工群众广泛参与的工作格局。

二是认真进行总体规划，全方位立体化同步推进。企业文化建设是一项浩大的工程，不可能一蹴而就，而要做好详细的规划，通过长期的努力和整体的提高逐步实现目标。提炼各专业条线的管理理念，形成具有创元投资发展集团个性特点的基本管理方法。加大企业文化的理论研究力度，不断丰富和发展集团公司企业文化的理论体系。时间方面，制订长期目标和中期目标，以及分阶段实施的计划；制度方面，着眼于各部门协同和全体员工的努力，规定相应岗位职责，并制定奖惩措施，以制度保证落实；广度方面，专门培训与日常教育紧密结合，涵盖每位员工的一言一行，通过员工的行为展现企业风采，体现文化建设成果；深度方面，研究如何将工作做细做实，做好长期坚持不懈的准备；针对性方面，考虑企业领导、创元投资本部、基层企业直至一线员工的实际情况，以员工喜闻乐见的形式广泛深入开展企业文化建设。

三是加强企业文化骨干队伍的培训，多管齐下形成合力。全面提高员工对集团公司企业文化的认知认同度，培养他们对创元投资的忠诚度和归属意识，广泛宣传创元投资今后一个阶段企业文化建设的阶段性目标及措施，并针对领导干部、管理人员、普通员工、新进员工等不同需求、不同层次，开展有针对性的教育培训活动。注意培育、挖掘和推广企业文化建设的先进典型，用大量具体生动的案例来教育、引导员工。企业文化建设牵涉面广，不仅需要企业中每个职工的积极参与，更需要相关职能部门发挥主导作用，协同努力，锤炼一支坚强有力的企业文化骨干队伍。在统一规划指导下，着力办好《创元报》、《创元信息》和创元网站，综合运用CI宣传和内部教育手段，促进员工对企业确立的社会理念、文化观念和价值观的认同，保证员工的个人观念与组织观念相吻合。使企业文化精神理念等深入人心，使员工切实感受到企业文化的存在，从中汲取前进的动力，并转化为员工的自觉行为。

【专家点评】

创元文化：一元向心 + 多元呈现

接触过不少集团企业文化的实践案例，不同企业集团文化在紧密度和协同性方面有着较大的差距。这些差距的形成，不光是由企业集团在文化建设方面的工作所导致的，更重要的是不同企业集团在母子公司管理方面的差异。

我的朋友、山东大学管理学院的陈志军教授是母子公司管理控制方面的专家。曾经和他就这一话题进行过交流，他认为，母子公司的控制模式大体可以划分为三种：一是行政管理型模式，是母公司越过子公司董事会直接对子公司行使集权管理，子公司没有独立决策权；二是治理型模式，母公司对子公司的管理通过完善子公司的治理实现，母公司对子公司保持必要的管理控制，子公司有决策的自主权；三是管理型模式，母公司对子公司的管理通过子公司的治理实现，子公司董事会对子公司运营享有完整的决策与控制权，经理层享有子公司的运营权。当然，陈教授认为，这样的划分方法不是绝对的，因为即便在同一家企业集团，对子公司的管理也可能分为几种。

文化与管理模式直接相关。集团公司对子公司不同的管理模式，必然导致集团公司文化与总公司文化之间的差异性。因此，集团公司整体企业文化建设和子公司企业文化建设，没有一个固定的模式可以借鉴，需要根据集团公司战略、与子公司股权模式以及管理控制程度等做具体研究。在这一方面，我一贯坚持一个观点，就是在坚持“一元向心 + 多元呈现”原则下“有所为有所不为”。可以说，创元投资的文化建设给我们提供了这样一个样本。

所谓“一元向心”，就是创元投资的理念需要一个“一元”中心，强调组织内部所有成员在价值观和基本管理取向上的一致性和统一性。创元投资文化的“一元向心”首先表现在领导团队方面，他们注重自我修炼，注重在企业文化建设方面身先士卒、躬身垂范，持久地影响和带动员工。其次是能从战略高度根据国际市场的变化和企业新的变化修正企业战略和经营策略，调整自己的领导方法和管理方式，使企业文化建设与时俱进。再次是在多元化的集团公司中创建了共性的企业文化，以实现在不同业务之间建立一种纽带关系，用一种统一的企业精神来统领，“让我们共同再创造……”的企业精神词，体现了创元精神的强大包容性。最后是将创元投资的企业文化建设进行总体规划，全方位立体化同步推进，通过提炼各专业条线的管理理念，形成具有创元投资发展集团个性特点的基本管理方法。

所谓“多元呈现”，并不是指下属企业的文化建设可以多元发展，而是指要在“一元”的指导下，根据企业自身的行业特点、发展历史、管理风格和员工层次等，在坚守创元投资统一价值观取向的前提下，采取各具特色的文化建设模式。因为毕竟下属企业的整体发展状况各有千秋，盲目坚持一元模式，将会对下属企业的文化建设造成不必要的阻碍。在“多元呈现”中，创元投资各子公司形成了各自的企业精神，在开展企业文化建设方面做了大量的工作，各有特色，各有千秋，收到了较好的效果，积累了宝贵的经验，使创元投资系统的文化建设工作呈现百花齐放、百花争艳的良好局面。同时，创元投资还十分注重持续完善企业文化建设的运作体系，尤其是强调各级领导干部不仅应当成为企业文化建设的积极倡导者，更应成为企业文化的先进代表，用自己的实际行动为员工做出表率，成为企业文化的实践者、示范者。

当然，由于对创业投资集团企业文化的具体情况了解有限，还无法做出准确的分析。但从其案例情况看，起码为我们研究集团企业文化建设提供了一个很好的样本，仅这一点就值得嘉许。

点评专家：南开大学商学院　副教授

中国文化管理学会组织文化测评基地专家委员会委员　　　　王学秀

内蒙古大唐国际锡林浩特矿业有限公司企业文化案例

企业简介

内蒙古大唐国际锡林浩特胜利东二号露天煤矿项目于2005年开始筹备，是中国大唐集团公司围绕煤—电、煤—化工产业链拓展上下游产品、实现战略转型的重点能源项目，是中国大唐集团公司进军世界500强的重要增长力量。

胜利东二号露天煤矿位于内蒙古锡林郭勒盟胜利煤田的东部，其露天采区储量达53亿吨，单个煤田储量创国内之首。该矿褐煤资源丰富，是优质的动力和化工用煤。煤矿剥离采用单斗—卡车开采工艺，采煤采用单斗—卡车—可移式破碎机—带式输送机半连续开采工艺，技术先进、规模宏大，属国内乃至国际建设中的现代化大型露天矿山之一。其资源条件具备多项世界之最：煤层最厚达320.65米，是世界煤炭开发史上发现的最厚煤层；开采深度最深达623米，创露天煤矿开采深度世界之最。该项目于2007年9月1日正式开工建设，一期工程1 000万吨/年生产规模，是国家煤炭工业“十一五”规划的十个千万吨级露天煤矿之一，已于2010年达产；二期工程3 000万吨/年生产规模，被国家列为2010年西部大开发新开工23项重点工程之一，计划2013年达产，届时将成为国内最大的露天煤矿；远期生产规模6 000万吨/年，将成为世界最大的露天煤矿。

锡林浩特矿业公司以“建设世界最大、国际一流、生态环保、旅游观光型现代化露天煤矿”作为企业的发展目标，秉承“一流统领、标准引导、精细管理、考核促进、文化保障、持续改进”的工作理念，专注于大唐煤业发展，力争通过三次跨越把公司建设成为具有较强的发展能力、赢利能力和竞争能力，规模宏大、实力雄厚、管理科学、具有较强可持续发展力的现代化大型煤炭企业。

蓄和谐发展之势　筑一流露天煤矿

内蒙古大唐国际锡林浩特矿业有限公司

作为中国大唐集团公司纵向延长产业链条，进军煤炭、铁路、化工领域的重点能源项目，内蒙古大唐国际锡林浩特矿业有限公司自项目开工建设之初,就积极倡导同心理念,培育和谐精神,努力构建企业内外部的“和谐”体系，把“宽松和谐的人际关系，奋发进取的人生态度，诚信感恩的做人准则，协同高效的团队精神”作为和谐企业创建的准则，遵循“发展大唐，造福一方”的理念，立足“世界最大、国际一流、生态环保、旅游观光型现代化露天煤矿”的建设目标，努力形成上下同欲、和谐有序、高效发展的良好局面。

一、厚积薄发，筑“和谐”发展理念

作为中国大唐集团公司进军煤炭产业的第一个全资项目，锡林浩特矿业公司肩负着建设大型煤炭基地、提供可靠资源供给的重任，但因缺乏成熟的煤炭管理经验和专业人才，组建初期技术骨干只能向全社会招聘。其员工来自不同的地域、不同的领域，不同的行业和单位，人员身份多样，专业技术人员少，基础较薄弱；员工队伍的知识结构、行为模式、思想观念呈现多样性。

面对与电力系统完全不同的新的能源领域，面对来自不同文化背景和管理方式下的员工队伍，面对不占任何优势的气候、地域、交通以及教育条件，矿业公司在集团公司同心文化引领下，面向煤炭行业，汲取草原文化精华，三年铸一剑，提炼出了符合公司实际的“同心文化·和谐篇”。如今，和谐理念、和谐精神已经融入生产、经营及企业发展的各项工作之中，营造出了“人人讲和谐、人人促和谐”的发展氛围，为促进企业各项工作的顺利推进，助推大唐煤业跨越发展创造了良好的条件。

二、强基固本，建“和谐”发展体系

公司通过系统化、专业化、程序化、标准化的管理，对内着力构建以“和谐”为主旨的运营管理机制，注重文化落地，与企业管理工作紧密结合，强基固本；对外加大环境治理，勇担社会责任，做好和谐文章，用和谐理念统领企业发展。

1．推行人本管理，促进员工与企业和谐

作为新进入煤炭行业的发电公司，集团公司系统内还没有成熟的露天矿管理技术和人才支持基地，而建设和管理好全国最大的露天矿需要大量的专业技术和管理人才。矿业公司坚持“以事业吸引人，以爱心团结人，以机制稳定人，以情感留住人”，并贯穿该公司人才“选、育、用、留”的全过程，推行人本管理，着力构建具有“和谐”特色的人力资源管理体系，促进员工和企业的和谐发展。

2．推行标准化管理，促进员工与制度和谐

矿业公司以“管理理念先进，组织构架科学，管理界面清晰，管理流程顺畅，制度规范有效，企业运转协调”为管理目标，积极探索行之有效的非电管理模式，努力实现“标准化作业、流程化实施、网络化管理和数字化描述”，促进了员工和制度的和谐。

3．推行安全管理，促进员工与作业环境和谐

煤矿一直是安全事故的重灾区，行业内执行所谓的“煤炭百万吨死亡率”指标。作为集团公司进军煤炭产业的第一个大型露天煤矿，公司着力打造安全文化，从“环境、设备、制度、素质”四个方面构建安全管理体系，加强安全培训，建立健全了三级安全管理网络，开展质量标准化工作，落实安全生产责任制，强化安全监察，形成了安全生产管理的长效机制，实现了安全的可控在控。

4．注重生态恢复，促进企业与自然和谐

胜利东二号露天煤矿处于内蒙古温凉半干旱草原地带，生态环境脆弱，露天开采活动将对当地生态系统造成很大破坏，依靠系统自然恢复需要相当长的时间。本着“发展大唐，造福一方”的理念，公司在建设之初便成立了

“建设生态、旅游、观光型矿山”研究组、技术监督组、工程实施与成果管护组，制定了矿区生态恢复重建综合整治规划及分步实施方案，采取乔、灌、草种植相结合的方式，通过栽种苗木和优质牧草实现土地的复垦和生态重建。截至2010年6月，公司共种植樟子松、白榆等乔木2万余株，柠条、景天、丁香等灌木60余万株，草坪100多公顷，完成排土场复垦50多公顷，矿区植被覆盖率由建设前不足30%提高到了51.5%以上。

三、凝心聚力，打造“和谐”发展文化

三年来，矿业公司致力提炼《同心文化·和谐篇》读本，构建和谐人文环境，通过文化激励员工，挖掘员工潜能，为企业“和谐发展”提供文化支撑和潜在动力。

万宗归源，筑牢和谐基石。公司非常重视中国大唐集团公司“同心文化”的学习宣传贯彻，制订下发了《同心文化知识宣传手册》，坚持落实员工行为规范和职业道德规范，进行员工行为修正；开展了“领悟同心文化内涵，强化主人翁意识”为主题的同心文化宣传月活动，在领导班子、中层干部、普通员工中分层次进行了学习讨论并撰写心得体会。制作下发了矿业公司《企业形象VI视觉识别系统手册》，在办公场所、办公用品上合理使用传递文化信息的企业标志。设计制作了具有深刻文化寓意的企业形象雕塑置放在办公楼前；制作了企业文化广告牌、企业文化理念宣传标语牌悬挂在办公区和矿建现场，把抽象的理念、警句等“固化”和“物化”到生产和员工生活的环境中。

四、星火燎原，营造和谐气氛

2009年8月，包含了矿业公司发展历程中宝贵的精神财富和文化成果，具有指导公司发展理念作用的矿业公司《同心文化·和谐篇》，经长期酝酿和讨论后定稿。

为了尽快发挥《同心文化·和谐篇》的引领和激励作用，公司为每位员工提供了精装读本，同时将其作为矿级培训的主要教材之一，进行宣讲，该

读本还是来矿客人的赠送礼物。本着“记载公司成长历程，塑造企业形象，展示企业风采，弘扬企业文化”的宗旨，矿业公司创办了企业报《大唐锡煤》，每半月刊发一期，创办了“锡林浩特矿业公司网站”，每日更新。并结合集团公司人才理念、三大工程等活动，在员工中开展“论负责人的人才”、“绿色工程系列”、“快乐工程系列”等征文活动；举办了“企业文化杯”辩论赛和以“企业风采”为主题的摄影比赛；开展了“弘扬朗红精神、建设一流矿山”主题活动，加大了和谐企业建设的舆论引导。同时，开展了企业文化“亮点工程”建设，在“企业文化墙”展板中，融入了公司文化、发展目标等元素，展示员工的精神风貌和创业成就。其中部分展板由各部门每月定期更换，并由员工投票进行评比，既让员工全方位、多层次地了解公司文化、政策、年度目标、发展规划和生产经营等发展状况，也为员工提供了一个文化交流的平台。

形式多样的宣传贯彻方式，使员工对《同心文化·和谐篇》耳熟能详，深入人心，对实现文化的引领、激励作用功不可没。

文化引领，打造和谐氛围。为进一步弘扬和谐理念，活跃员工文化生活，打造矿业公司“快乐工程”，公司组建了篮球、羽毛球、乒乓球等协会，不定期组织全员参加的拔河比赛、乒乓球、篮球、棋牌类等比赛；成立了由员工组成的“草原唐韵”乐队，每年举办矿业员工自编自演的迎新春歌舞晚会。上述活动的举办，有效地丰富了员工的业余生活，增强了员工的归属感和主人翁精神，也增强了员工之间的沟通合作和团队意识。

相辅相成，文化和企业与时俱进。在《同心文化·和谐篇》引领下，矿业公司在短短三年中取得了令人瞩目的成绩。一流建矿理念初见成效，公司单项工程质量认证获得国家煤炭工业建设协会优良工程质量认证；安全质量标准化以内蒙古自治区历史最高分通过了达标验收；同时，伴随着企业发展，企业文化建设也不断得到升华，连续获得集团公司、行业组织的多项殊荣。2008 年 10 月 24 日，在中国大唐集团公司第三届企业文化论坛上，矿业公司被授予集团公司“和谐文化”示范基地荣誉；此后公司连续获得 2008 和 2009 年集团公司“文明单位”荣誉称号。种下梧桐树，引得凤凰来：2009 年 9 月 17 日，集团公司第四届企业文化论坛在锡林浩特矿业公司隆重举行。2010 年 7 月，矿业公司企业文化建设又开新花：记录了公司成长历程，诠释了矿业公司《同心文化·和谐篇》的经典之作——《青春在这里闪光》和《开拓者的足迹》正式出版，标志着公司在精神文明建设的道路上又迈出了喜人的一步。

面对成绩，我们踌躇满志；面临目标，我们志在必得！

【专家点评】

“同心文化”促进了大唐煤业的和谐跨越发展

内蒙古大唐国际锡林浩特矿业有限公司以“建设世界最大、国际一流、生态环保、旅游观光型现代化露天煤矿”为发展目标，通过倡导、培育、实施和谐文化，蓄和谐发展之势，将成为世界最大的露天煤矿。

该公司文化的核心是和谐理念、和谐精神与和谐体系，也称“同心文化”，以通过企业内外部的和谐，来构建和谐企业。和谐是当今企业发展的主旋律，人们常说，国家不和国不强，企业不和企不兴，特别是像该公司员工来自不同地域、产业和单位，员工队伍的知识结构、思想观念和行为方式呈现多样化的形势下，同心和谐就显得更为重要。

他们在公司内部促进员工与领导、员工与员工、员工与制度、员工与作业环境等的和谐；在公司外部促进企业与生态环境、所在地区等的和谐，并通过构建和谐人文环境，营造和谐气氛，使和谐理念融入生产经营及公司发展的各项工作之中，从而出现了“人人讲和谐，人人促和谐”的发展氛围，推动了大唐煤业的跨越式发展。他们的同心和谐文化对其他企业有学习借鉴的重要价值。

点评专家：中国社会科学院教授、博士生导师

中国文化管理学会组织文化测评基地专家委员会委员　　韩岫岚

远东控股集团有限公司
企业文化案例

企业简介

远东控股集团有限公司创建于1990年，是以电线电缆、医药、房地产、投资为核心业务的大型民营股份制企业集团。集团目前拥有员工7 000余名，资产82.69亿元，远东品牌价值评估80.66亿元，年销售收入超百亿元。

远东控股集团是“全球成长型公司社区”创始会员，所获荣誉有：“全国重点高新技术企业”、“全国用户满意企业”、“中国最具竞争力大企业集团”、“中国电气产品制造十大领军企业”、“中国阳光财富企业榜”上榜企业、“中国自主创新能力行业十强企业”、“中华慈善奖•最具爱心内资企业”以及中国民营企业首家“全国企业文化示范基地”，入围“中国企业500强”、“亚洲品牌500强”、“世界华人企业100强”、福布斯“中国顶尖企业100榜”、“中国民营企业竞争力50强”、电线电缆制造行业排头兵、“亚太最具社会责任感华企大奖”等，先后通过ISO9001-2000质量体系认证、ISO10012计量体系认证、ISO14001环境管理体系认证和OHSAS18001职业健康安全管理体系认证以及美国FMRC、UL认证。“远东”品牌以80.66亿元的品牌价值位居2010年中国最有价值品牌排行榜电线电缆行业首位，公司电缆业务产销连续13年位居全行业第一。

远东的品牌文化之道

徐浩然

远东控股集团创建于1990年，是以电线电缆、医药、房地产、投资为核心业务的大型民营股份制企业集团。目前员工7 000余名，资产80亿元，年销售收入超百亿元。

远东的发展史，可以用几个关键词来说明：第一个是四次改制，在过去十八年的发展过程中，远东顺应党中央提出的多种经济形式并存、大力发展乡镇企业、发展城市股份合作制企业、发展“混合所有制经济”、私营经济政策法规，先后进行了从“私有企业——集体企业——股份合作制企业——混合所有制企业——民营企业”四次大的体制改革，暗合了中国经济改革发展的四次浪潮：温州模式、苏南模式、国有大中型企业改革和完善法人治理结构；第二个是速度，四次改制，找准了激发企业活力的突破口，使远东实现了跨越式发展，走上了集团化、集约化、规模化发展的快车道，从而也使公司连续17年保持年均40%以上的增长速度，在国内线缆行业创下了多项第一：第一家获得全国用户满意企业，第一个进入中国电工行业销售100强，科技投入和新产品开发数量名列全国行业第一，电线电缆产销量连续11年位居第一，名列世界电线电缆业中国入选企业第一名；第三个是“主业＋基金”，远东控股集团紧跟资本市场发展潮流，在我国开创性地提出了“主业＋基金”的战略发展模式。一方面，仅仅围绕公司主业即电线电缆、医药、房地产，加强品牌建设和技术创新，坚持做强做大；另一方面，积极跟进我国资本市场的发展，不把鸡蛋放进一个篮子里，以ＰＥ形式推动公司多元化。

在远东发展的过程中，有一点是始终不能忽视的，那就是远东集团始终坚持企业形象的提高和知名品牌的创建，产生这样的认识，是基于品牌对基业长青有着关键性的作用这一清醒的认识。首先，品牌是企业软实力的象征，对于企业来说，软实力包括企业文化、企业制度、企业执行力、企业形象、企业品牌等等一系列非物质性因素。一个企业，其软实力的强弱，对企业的发展产生着重要的影响，对内影响公司的生产经营管理，对外影响社会对企业的认同。其次，品牌是一个企业软实力的综合体现。创建一个品牌，关键要看“四度”即知名度、美誉度、满意度和忠诚度。知名度就是远东这个品牌在社会中目前的知晓程度，美誉度是包括消费者、供应商在内的各界人士对企业及其产品的良好赞誉，满意度体现了消费者对远东品牌的认可，而忠诚度则说明了消费者对远东品牌的持续认可。

同时，品牌是一个企业可持续发展的根本保证。品牌，是由三个口构成的，三个口形成三个品，即品质、品格、品位，这“三品”，与上面提到的“四度”有着密切的联系，两者是互相推动的。品质、品格、品位三者深度逐渐增加，品牌是品质的保证，一个优秀的品牌，蕴涵着大量的信息，对消费者来说，就是这个品牌的物质载体是信得过的产品，能够实现客户的价值；而品格，体现了品牌意义的延伸，它不再是物质的代名词，它上升到了人格的高度，体现了企业对社会的关怀、对社会的贡献，它以实现客户、社会价值为追求，从而体现自身的价值；而一个有品位的品牌，则能达到征服客户、社会，从而获得广大消费者永远的忠诚。通过创建一个有品质、品格、品位的企业品牌，对外可以最大限度地提升企业的知名度、美誉度和忠诚度，对内能激发广大员工的积极性、主动性和创造性，提高企业的凝聚力和向心力，为企业可持续发展提供坚实的保障。

那么，远东控股集团是怎样紧紧围绕远东品牌的“四度加三品”做文章的呢？首先以质量为先导、以技术为动力，做强做优产品。远东在广泛引进人才的基础上，积极搭建企业自主创新平台，创建了自己的电缆研究所，大力开展自主研发；投资成立了在国内堪称一流的实验中心和检测中心，以确保产品从设计到批量生产整个流程中都能达到高标准；公司同时充分整合利用外部资源，与清华大学、中国科学院、上海电缆研究所、武汉高压研究所等科研院所、企事业单位进行广泛的合作，形成多层次的技术创新体系；其次，用远东的文化来构架、传播远东的品牌。一个品牌只有拥有自己的个性、主张和价值理念，才能使品牌具备恒久的生命力。远东在创业之初就奉行“和谐文化”、“文化管理企业”的理念，并在发展过程中逐步形成和提炼出远东品牌的精髓——“和”与“灵”文化，赋予远东品牌深厚的文化内涵。基于“以和为本”的价值理念，远东提出了企业和谐生态的三大方面、五个平衡要素，三大方面即内部人际关系的和谐、外部社会关系的和谐以及自然关系的和谐，五个平衡要素是指让“客户满意、让员工满意、让股东满意、让政府满意、让社会满意”，顺应了时代进步的需求和企业发展的规律，使远东平衡了各种利益关系，拥有了和谐的内外部发展环境。不仅如此，远东积极借助媒体的力量，参加一些知名的媒体节目，扩大企业家和企业的影响力。中央电视台、东方卫视《波士堂》栏目、新浪《总裁在线》栏目、网易《名人坊》栏目、河北卫视《财富时代》栏目、浙江卫视《财富人生》栏目、北京电视台《财智人物》栏目等都进行过远东的专访，这些节目对远东品牌形象地提升和传播起到了极大的推动作用。同时，为了进一步增加客户和社会公众对企业的了解，一方面，远东频繁地邀请客户、媒体、国家及地方领导、合作伙伴等来公司参观考察，让他们零距离地接触企业，并将对企业的深入认识传播到更广泛的人群中去，增加了远东品牌的知名度、美誉度及影响力。另一方面，我们积极承担一个企业应尽的社会责任，去年 5 月，我们出资 8 296 万元成立了远东慈善基金会，在过去的半年里，远东慈善基金会为社会做了大量的公益事业，如对广州市爱盲科教软件有限公司开发的“嵌入式设备盲用屏幕朗读系列软件”、北京联合大学特殊教育学院“残疾人支持性就业培训”、平亚丽盲人保健按摩院、残疾人软件工厂等六个项目给予资助。通过慈善基金会的运作，远东又有了新的亮点、宣传点，给企业形象的维护和传播创造了巨大的机遇。如今，远东已是电线电缆行业同时拥有中国名牌、全国免检、驰名商标的仅有的少数企业之一，在 2007 年“睿富全球最有价值品牌中国榜”发布的第十三个年度报告中，“远东”品牌价值由 2006 年的 43.26 亿元上升到去年的 56.33 亿元，远东的无形资产价值已超过我们的有形资产，同时，软实力与硬实力产生了良好的互动，互为促进，良性循环，推动了远东企业的健康快速发展。

远东集团董事长蒋锡培说到：“和”与“灵”文化是远东的品牌精髓。“和”是强者的和，是共赢的和，是可持续和谐发展的和；“灵”是市场竞争的灵，是企业面对国际化需求时不断创新的灵，是不断超越自我完善自我的灵。“和”

与“灵”文化是基于对中国传统文化精神及当前经济、政治全球化趋势的理解而提出来的。

恰逢国家提出“构建和谐社会”的发展理念，远东集团对“和”与“灵的文化的理解运用，使得远东在文化传播的主题公关中，既结合了“构建和谐社会”的大势，又保持了远东多年来在建设文化品牌始终如一积极的风格。利用这一优势平台，在远东所有对外的宣传中形成密集性的关联度，保证了宣传的主旨与文化品牌的融合性。借这“灵神合一”，远东达成了远东文化品牌策略上的收放自如。

要实现企业的持续高效发展，就必须具备企业核心竞争力，必须将质量、研发、服务、文化、人才和资本等资源进行有效组合，才能打造出属于自己的品牌。

【专家点评】

品牌文化建设的实践探索

远东控股集团多年来在品牌文化的建设方面进行了积极有益的思考与探索，并取得了可喜的品牌效应。远东控股集团创建于 1990 年，以电线电缆、医药、房地产、投资等为其核心业务。回望开发和经营这些核心业务的发展历程，品牌塑造的理念和品牌文化建设无疑是重要的“基本建设”。

在远东控股集团的历史沿革和管理实践中，始终坚持企业形象的塑造与提升，以及知名品牌的创建与培育。该集团在品牌文化建设中深刻地感悟和认识到，品牌是企业软实力的象征，是企业软实力的综合体现，是一个企业可持续发展的重要保障。远东控股集团品牌文化建设的实践及其成效有力地表明和印证了“品牌的力量”。

建立在品牌基础上的认识提升是：企业的软实力包含着多重成分，蕴涵着企业文化、企业制度、企业执行力、企业形象和企业品牌等多元要素。

著名的麦肯锡公司构建了 7–S 模型，包括结构（Structure）、战略

（Strategy）、制度（Systems）、风格（Style）、员工（Staff）、技能（Skills）和共同的价值观（Shared Values）等。可以说，企业不仅要有健全的组织机构、明确的战略目标和完善的管理体制，还要重视和强调风格、员工、技能。在7–S模型中，战略、结构和制度可视为企业经营管理的“硬件”，而风格、员工、技能和共同的价值观则成为是企业经营管理的“软件”。企业要做到软的不软，硬的更硬。

远东控股集团在品牌文化建设的长期实践中，对品牌内在价值的认识和理解不断拓展和深化，该集团概括提炼出创建品牌的“四度”，即知名度、美誉度、满意度和忠诚度；认识到知名度是指企业的产品或服务在市场与客户中的知晓程度，美誉度是指企业的产品或服务获得的赞誉口碑，满意度则体现了市场和客户对企业的产品或服务的认可，而忠诚度反映了消费者对企业的产品或服务的持续认同，这就揭示了“四度”之间的内在联系。远东控股集团还进一步体验出品牌的“三口”元素，即品牌的品字是由三个口构成的，其内涵系指品质、品格和品位。“四度”与“三品”相辅相成、彼此蕴涵、相互依托，彼此呼应。远东控股集团在品牌文化建设中对“四度”与“三品”执著追求，取得了骄人的业绩。该集团借助企业改制之力，逐步实现集约化、规模化、科技化和人文化的跨越式发展，连续17年保持年均40%以上的增长速度，在国内线缆行业创下了多项第一：第一家获得全国用户满意企业；第一个进入中国电工行业销售100强；科技投入和新产品开发数量名列全国行业第一；电线电缆产销量连续11年位居第一；名列世界电线电缆业中国入选企业第一名。

2011年是国家“十二五”规划的开局之年。特值一提的是，集团领导层充分意识到远东控股的电线电缆、医药、房地产、投资等项主营业务事关民生与社会和谐，因而能够从战略高度，将企业的科技创新、品牌塑造、深化管理与构建和谐社会形成有机联系。国家“十二五”规划强调指出：要坚持把保障和改善民生作为加快转变经济发展方式的根本出发点和落脚点；加快发展各项社会事业，推进基本公共服务均等化，使发展成果惠及全体人民；要适应国内外形势新变化，顺应各族人民过上更好生活新期待，以科学发展为主题，以加快转变经济发展方式为主线，深化改革开放，促进经济长期平稳较快发展和社会和谐稳定；坚持科学发展，就要更加注重以人为本，更加注重全面协调可持续发展，更加注重统筹兼顾，更加注重保障和改善民生，实现经济社会又好又快发展。

远东控股集团坚持以质量为先导、以技术为动力，做强做优产品；在企业技术创新和经营发展之中，始终倡导“和谐文化”、“文化管理企业”的理念，并在发展过程中逐步形成和升华远东品牌的精髓——“和与灵”文化，赋予远东品牌深厚的文化内涵。特别是该集团提出了企业和谐生态的三大方面和五个平衡要素，三大方面系指内部人际关系的和谐、外部社会关系的和谐以及自然关系的和谐，五个平衡要素则是指“让客户满意、让员工满意、让股东满意、让政府满意、让社会满意”，这就使远东控股集团的管理理念和经营意识又上升到一个新的高度。在远东控股集团品牌文化建设的进程中，强烈的质量与品牌意识、履行社会责任的善举等，深得社会各界和众多媒体的关注与好评，产生了软实力与硬实力相互结合的基于品牌塑造的企业竞争力和社会影响力。我们相信，远东控股集团的品牌文化建设之路，会更具前景、更加宽广。

点评专家：首都经济贸易大学教授

中国文化管理学会组织文化测评基地专家委员会委员　　吴少平

包头东华热电有限公司
企业文化案例

企业简介

包头东华热电有限公司坐落于包头市东河区东郊国家生态工业园区，北靠大青山，南临黄河之滨，距市区6公里。由中国华电集团公司、北京能源投资（集团）有限公司和内蒙古蒙电华能热电股份有限公司以40%、35%和25%的出资比例共同投资组建，中国华电集团公司控股的国有发电企业。公司规划装机容量300万千瓦，一期2×30万千瓦供热发电机组工程于2003年10月开工建设，2005年底实现“双投”，2006年实现当年投产当年赢利的目标。

公司是我国高寒地区首家使用湿法脱硫的电厂、内蒙古地区首家使用中水的电厂和首家单机容量30万千瓦供热电厂。2006年公司独资成立了包头华源热力有限公司，于2007年10月15日，正式向东河区实施集中供热，标志着包头东华热电有限公司真正实现热电联产。

近年来，公司生产经营、党风廉政建设及精神文明建设工作持续稳定，各项工作成绩斐然，先后被中国华电集团公司授予“优秀发电企业”、“安全生产先进单位”、“‘四好’领导班子先进集体”、“基建投产双达标先进单位”、“节能减排先进单位”、首批“先进企业”等多项荣誉称号。并荣获中国华电集团公司文明单位标兵、内蒙古自治区和包头市“文明单位”荣誉称号。2011年1月跃居中国华电集团公司四星级企业。美誉和认可激励了公司全体员工。

公司内控管理张弛有度，改革创新成绩斐然，投产以来，累计完成发电量近130亿千瓦时，累计上缴税金3亿多元，纳税金额一度列包头地区发电企业首位，为地方经济作出了重要贡献。为了提高企业综合实力，公司将汇集有识之士，共铸东华辉煌，共创美好的明天，力争与中国社会同步发展。

以东华“融”文化引领，共建和谐文明东华

冯 韬

包头东华热电有限公司隶属于中国华电集团公司。员工来自祖国四面八方，他们献身东华，热爱东华，在短短的七年的时间，逐步形成了具有“融”特色企业文化，积淀了较为深厚的文化底蕴。

一、塑造东华“融”文化，彰显和谐理念

包头东华热电有限公司成立于 2003 年 4 月，是中国华电集团公司在内蒙古自治区控股建设的第一个项目公司。员工来自五湖四海，不同的文化，共同的愿景，他们为了共同的使命，经过多年的积淀，融合了多元文化，融洽了四海情缘，构建成为一个融融东华大家庭。

“文化融合，九九归一”。这不仅是企业文化建设的需要，更是提升企业核心竞争力的突破口。用一种文化完全取代另一种文化的做法，只是简单的替代，有很多局限性，只有多元文化融为一体，不同的情愫融为一心，才能在员工中形成员工与企业的一体感、归属感，那么企业才会有强大的凝聚力、向心力和战斗力。

从企业整合，到文化的完全融合，需要一个漫长的过程，需要全体员工经过数番碰撞、摩擦后才能逐步固定下来。东华热电公司员工中有来自于新中国同龄的老电厂，也有在内蒙古电力大发展时期诞生的现代化大电厂，还有毕业于不同院校的新一代大学生，他们都有艰苦奋斗的优良传统、深厚的文化底蕴和鲜明时代特性，在提炼东华“融”文化的过程中，我们只有彰显他们的个性，而不是把各种文化进行简单的叠加和替换，才能海纳百川，扬长避短，汇聚精华，凸显个性，真正使其融为一体，淬炼出了独具魅力和特色的东华“融”文化，让全体员工认同我们的共同核心价值观，使员工产生

稳定的归属感。从而吸引和留住人才，最大极限的调动员工的积极性和创造力，使企业产生持续发展永不衰竭的动力。

东华“融”文化的提炼和确立，明确了全公司上下共同信守的价值标准和精神风貌，形成了党政合力、干群同心，团结互助的团队精神，在东华公司，领导干部廉洁奉公，员工爱岗敬业，全体员工工作热情空前高涨；先进的企业文化助推了安全生产和精神文明建设及各项工作又好又快发展。通过营造良好的文化环境，强化了安全文化建设，融融东华大家庭的氛围彰显了和谐东华的精神文化，形成了两个文明建设同步发展的喜人局面。公司相继荣获了中国华电集团公司三星级发电企业称号、华电集团文明单位和内蒙古自治区文明单位荣誉称号，全国电力系统企业文化建设杰出贡献单位等荣誉称号。

二、“企业关怀员工，员工成就企业”

2010年，公司为20名相对困难员工送去11 400元慰问金；为黑龙江佳木斯和四川等地的员工团购了住房，解决了他们的后顾之忧；公司团委为家在外地每位未婚青年员工送上生日蛋糕；为解决不同地域员工的就餐口味，伙委会积极参与，民主管理，想方设法改变和提高职工食堂的花色品种和饭菜质量，川味的麻辣烫不但四川籍员工喜欢，也备受东北员工欢迎；投资近千万元的文体活动中心，涵盖常见的所有文体活动项目，努力工作，享受生活的员工们在工作之余有了好的去处；公司工会与包头市东河区政府签订的“集体合同”、“劳动卫生专项合同”、“女职工特殊权益保护合同”，和正在签订的工资集体协商协议，为维护东华职工权益提供制度保障；公司为44名原包三委托运行员工的办理了调入手续，彻底解决了包三员工的身份归属问题，保持了工作的延续性，维护了职工队伍的稳定。

这一件件为员工办的好事，实事，倾注了企业对员工的真切关怀。东华公司在长期的生产经营实践中，把责任、关爱作为企业文化的核心，构建起和谐、健康的企业文化，使企业获得长期、稳定的发展。在东华热电公司你会处处感受到这种“融”文化的浓厚气息。

海纳百川，有容乃大。八方英才齐聚东华，千家智慧为我用。山般胸襟，海样气度，铸就百年强企，奠定宏伟基业。纳：八方英才；容：千家智慧；铸：百年基业。东华公司以人为本的核心价值观处处体现了尊重人才的人性化的理念。在东华公司新老员工都能和睦相处，他们的工作生活都逐步融入了这种文化，企业工作环境、职业安全、学习培训及职业发展等也都渗透着这种文化，新员工很快就能认同企业、融入企业。去年新分来的大学生讲，东华公司的企业文化教育，教会他很多思维方法，让他从心底觉得这个企业尊重人才、重视文化。

东华热电员工的流失率很低，这既得益于东华员工有固定稳定工资收入和企业保持可持续发展，也得益于东华的用人文化，即让合适的人工作在合适的岗位。每个员工都身兼数职，一专多能，公司各种层次的人才主要通过内部培养产生，“把机会留给自己的员工”。营造出一种浓厚的团队学习、自我提升的氛围。

东华公司明确为企业与员工提出了共同愿景，即以“领先的科技，绿色的理念，高效的管理，学习的团队，复合的人才”，成为行业领跑者。在公司争创华电集团公司四星级发电企业的目标中，将考核指标层层分解到班组和个人，这样，员工只要努力上进，并且掌握技能，不管学历高低，都可获得上升的通道。截至目前在中层干部中，就有三名 80 后的青年才俊。

三、文明行为，从企业文化开始

创建文明单位不仅仅改变的是厂容厂貌，最主要的是改变员工的工作习惯和行为规范。文明的单位必须有文明的员工，东华员工来自四面八方，员工刚入厂时工作习惯和行为五花八门，规范和统一全厂员工的说话办事行为显得尤为重要。

在东华公司在执行工作时，我们注重的是结果，其内容包括有效沟通、数据说话、问责考核制等。开会发言我们要求的是直截了当，避免转弯抹角。我们推崇让用数据说话，用量化的指标去说明观点。会就是会，不知道就说不知道，坚决避免说假话说空话。同时，我们要求每一项工作任务的安排都必须要有执行者、时间表，和完成好坏的衡量标准。执行者必须为该任务的全过程和结果担负全部责任。每月的四个专题会议雷打不动，没有特殊情况有关人员必须参加，迟到一分钟将被考核，要的就是形成良好的工作习惯和作风。

在办公室和班组的定置化管理过程中，公司内部全力推行“7S”整顿活动，目的就是为了创造良好的办公和工作环境、提高员工的整体素质，消除脏乱、保持舒爽和井井有条的工作环境，不断提高工作质量和效率，真正做到文明办公，文明生产；从而激发员工高昂的士气和责任感，使员工养成认真工作、规范操作的良好习惯。在东华公司你随便走进一个办公室和班组你都会看到办公桌椅，电脑，文件柜及沙发等办公用品都会按照定置图硬性规定摆放，就连文件柜里的文件盒及工具书都得有续摆放整齐，做到整齐划一，错落有致。物品是这样，员工的行为更是要求规范统一，在厂区你只要见到一个班组，他们都会整齐的排着队在行走，一直到目的地才会解散。

四、员工良好的行为规范必将诞生优良的工作作风

在东华热电，领导班子以身作则，率先垂范，懂专业，会管理，无论是机组的大修现场，还是供热建设工地，公司领导始终靠前指挥，把问题解决在第一时间，解决在第一现场。工作中他们坚持民主生活会制度，大事讲政治，小事解剖思想，讲正气，办事公开透明。员工爱岗敬业，无私奉献，做到一专多能，每个有工作水平和领导能力的员工都有升迁的机会，大家都能在一种满意的状态下工作。

五、用文化管企业　以文化兴企业

在东华公司无论你是来自哪里，从事何种工作，只要你一进东华门就是一家人。今年 7 月华源热力公司一名合同制员工因工作表现突出，光荣地加入了中国共产党。今年 6 月公司组织的先进个人和生产骨干疗养，多数因工作业绩突出的合同制员工分三批进行了疗养。每年的年终先进评比，只要业

绩突出不分身份都可参加评比。团结稳定不同身份员工队伍和最大限度地调动每位员工的工作积极性是东华公司最大的核心竞争力！让每位员工都能感觉到在东华工作有奔头、受尊重。

在激烈的市场竞争中，公司为把企业做大做强，实现企业的跨越式发展，我们把创建文明单位与企业文化建设结合起来，以“用文化管企业”、“以文化兴企业”的理念，对员工原有的文化进行整合和创新，营造培育先进的企业文化，积极推进文化强企战略，努力用先进的企业文化推动企业的改革发展，提高企业的创新力、形象力和核心竞争力，营造出“企业有生气、领导有正气、员工有士气”的发展环境和文明氛围。

文明的企业必有文明的员工，优秀的企业必然有优秀的企业文化。东华的企业文化是群体文化、管理文化、全员文化。每年举办一次“融融东华大家庭”迎新年联欢会，使员工融入企业大集体；人手一册的《企业文化手册》将激发员工的向上精神，每季度的“五型班组”评选和合理化建议评比；每个员工都可以为企业出谋划策；部门和员工的经验都可以通过内部网站展示，促进相互交流和学习……东华公司把企业文化作为一项重要的工作，在企业内实实在在地落实。企业文化只有成为全员的意识，才能发挥作用，才能转化为企业的竞争力。

【专家点评】

科学与人性的融合

30 多年前，美国人在研究日本企业时，在其一贯崇尚的科学与理性之外，遇到了类属东方文化的日本文化中柔性的和人情味的一面，于是企业文化理论开始兴起。因此，早期的企业文化理论，更多指向在严格的制度之外如何营造公司内部温情的一面。

而从我国企业的情况看，虽然多少年在“大张旗鼓”地建设文化，但是依然没有解决好科学和人性化如何融合的问题。由于我国传统的威权主义文化和道德主义文化的影响，我们在企业管理中可以发现两类比较典型的现象：一是基于威权主义的“暴君类”管理，二是基于道德主义的“温情类”管理。在实践中，这两类管理都是有害的，“暴君类”管理以“人治”为主，会对基于平等契约的理性“法治”带来侵害；而“温情类”管理一旦过了头，又会在温情脉脉的面纱下，造成过度的“虚假激情”，而妨碍组织的严肃性和制度性。因此，我国企业文化建设的任务，应该在两个方面努力：一是以平等的制度理性代替威权统治，二是实现在制度和利益边界清晰化基础上的人性化管理，而不是不顾基本权益简单地营造“家文化”。十分可喜的是，我们在包头东华热电公司的案例中看到了这样的雏形。

首先，在“企业关怀员工，员工成就企业”理念指导下，出于文化融合与企业发展的双重考虑，东华热电通过办实事倾注了对员工的多方关爱。其中尤其值得称道的是“解决包三员工的身份归属问题”和“工资集体协商协议”。与一般性的“访贫问苦”类的关爱不同，身份问题和工资集体协商问题，关乎员工对自身“未来的确定性”。在很多企业，员工工作积极性问题，常常是由于他们对未来的不确定造成的。在一家让员工看不到自身未来的企业里，“企业的未来”再美好，员工也不会把它当一回事儿。

其次，东华热电公司的企业文化建设，并没有将重点仅仅放在温情脉脉和“虚假激情”上面，而是把严格的管理也融入其中。比如，管理中的“有效沟通、数据说话、问责考核”，“每一项工作任务的安排都必须要有执行者、时间表和完成好坏的衡量标准”，以及办公室和班组的定置化管理等等。如前所述，所谓企业文化建设，绝对不仅仅是温情脉脉。企业文化建设的核心目标，就是让员工对企业管理否认依赖程度越来越低，而其自我管理的能力越来越强。要达到这一目的，通过日常的科学管理让员工养成良好的职业能力和工作习惯，是其中最为关键的环节。问题的关键，可能是要在文化建设和制度建设过程中，通过良好的沟通工作向员工说明白。

最后，从东华热电领导班子“从以身作则，率先垂范，懂专业，会管理”中我们可以初步看到，东华热电的企业文化建设不是用来“御下”的和“牧”“民”的，而是试图创建“全员”的文化。我一直强调一个观点，就是看一家企业建设企业文化是否“动真格儿的”，主要得看领导人是否首先确立了约束他自己的制度。如果没有这一点，企业文化建设的初衷就值得怀疑，同时其效果肯定好不了。用以检验这一观点的标准，就是康德关于道德律令的第二条：把人当成目的而不是当成工具。

关于员工与企业的关系，小托马斯·沃森在他的《一个企业和它的信条》里理出了四条原则：第一，每个人是自己的主人，他们自己做出选择并为自己负责任；第二，人们进入企业的边界进行工作时，要按照社会化分工协作的原则听从工作中管理者的指挥；第三，这种指挥只是一种临时的劳动分工的结果，只是一种不同性质的工作区分，而不是人格的划等；第四，人们必须接受这样一种分工，并努力把自己的任务完成，否则就不能去分享与其他人共同劳动的成果；尤其是当自己没有完成组织的分工而给组织中的其他人带来损失时，他自己必须承担责任。从东华热电的企业文化案例中，我们初步看到了这四条原则的影子。但是要真正全面实现，尚需假以时日，这或许就是公司下一步文化建设的方向了。

点评专家：南开大学商学院　副教授

中国文化管理学会组织文化测评基地专家委员会委员　　　　王学秀